《五音集韻》重文考辨

邱龍昇 ◎ 著

本書爲『海南省哲學社會科學2016年規劃課題（項目編號：HNSK（YB）16—137）』的結項成果

中國社會科學出版社

大明萬曆巳丑重刊攺倂五音集韻上平聲卷壹

濤陽松水昌黎郡韓道昭攺倂 重編

德紅 東第一 獨 用

容職 鍾第三 雙 用

都宗 冬第二 獨 用 鍾同竝明惟助刊

古雙 江第四 獨 用

旨脂 脂第五 獨 用 (支)

無韭 微第六 用

圖書在版編目(CIP)數據

《五音集韻》重文考辨／邱龍昇著. —北京：中國社會科學出版社，
2019. 7

ISBN 978-7-5203-4774-7

Ⅰ.①五… Ⅱ.①邱… Ⅲ.①韻書–中國–金代②《五音集韻》–研究
Ⅳ.①H113.6

中國版本圖書館 CIP 數據核字(2019)第 149788 號

出 版 人　趙劍英
責任編輯　任　明
責任校對　趙雪姣
責任印製　郝美娜

出　　版　中國社會科學出版社
社　　址　北京鼓樓西大街甲 158 號
郵　　編　100720
網　　址　http://www.csspw.cn
發 行 部　010-84083685
門 市 部　010-84029450
經　　銷　新華書店及其他書店

印刷裝訂　北京君昇印刷有限公司
版　　次　2019 年 7 月第 1 版
印　　次　2019 年 7 月第 1 次印刷

開　　本　710×1000　1/16
印　　張　18.5
插　　頁　2
字　　數　305 千字
定　　價　110.00 圓

凡　例

1. 本書以《五音集韻》收錄的重文為研究對象，其中《五音集韻》重文及相關理論問題見"緒論"，正文依《五音集韻》卷次逐條考辨重文。

2. 為客觀反映字形原貌，凡引用《五音集韻》重文作為舉例和考辨對象，均電腦掃描成化本《五音集韻》原字圖片。

3. 全書以繁體字錄入，只在行文需要處酌用簡體。考釋所用文獻有抄本文獻、刻本文獻和石刻材料，其中不乏俗字、訛字，為減少造字，凡與考釋無關者，俗字徑改作規範字形，訛字徑改作正字，必要時略作說明；凡與考字相關者，則不作改動。

4. 凡引用文獻中需要用按語作說明的，則在後面用"（　）"標示；凡引文過長且有部分無關者，則中間用"……"標示；凡引文有省文、闕文者，酌情補出，所補文字用"〔　〕"標示。

5. 凡圖示中說明字頭和重文為異體字關係的，則用帶箭頭橫線"──→"標示；字頭和重文為其他關係的，則用不帶箭頭的橫線"──"標示。

6. 為行文簡潔美觀，凡引用《說文解字》簡稱《說文》或大徐本，《說文解字繫傳》簡稱《繫傳》或小徐本，其他參考書目均見腳註標示；凡考辨的重文與某字構成同形字，一律在腳註中標示，給予說明。

目 录

緒　論

一　韓道昭及其《五音集韻》

《五音集韻》，全稱《改併五音集韻》，是金朝韓道昭編纂的一部大型韻書。韓道昭，字伯暉，真定松水人①，金朝著名的小學家。韓道昭《金史》未載，生平主要見於《改併五音集韻》《改併五音類聚四聲篇海》兩部書中的幾處記載。

韓道昭堂兄韓道昇在金泰和八年（1208）《重編改併五音篇》序云："韓公先生孝彥，字允中。著其古法，未盡其理。特將已見刱立門庭，改《玉篇》歸於《五音》，逐三十六母之中取字，最為絕妙。此法新行，驚儒動眾，嘆哉！自古迄今，無以加於斯法者也。又至泰和戊辰，有先生次男韓道昭，字伯暉，搜尋古範，考校前規，然觀《五音之篇》美即是美，未盡其詳。"② 序文落款"時泰和八年歲在強圉單閼律逢無射首六日，先生姪男韓道昇謹誌"。

韓道昇在金崇慶元年（1212）《改併五音集韻》序云：

又至大金皇統年間，有洨州荊璞，字彥寶，善達聲韻幽微，博覽群書奧旨，特將三十六母添入韻中，隨母取切，致使學流取之易

① 甯忌浮1984年在河北正定一帶實地考察，認為松水就是今河北滹沱河北岸靈壽縣城西南的傾井村。參見（金）韓道昭著，甯忌浮校訂《校訂五音集韻》"前言"，中華書局1992年版，第5頁。

② （金）韓道昭：《改併五音類聚四聲篇》（續修四庫全書本），明成化丁亥重刊本，第248頁。

也，詳而有的，檢而無謬，美即美矣，未盡其善也。復至泰和戊
辰，有吾弟韓道昭，字伯暉，廼先叔之次子也。先叔者，諱孝彦，
字允中，況於篇、韻之中最為得意，注疏《指玄之論》，撰集《澄
鑑之圖》，述《門法滿庭芳詞》，作《切韻指迷之頌》，鏤板通行，
其名遠矣。今即重編改併《五音之篇》，暨諸門友，精加眾字，得
其旨趣，摽名於世也。又見韻中古法繁雜，取之體計，同聲同韻兩
處安排，一母一音方知敢併。卻想舊時先宣一類，移齊同音，薛雪
相親。舉斯為例，只如山刪、獮銑、赚檻、庚耕；支脂之本是一
家，怪卦夬何分三類？開合無異，等第俱同，姓例非差，故云可
併。今將幽隨尤隊，添入鹽叢，臻歸真內沉埋，嚴向凡中隱匿，覃
談共住，笑嘯同居。如弟兄啟戶皆逢，若姪叔開門總見。增添俗字
廣，改正违門多。依开合等第之聲音，弃一母復张之切脚。使初学
检阅无移，令後進披尋有准。僕因覽之，筆舌難近，為我弟伯暉
篇、韻之中有出俗之藝業，貫世之才能，喜之、讚之、美之、嘆
之。興然為序，以表同流好事者矣。①

序文落款"時崇慶元年岁在壬申姑洗朔日，老先生姪男韓道昇謹
誌。真定府松水昌黎郡韓孝彦次男韓道昭改併重編。男韓德恩、姪韓德
惠、婿王德珪同詳定"。

還有一段重要記載錄於《改併五音集韻》正文卷四寒韻匣母"韓"
字注文中的自敘。現也摘錄如下：

　　　復至大金國，有昌黎韓孝彦者，乃滹陽松水人也。注《切韻指
玄論》，撰《切韻澄鑑圖》，作《切韻滿庭芳》，述《切韻指迷
頌》，將《玉篇》改作《五音篇》，皆印行於世。故立昌黎氏焉。
有三子：長曰道皓，次曰道昭，幼曰道昉，俱通韻筭術也。又至泰
和戊辰年間，昌黎氏次子韓道昭，再行改併《五音之篇》，改併
《五音集韻》，芟削重錯，剪去繁蕪，增添俗字。故引昌黎子者，
乃韓道昭自稱也。併篇部為四百四十有四，分佈五音，立成一十五
卷也。又併韻為一百六十數也，亦分一十五卷也。故將篇、韻全

①　（金）韓道昭著，甯忌浮校訂：《校訂五音集韻》"序"，中華書局1992年版，第1頁。

部，乃計三十冊數也。有子韓德恩，亦通書史，精加注解，各同詳
校正之名也。①

　　通過梳理上面三段文獻，我們對韓道昭的生平、家庭背景、學術淵
源以及著作，都有一個大體認識。韓道昭，生卒不詳，主要活動在金朝泰
和、大安、崇慶年間，即公元十二世紀末十三世紀初。父親韓孝彥是當世
聞名的大學者，精通音韻、文字之學，學識淵博，著述豐碩，撰有《切
韻指玄論》《切韻澄鑑圖》《切韻滿庭芳》《切韻指迷頌》《五音篇》等小
學著作。可惜現均亡佚不存。韓道昭深受父親影響，秉承家學，著書立
說，並流傳於世。序文中所說的《五音之篇》就是韓孝彥的《五音篇》，
此書依據《玉篇》改編而來，是一部輯錄文字的字篇，也就是今天所說
的字典。

　　韓道昭認為父親編纂《五音篇》"美即是美，未盡其詳"，于是就加
以重編改併，成書《重編改併五音篇》。此書雕版印行以後，又名"改併
五音類聚四聲篇海"，後世簡稱《四聲篇海》。《改併五音類聚四聲篇海》
是我國古代收字最多的一部楷體字書，在字典史上具有重要價值，被稱為
"字典史上的豐碑"②。

　　從《改併五音集韻》卷四寒韻匣母"韓"字注文可知，《五音集
韻》在當時已有其書，韓道昭所做的工作就是對這本《五音集韻》加
以改併。此本《五音集韻》的作者正是金朝另一位大學者邢璞。正德
乙亥本《改併五音類聚四聲篇海》首頁附有建安滕霄於正德十五年
（1520）為《重刊改併五音類聚四聲篇海》作序有云："《五音集韻》
者，荊璞取司馬公之法，添入《集韻》，隨母取切者也，主類聲而聲各
隸之諸母。迨昌黎韓［改］《玉篇》歸［於《五音》］，遂三十六字母
取切大備矣。"③荊璞，洨州人士，生活在金皇統年間，擅長音韻之學，
撰有韻書《五音集韻》。荊璞《五音集韻》當是以北宋《集韻》為基
礎，借鑑司馬光《類篇》的編纂方法，將三十六聲母引入韻中，把各
韻下的小韻按照五音三十六聲母的順序排列。邢璞首次將三十六母添入
韻書，是韻書體例的一大革新。

---

①　（金）韓道昭著，甯忌浮校訂：《校訂五音集韻》，中華書局 1992 年版，第 44—45 頁。

②　甯忌浮：《金代漢語語言學述評》，《社會科學戰線》1987 年第 1 期。

③　滕霄：《改併五音類聚四聲篇》"序"，明正德乙亥重刊本，第 1 頁。

韓道昭改併《五音集韻》應該就是以荊氏《五音集韻》為藍本。①改併的原因，和他重編父親韓孝彥的《五音篇》相類，大概認為荊璞《五音集韻》還不夠完美——"美即美矣，未盡其善"。韓道昭改併也確實下了很大功夫，有許多創新的地方，尤其是合併韻部，把206韻改併為160韻，將等韻學的理論引入韻書等，都是創新。這也因此奠定了此書在中國韻書史上的地位。韓道昭重編的《五音集韻》在崇慶元年（1212）鏤刻問世，全名"改併五音集韻"。韓書刊行以後，荊璞的《五音集韻》就逐漸被世人遺忘，最終亡佚。韓道昭的《改併五音集韻》遂被後人簡稱為《五音集韻》，流傳至今。

韓道昭出生在小學世家，秉承家學，推陳出新，青出於藍而勝於藍，是謂大家。經他編纂的《改併五音集韻》《改併五音類聚四聲篇海》兩部巨著猶如璀璨夜空的雙子星座，在中國傳統小學殿堂閃耀光芒。

韓道昭《五音集韻》自刊行以來，在金、元、明三代影響較大。三個朝代均有刻本刊刻發行，並流傳於世。甯忌浮考查《五音集韻》現存約有百部，藏於七十餘家圖書館，百部書可歸納為七種版本：崇慶新雕本、至元新雕本、成化庚寅重刊本、弘治甲子重刊本、正德乙亥重刊本、萬曆己丑重刊和明翻刻崇慶本。② 具體來看，主要有以下幾種版本。

金刻本：《崇慶新彫改併五音集韻》十五卷，金崇慶元年（1212）荊珍刻本。此本是韓道昭在世時刻本，現僅存前十二卷，缺入聲三卷。此本刻印粗疏，字跡多漫漶不清。現藏於國家圖書館。臺灣故宮博物院藏有金崇慶元年刻本的元修本。崇慶元年的金刻本是目前所知的《五音集韻》

---

① 甯忌浮：《金代漢語語言學述評》，《社會科學戰線》1987年第1期。主張此觀點的還有唐作藩、張社列等。參見唐作藩《〈校訂五音集韻〉序》，《古漢語研究》1992年第1期；張社列、班穎：《韓道昭與〈五音集韻〉》，《河北大學學報》（哲學社會科學版）2013年第6期。也有學者依據清代《欽定天祿琳瑯書目》云"（《改併五音集韻》）金韓道昭，十五卷。前昭兄道昇序。前書（即《四聲篇海》）以字母分排，此書以聲韻分排。而每韻中亦各以字母分組，皆因其父孝彥未成之篇續加修定者。道昇序作于金崇慶元年，則道昭此書系後前書五年而成"，認為韓道昭《改併五音集韻》即對其父韻書的刪削增改。參見徐大英《談談〈改併五音類聚四聲篇〉》，《辭書研究》1986年第3期。丁桂香：《〈五音集韻〉探源》，《河南教育學院學報》（哲學社會科學版）2009年第5期。李昌禹認為韓氏《五音集韻》非其父相關著作改併之作，但可能受到父親韓孝彥很大的影響。參見李昌禹《〈五音集韻〉異讀字研究》，北京大學，碩士學位論文，2013年，第3頁。

② （金）韓道昭著，甯忌浮校訂：《校訂五音集韻》"序"，中華書局1992年版，第6頁。

最早版本。

元刻本：《新雕改併五音集韻》十五卷，元至元二十六年（1289）琴台張仁刻本。此本字跡多殘損不清，對崇慶本的錯誤也很少訂正。現藏於臺灣故宮博物院，書中有日本淺野長祚題識。清華大學圖書館等藏有元刻本的明修本。

明代刻本較多，而且多出自佛門，流傳較廣的有以下幾種。

（1）《大明成化庚寅重刊改併五音集韻》十五卷，明成化六年至七年（1470—1471）刻本。該本為重刊本，對韓道昭原書修改較大，改正了韓書中的不少錯誤。該成化本對金元刻本多有訂正，據甯忌浮研究，主要有以下幾個地方：①增刪單字。刪減單字二百左右，同時依《古今韻會》《玉篇》等增收二百三十個左右，其中有九十九字標注"今增""新增"等字樣。②增刪注文。刪減錄自《廣韻》的一些姓氏注文，另依《古今韻會》增加注文八千餘字。據《韻會》大量增加注文，是成化本的主要特徵。③芟除"一母復張之切腳"。④增補義訓。⑤調整單字次第。⑥改動某些小韻的開合等第及個別聲母的分佈。同時，成化本訂正了金元刻本編纂技術上的許多疏失，使之臻于完善，但對韓氏審音上的失誤訂正不多，也有不當改動的地方。①　此成化本為足本，也是後來的弘治、正德、萬曆諸本的祖本，《康熙字典》所引，《四庫全書》所收即此一系版本。此成化本流傳較廣，國內多家圖書館藏有此本。甯忌浮校訂的《五音集韻》正是以該本為底本，1992年由商務印書館出版，書名"校訂五音集韻"。

（2）《大明弘治甲子重刊改併五音集韻》十五卷，明孝宗弘治是十七年至十八年（1504—1505）刻本。現藏於四川省圖書館。

（3）《大明正德乙亥重刊改併五音集韻》十五卷，明正德十年至十一年（1515—1516）刊刻，為金台衍法寺釋覺恒募刻本。此本的篇末落款標注"大明正德乙亥春日重刊五音集韻，至丙子孟秋吉日完"字樣，可知該本重刊歷時兩年。與此本一起刊刻的還有韓道昭《大明正德乙亥重刊改併五音類聚四聲篇》十五卷。現藏於陝西師範大學圖書館、四川師範大學圖書館、日本早稻田大學圖書館等。此本的重修本有嘉靖三十八年

①　（金）韓道昭著，甯忌浮校訂：《校訂五音集韻》"序"，中華書局1992年版，第6—7頁。

（1559）釋本贊重修本。

（4）《大明萬曆已丑重刊改併五音集韻》十五卷，明萬曆三年至十七年（1575—1589）崇德圓通庵釋如彩刻本。此本的篇末落款標注"大明萬曆乙亥夏日重刊五音集韻，至己丑孟秋吉日完"字樣，可知該本重刊長達十四年之久。西南師範大學圖書館等數家圖書館藏有此本。該本的重修本還有明萬曆三年至十七年（1575—1589）崇德圓通庵釋如彩刻重修本清丁丙跋本，明萬曆二十三年（1595）晉安芝山開元寺刻本，明崇禎二年至十年（1629—1637）金陵圓覺庵釋新仁刻本。

（5）清乾隆寫文淵閣四庫全書本《五音集韻》十五卷，1983 年臺灣商務印書館曾影印此本，1989 年上海古籍出版社曾縮印臺灣商務印書館本。此一系版本還有清乾隆寫文溯閣四庫全書本、清乾隆寫文津閣四庫全書本、清乾隆寫文瀾閣四庫全書本。

本書以甯忌浮《校訂五音集韻》為底本，同時參考了崇慶新雕本、四庫全書本及正德乙亥重刊本諸本。

二　重文的内涵及其發展沿革

"重文"術語始見東漢許慎的《說文解字》（以下簡稱《說文》）。大徐本《說文》重文簡稱"重"，常見"重某"字樣，"某"為數字，代表重文的個數。如《說文》卷一開篇云："（卷一）十四部，六百七十二文，重八十一，凡萬六百三十九字。"這裡的"文"指文字，即篆文字頭，"重"指重文。又如卷一"一""元""天""丕""吏"字頭後附云："文五，重一。""文"指前面列出的五個篆文字頭，"重"指重文，即"一"後面附錄的古文"弌"。據《說文》序文記載，《說文》全篇收字 9353 字，重文 1163 字。這一千多個重文均附錄在正篆字頭之後，用特定的體例和術語進行標注，自成體系。但許慎並沒有對重文的内涵進行明確界定。

什麼是重文？一種觀點認為，重文就是異體字。蔣善國《說文解字講稿》（1988）指出："《說文》裡面的'重文'就是異體字。這種'重文'字形雖異，可是音義卻完全相同，是一個字的兩種寫法。"[1] 范進軍

---

[1]　蔣善國：《說文解字講稿》，語文出版社 1988 年版，第 31 頁。

《大徐本重文初探》（1991）："大徐本《說文解字》的篆體字頭下，有時出現另外一個或幾個篆文，這另外出現的篆文，許慎稱之爲'重文'。用今天的話說，重文就是異體字。因爲它的音義與正文重複，所以叫作重文。"① 王文耀（2001）亦云："重文，今天稱作異體字，就是指表達同一意義的兩個以上的異形同聲字。"②

　　另一種觀點認爲，重文不僅指異體字，還包括了異體字以外的其他文字類型。沈兼士（1941）在《漢字義讀法之一例——〈說文〉重文之新定義》指出："許書重文包括形體變易、同音通借、義通換用三種性質，非僅如往者所謂音義悉同形體變易是爲重文。"③ 張曉明、李微《从〈說文〉重文看漢字字際關係的研究》（2004）从字際關係的角度將《說文》重文分爲異體字、同源字、同義字、同音字、分化字等類型。④ 郝茂《〈說文〉正篆——重文中的秦漢分化字》（2015）則具體考察了《說文》重文中的"臘（昔）""蛇（它）""膂（呂）"等 24 個分化字，發現它們在秦漢時期就已完全分化，並沿用至今。⑤

　　沈兼士首次明確提出了重文不僅指"音義悉同形體變易"的異體字，還包括通假字和義通換用字（即同義字的換用，或稱"同義換讀"），可謂創舉。但很長時間以來，並沒有引起學界的足夠重視。人們還是習慣將重文和異體字系聯起來，在定義重文時直接把重文等同異體字。我們認爲，《說文》所云"重文"之"重"表重複、重合之義，是相對正篆字頭而言，就是與正篆字頭的音義重合而又外形不同的字，故曰"重文""重"，其概念的内涵模糊，指稱寬泛。《說文》重文以異體字爲主體，也涵蓋了一定數量的通假字、分化字和同義換讀字等其他的文字類型。簡單地將重文和異體字等同不符合客觀事實，可能也不符合許慎的原意。我們贊同沈兼士對重文的認識，主張將重文中不同性質的文字類型進行區分，

　　① 範進軍：《大徐本重文初探》，《湘潭師範學院學報》1991 年第 2 期。

　　② 王文耀：《古漢字重文繁衍規律初探——整理〈說文〉〈玉篇〉重文的點滴體會》，《中國文字研究》（二輯），廣西教育出版社 2001 年版，第 42 頁。

　　③ 沈兼士：《漢字義讀法之一例——〈說文〉重文之新定義》，《沈兼士學術論文集》，中華書局 1986 年版，第 239 頁。

　　④ 張曉明、李微：《从〈說文〉重文看漢字字際關係的研究》，《山東理工大學學報》（社會科學版）2004 年第 4 期。

　　⑤ 郝茂：《〈說文〉正篆——重文中的秦漢分化字》，《勵耘語言學刊》2015 年第 1 期。

分門別類地整理和研究。

　　《說文》重文就術語名稱不同，大致分為古文、奇字、籀文、篆文、或體、俗體、今文七種類型。① 重文是一個類概念，內涵寬泛，裡面包含了或體、古文、籀文等子概念。因此，我們在重文表述時，主要是通過以上七類術語呈現出來，並不見"某重文"或"重文某"格式。《說文》中的"重某"字樣，"某"也只表數字，代表重文的數量。

　　《說文》重文及其術語名稱，被後世字書和韻書忠實地繼承下來。我們以《玉篇》為例。《玉篇》是繼《說文》之後的又一部大型字書，也是我國第一部楷書字典，全書存錄了《說文》近 90% 的重文，同時也沿用了或體、古文、籀文、篆文等重文名稱。② 自此以後，後出的《廣韻》《集韻》《類篇》等大型官修字書和韻書一直沿襲了《玉篇》的重文術語，並由此成為後世字書和韻書的基本範式。

三　《五音集韻》重文的術語系統

　　《五音集韻》重文術語直接承錄《廣韻》和《集韻》兩部韻書。一方面繼續沿用《玉篇》重文的名稱，另一方面又能夠與時共進，有所革新和變化，形成一套相對完整的術語系統。下面就《五音集韻》重文的

---

　　① 馬敘倫將《說文》重文分作篆文、古文、籀文、奇字、或字、俗字、今字七類，將引通人、引文獻歸入"或字"。參見馬敘倫《說文解字研究法》，上海商務印書館 1933 年版，第 15—30 頁。範進軍將《說文》重文分為古文、籀文、篆文、或體、俗體、引通人說、引文獻說七類，其中奇字被歸入古文，篆文包括小篆和今文，引通人說包括引司馬相如等人的說法，引文獻說包括引《漢令》等文獻的說法。參見範進軍《大徐本重文初探》，《湘潭師範學院學報》1991 年第 2 期。王平將《說文》重文分為古文、奇字、籀文、篆文、或體、俗體、今文、引通人、引文獻九類。參見王平《〈說文〉重文研究》，華東師範大學出版社 2008 年版，第 18 頁。

　　② 王平統計了《說文》古文 480 個，《玉篇》有 402 個對應楷書字形，其中標注了"古文"術語的 345 個；《說文》奇字 3 個，《玉篇》均見對應字形，但未標"奇字"術語；《說文》籀文 209 個，《玉篇》有 189 個對應字形，標注了"籀文"術語的 146 個；《說文》篆文 36 個，《玉篇》有 35 個對應字形，標注了"篆文"術語的 5 個；《說文》或體 501 個，《玉篇》有 467 個對應字形，標注了"或體"術語的 45 個；《說文》俗字 15 個，《玉篇》均有對應字形，但未標"俗字"術語；《說文》今文 1 個，《玉篇》有對應字形，術語變作"今作"；《說文》"引通人" 18 個，《玉篇》有 17 個對應字形，但分別併入或體等其他重文；《說文》"引文獻" 12 個，《玉篇》均有對應字形，但標明了引用文獻名稱的僅 3 個，其餘的各自併入其他重文。參見王平《〈說文〉重文研究》，華東師範大學出版社 2008 年版，第 189—191 頁。

編寫體例、術語名稱做一個簡要梳理和說明。

(一)《五音集韻》重文的體例

《五音集韻》重文體例是指重文在韻書中的編排方式及其與正字的位置關係。這裡主要有三種方式。

1. 正字、重文均列為字頭，且在正字下面的釋文中以"或作""亦作""或从""或省""古作""籀作""俗作"等重文術語標注二者關係。

（1）正字+（術語）+重文+（同上）（括號內文字韻書中為雙行小字排列）

先單列正字字頭，後面為雙行小字排列的釋文，釋文中以"或作""亦作""古作""俗作"等術語標注重文；重文字頭緊隨釋文其後，並標注"同上""並同上""上同""並同上義""古文""籀文"等字樣來複指釋文中的重文關係。這是重文體例中的標準體式。下面以《五音集韻》卷一東韻精、從母下諸字重文為例：

　　　《五音集韻·東韻》："猣，豕生三子曰猣。或从犬。豵同上。"（P3 下）

　　　《五音集韻·東韻》："潀，水會也。或作灇、瀎、淞。灇、瀎、淞並同上。"（P3 下）

（2）正字+重文+（術語）

並列正字、重文字頭，緊隨其後的為雙行小字釋文，以"或作""古作""或从""古从"等術語標注二者的重文關係。如卷一東韻下的諸字重文：

　　　《五音集韻·東韻》："工、玒，官也，又工巧。古从彡。"（P1 下）

　　　《五音集韻·東韻》："窮、竆，渠弓切，窮極也。或作竆。"（P1 下）

2. 正字、重文均列為字頭，但在正字釋文中未見"或作""亦作""或从"等重文術語來標記二者的字際關係。正字和重文的關係主要通過它們之間的位置關係，以及重文後面的“同上”“並同上”“古文”等字樣提示。具體也表現為兩種情況：

（1）正字+重文+（釋文）

正字、重文並列為字頭，首字為編者認定的正字，後面並排的幾個字則為重文，再下面為雙行小字釋文。雖未見“或作”“亦作”等重文術語標記，但還是可以通過釋文的語義以及彼此位置關係來判斷重文關係。如卷三元韻微母下諸字重文：

　　　《五音集韻·元韻》：“構、楦，武元切，松心，又木名也。又莫昆切。九。”（P42 下）

　　　《五音集韻·元韻》：“暄、煖、煊，況袁切，溫也。四十一。”（P42 下）

（2）正字+（釋文）+重文+（同上）

先單列正字字頭，其後緊隨雙行小字釋文，但釋文中無“或作”“亦作”等重文術語標記；再列重文字頭，緊隨其後的是以雙行小字標注“同上”“並同上”等字樣，也有的標注“古文”“並古文”“籀文”等重文術語。如卷一脂韻照母下諸字重文：

　　　《五音集韻·脂韻》：“鴲，鳥名。雉同上。”（P13 下）

　　　《五音集韻·脂韻》：“之，適也，往也，間也。亦姓，出《姓苑》。业古文。”（P13 下）

3. 重文不單獨列為字頭，而出現在正字的釋文中以“或作”“或書作”“俗作”等重文術語標記與字頭的關係。這類重文由於沒有單列字頭，數量很少。例如：

　　　《五音集韻·東韻》：“功，功績也。《說文》曰：‘以勞定國曰功。’俗作㓛。”（P1 下）

　　　《五音集韻·文韻》：“峚，嶙峚，山皃。或書作嵋。”（P38 下）

(二)《五音集韻》重文的術語名稱

《五音集韻》重文術語上承《玉篇》《廣韻》及《集韻》重文，逐步形成一套相對完善的術語體系，主要有或體、古文、籀文、俗體、篆文、今文、通作七種重文類型，各類重文術語又有不同的名稱標記。

1. "或體"類

(1) 或作某；或書作某

"或作某""或書作某"見於正字釋文，用來說明正字與重文之間的關係。其中"或作某"最為常見，多數在後面列出該重文為字頭，並標注"同上""同上義""並同上""並同上義"等字樣復指。也有的並列正字、重文字頭，然後在釋文中標注"或作""或書作"術語說明。例如：

> 《五音集韻·東韻》："瞢，謨中切，《說文》曰：'不明也。'或作矒。矒同上。"(P3 下)
> 《五音集韻·脂韻》："棋，抐棋，堅勇。或書作𥳓。"(P10 上)

(2) 或从某

"或从某"出現在正字釋文，用來標注正字與重文關係。"从某"的"某"乃是與正字相對應的重文的聲符或義符。例如：

> 《五音集韻·元韻》："蕿、薆、萱、蔓，忘憂艸。或从煖、从宣、从爰。"(P42 下)

(3) 或省

"或省"即"或體省寫"的簡稱，用來標注重文與正字之間的省體關係，省略的部件一般是正字的聲符或義符，或是部件的部分形體。例如：

> 《五音集韻·冬韻》："栱、共，《爾雅》：'枳大者謂之栱。'或省。"(P5 下)

(4) 亦作某；亦書作某；亦省

　　"亦作某""亦書作某""亦省"用近義詞"亦"代替"或",比較特殊。儘管未見"或"字樣,但在編排體例和功能上均與"或作某""或書作某""或省"相同,出現在正字釋文,用來標注正字與重文之間的關係,使用頻率較低。例如:

　　《五音集韻·東韻》:"功、紅、紅,功績也。亦作紅、紅。"(P1 下)

　　《五音集韻·東韻》:"蚣,蚣蝑,蟲名。亦書作蚣。蚣同上。"(P4 上)

　　《五音集韻·脂韻》:"頿,《說文》云:'口上須。'亦省。頄同上。"(P11 下)

　　(5) 又作某

　　"又作某"與"亦作某""或作某"相類,出現在正字釋文,用來標注正字與重文之間的關係,使用頻度較低。也有的列出重文字頭,後面標注"同上""亦同上"字樣複指。例如:

　　《五音集韻·陷韻》:"站,俗言獨立。又作竚。竚同上。"(P187 上)

　　2. "古文"類

　　(1) 古作某;古書作某;古文作某

　　"古作某""古書作某""古文作某"均出現在正字釋文,用來說明正字與重文之間的關係。其中"古作某"最為常見,後面一般列出該重文字頭,標注"同上""同上義""並同上""並同上義"等字樣來複指。例如:

　　《五音·東韻》:"蔥,葷菜。古作蔥。蔥同上。"(P3 下)

　　《五音·脂韻》:"郌,地名。古書作𨝅。"(P8 下)

　　《五音·陽韻》:"王,雨方切,大也,君也。古文作玉。玉古文。"(P67 上)

（2）古从某；古文从某

“古从某”“古文从某”出現在正字釋文，用來說明正字與重文的關係，也有直接在重文後面標注“古文从某”。“从某”之“某”乃是與正字相對應的重文的部件。例如：

《五音集韻·東韻》：“工、珍，官也，又工巧也。古从彡。”（P1 下）

《五音集韻·産韻》：“版，蒲限切，藉也。板同上，古文从木。”（P114 上）

（3）古省

“古省”即“古文省體”的簡稱，術語表述與“或省”相類。此類體例較少，僅見數例。例如：

《五音集韻·怪韻》：“灑，灑掃。又先礼切。㴑古省。”（P156 上）

（4）某古文；某某並古文

“古文”“並古文”出現在重文後面，用來說明與前面字頭的重文關係，有的還在“古文”後再綴上“同上”字樣。如：

《五音集韻·鍾韻》：“凶，凶禍也。兇古文。”（P6 下）

《五音集韻·鍾韻》：“封，府容切，大也，國也。坒、𡉦、𡉩並古文。”（P5 下）

此類術語還可以和“古作某”術語連用，組成“正字+（古作某）+重文+（古文）”的格式，為古文體例中最為完備者。例如：

《五音集韻·東韻》：“洪，戶工切，大也，亦姓。古作㳯。㳯古文。”（P4 上）

（5）某古文某；某古文某字

　　"某，古文某""某，古文某字"比較罕見，一般是單獨列出重文字頭，後面為雙行小字釋文，在釋文中以"古文某（字）"標注出正字。例如：

　　　《五音集韻·歌韻》："𩐨，古文儺。"（P60 上）
　　　《五音集韻·模韻》："戲，古文呼字。"（P27 上）

　　3. "籀文"類
　　（1）籀作某；籀文作某
　　"籀作某""籀文作某"出現在正字釋文，用來說明正字與重文之間的關係。其中"籀作某"最為常見，後面一般還列出該重文字頭，並標注"同上"等字樣來複指。也有的正字、重文並列，然後在釋文中標注"籀作某"術語說明。例如：

　　　《五音集韻·東韻》："蓬，薄紅切，草名，亦州名。籀作莑。莑同上。"（P2 下）
　　　《五音集韻·東韻》："虹，螮蝀也，籀文作蟾。蟾同上。"（P4 上）

　　（2）籀从某
　　"籀从某"出現在正字釋文，用來說明正字與重文的關係。"从某"之"某"乃是與正字相對應的重文的聲符或義符。例如：

　　　《五音集韻·脂韻》："祺、禥，吉也。籀从基。"（P8 上）

　　（3）籀省
　　"籀省"即"籀文省體"的簡稱，與"或省""古省"相類，並列正字、重文字頭，其後為雙行小字釋文，以"籀省"術語標注二者的重文關係。例如：

　　　《五音集韻·微韻》："薇、蔜，菜也。籀省。"（P18 上）

（4）某籀文；某某並籀文

"籀文" "並籀文" 出現在重文後面，用來說明與前面正字的重文關係，有的還在 "古文" 後面在標注 "同上" 字樣。這類體例較為常見。例如：

《五音集韻·脂韻》："辫，《說文》曰：'不受也。' 辞籀文。"（P13 上）

《五音集韻·皆韻》："差，簡也，差殊也，又不齊。𤺒、𤺒籀文同上。"（P31 下）

（5）某籀文某；某籀文某字

"某，籀文某" "某，籀文某字" 比較罕見，一般是單獨列出重文字頭，後面為雙行小字釋文，在釋文中以 "籀文某（字）" 引出正字，說明二者的重文關係。例如：

《五音集韻·豪韻》："𥼩，籀文糟字。"（P58 下）
《五音集韻·至韻》："𡚞，籀文孳，產也。"（P141 下）

4. "俗體" 類

（1）俗作某；某俗作

"俗作某" 出現在正字釋文，用來說明正字與重文之間的關係。後面一般緊列該重文字頭，並標注 "同上" 字樣來複指。也有的並列正字、重文，僅在釋文中標注 "俗作" 即可。"某俗作" 則是直接在重文字頭後標注 "俗作" 字樣。例如：

《五音集韻·東韻》："忽，倉紅切，速也。俗作念。念同上。"（P3 下）

《五音集韻·脂韻》："宜，《說文》本作宐，所安也。宜俗作。"（P9 下）

（2）俗从某；俗加某

"俗从某" "俗加某" 出現在正字釋文，用來說明正字與重文的特殊關係。“从某”“加某”之“某”乃是與正字相對應的重文的聲符或義符。例如：

《五音集韻·脂韻》：“祇，敬也。俗从玄。餘同。”（P13 下）

《五音集韻·東韻》：“窿，穹窿，天勢。俗加穴。”（P4 下）

（3）某俗；某俗用；某俗某字

“俗”“俗用”一般只出現在重文後面，用來說明與前面正字的重文關係，少數還在“俗用”前標注“同上”字樣。“某，俗某字”比較罕見，與“某，古文某”體例相同。例如：

《五音集韻·脂韻》：“椎，椎鈍，不曲橈亦棒椎也。桘俗。”（P10 上）

《五音集韻·脂韻》：“綦，履飾，又蒼白色巾也。𢂋俗用。”（P8 下）

《五音集韻·東韻》：“冲，俗沖字。”（P2 下）

此類術語也可以與“俗作某”術語連用，組成“正字+（俗作某）+重文+（俗用）”的體式，為俗字體例中最為完備例。例如：

《五音集韻·脂韻》：“虧、虧，去為切，缺也。俗作虧。虧同上俗用。”（P8 下）

5.“篆文”類

（1）篆文作某；某篆文；某篆文某字

“篆文”主要指《說文》篆文，一般在正字釋文中標注“篆文作某”，或是直接在重文後面注明“篆文”字樣，用例罕見，僅見數例。例如：

《五音集韻·腫韻》：“廾，《說文》曰：‘竦手也。’篆文作𠬞。”（P92 上）

《五音集韻·晧韻》：“草，《說文》作艸，百卉也。艸篆文。”

（P120 下）

　　《五音集韻・模韻》："𤰒、齣，篆文壺字。"（P27 下）

（2）《說文》作某；《說文》正作某；《說文》本作某

"《說文》作某""《說文》正作某""《說文》本作某"出現在正字釋文，用來說明正字與重文之間的關係。其中"《說文》作某"較為常見，後文一般還列出該重文字頭，標注"同上""同上注"等字樣複指。例如：

　　《五音集韻・脂韻》："眉，《說文》作𥅿，目上毛也。𥅿見上注。"（P11 下）

　　《五音集韻・陽韻》："亡、亾，武方切，無也，滅也。《說文》正作亾。"（P65 下）

　　《五音集韻・薛韻》："雪，相絕切，凝雨也。《說文》本作霉，從雨從彗。霉同上出《說文》。"（P212 上）

6. "今文"類

"今文"指漢字隸變之後通行的楷體字。書中將很少一部分《說文》篆文的隸定字形認定為正字，列作字頭說解，而將它們的隸變字視作重文，用"今作""隸作"等術語來標注二者重文關係。

（1）今作某；今文作某

"今作某""今文作某"出現在正字釋文，用來說明正字與重文之間的關係。有的後面還列出該重文字頭，並標注"同上"等字樣複指。例如：

　　《五音集韻・緝韻》："廿，《說文》：'二十並也。'今作廿。"（P229 上）

　　《五音集韻・脂韻》："𡰝，房脂切，《說文》曰：'人臍也。'今作毗。毗義見上注。"（P11 上）

（2）隸作某；隸變作某

"隸作某""隸變作某"出現在正字釋文，用來說明正字與重文之間

的關係。一般在釋文後還列出該重文字頭，並標注"同上""同上義"等
字樣複指。例如：

> 《五音集韻·東韻》："艐，《書》傳云：'三艐，國名。'隸作
> 腬。腬同上。"（P3 下）
> 《五音集韻·皓韻》："草，《說文》作艸，百卉也。艸篆文，隸
> 變作卝。"（P120 下）

7. "通作"類

"通作某"主要出現在正字釋文，用來說明正字與重文關係，也有的
後面還列出該重文字頭，並標注"同上義"等字樣複指。"通作"所指的
字頭和重文之間主要為通假關係，也有不少屬通用關係，偶見異體關係。
例如：

> 《五音集韻·東韻》："爞，《爾雅》云：'爞爞炎炎，熏也。'旱
> 灼也。通作蟲。"（P2 下）
> 《五音集韻·鍾韻》："蠭，《說文》曰：'螫人飛蟲也。'通作
> 蜂。蜂同上義。"（P6 上）

《五音集韻》的重文術語主要有以上七種類型。一般而言，每一類術
語名稱都指向特定的對象，有其固定的含義，是一個具有相同性質文字的
的類聚群。例如，或體類重文絕大多數為字頭的異體字，通作類重文大多
數為字頭的通假字。但是，這種對應關係也並非絕對，有時名實不符，甚
至完全相反。如卷一東韻下云："功，亦作紅。""紅"非"功"異體，
而是它的通假字；又卷一鍾韻下云："蠭，通作蜂。""蜂"非"蠭"通
假字，而是異體字。由此可見，《五音集韻》的重文術語並非單純指向某
一特定關係，也可以是多重關係，彼此還可能交叉。

四　《五音集韻》重文的字料來源

《五音集韻》重文的文字材料源於何處？它們都是新錄字，還是轉錄
自前代字書和韻書？要認識《五音集韻》所收重文的文字來源，也就是

重文的轉錄源。我們需要對《五音集韻》以前的韻書和字書有所關照，特別是對它與《廣韻》《集韻》兩部韻書的傳承關係進行梳理，才能清楚其中的來龍去脉。

（一）《五音集韻》與《廣韻》《集韻》一脉相承

《四庫全書總目》云："（《五音集韻》）所收之字，大抵以《廣韻》為藍本，而增入之字則以《集韻》為藍本。"① 由此可見，《廣韻》《集韻》是《五音集韻》的收字母本，《五音集韻》收錄的韻字字頭主要承錄這兩部韻書。② 進一步考察，我們發現《五音集韻》韻字的釋文、重文收錄也與兩部韻書一脉相承。

下面就《五音集韻》卷一上平聲東韻下的開篇 50 個附有重文的韻字字頭，包括見母 "公" "功" "工" "玒" "釭" "魟" "舼" "䡛" 8 個；溪母 "羥" "悾" "𥐔" "芎" "穹" "𥳐" 6 個，疑母 "𦡱" 1 個，端母 "東" "鶇" "涷" "倲" 4 個，透母 "恫" "䝯" "樋" 3 個，定母 "童" "硐" "峒" "䍃" "橦" "犝" "烔" "鮦" "羳" "𧮫" "鞗" "潼" "痌" "翀" "𪒠" 15 個，知母 "中" "忡" "沖" "種" "蚛" "爞" 6 個；澄母 "蓬" "篷" "髼" "蜂" "袶" "龐" "逢" 7 個，計 50 例③，與《廣韻》《集韻》相對應字頭進行比較，逐一比對這 50 個韻字字頭的釋文和重文，表列如下。

---

① （清）永瑢等：《四庫全書總目》，中華書局 2003 年版，第 362 頁。

② 甯忌浮指出《五音集韻》照錄了《廣韻》《集韻》的單字和注釋，反切用字也很少改動，對於《廣韻》《集韻》共收的字則用《廣韻》，甚至單字排列次第基本也按《廣韻》《集韻》原樣，對舊韻注文也很少做核查校正的工作，不少錯誤亦多照錄。參見韓道昭著，甯忌浮校訂《校訂五音集韻》"前言"，中華書局 1992 年版，第 5—6 頁。唐作藩考察了《五音集韻》的小韻切語，認為它們基本上出自《廣韻》，而較少來源於《集韻》，比較三部韻書的平聲一東韻下的所有反切音，《五音集韻》採用了《廣韻》的 27 個反切，只採用《集韻》10 個反切音。參見唐作藩《〈校訂五音集韻〉序》，《古漢語研究》1992 年第 1 期。李昌禹具體考察了三部韻書的平聲東韻端母的東小韻下所收錄的韻字頭，其中《五音集韻》共收錄 30 字，《廣韻》收錄 18 字，《集韻》收錄 25 字，《五音集韻》將《廣韻》《集韻》字頭收羅殆盡，並將極個別非《廣韻》《集韻》字頭，而僅隱藏在注釋中的字，單獨列為字頭，在字頭排序上，《五音集韻》也主要依據《廣韻》。參見李昌禹《〈五音集韻〉異讀字研究》，碩士學位論文，北京大學，2013 年。

③ （金）韓道昭著，甯忌浮校訂：《校訂五音集韻》，中華書局 1992 年版，第 1—2 頁。

序號	字頭	韻書	釋　文	重文	備注
1	公	《五》	"古紅切，通也，父也，正也，共也，官也，三公論道。又公者，無私也。《說文》：'公，平分也。從八從厶。八猶背也。'厶音私，韓非曰：'自營為私，背厶為公也。'徐曰：'會意夾際。'鄭氏曰：'指事。'又爵名，五等之首曰公……古作厺。"	厺	同《集》；釋文綜合《廣》《集》
		《廣》	"通也，父也，正也，共也，官也，又公者，無私也。從八從厶，厶音私，八，背義也，背厶為公也……古紅切。"	○	
		《集》	"沽紅切。《說文》：'平分也，從八從厶。八猶背也。韓非曰背厶為公。'一曰封爵名。古作厺。"	厺	
2	功	《五》	"功績也。《說文》曰：'以勞定國曰功。'又漢複姓何氏，《姓苑》云：'漢營陵令成功恢禹治水，告成功，後為氏。'俗作㓛；亦作勋、紅。"	勋紅功	合併《廣》《集》
		《廣》	"功績也。《說文》曰：'以勞定國曰功。'又漢複姓何氏，《姓苑》云：'漢營陵令成功恢禹治水，告成功，後為氏。'俗作㓛。"	㓛	釋文同
		《集》	"《說文》曰：'以勞定國曰功。'或作勋、紅。"	勋紅	
3	工	《五》	"官也，又工巧也。古從彡。"	㣫	同《集》
		《廣》	"古紅切，官也，又善其事。"	㣫	形微異
		《集》	"《說文》：'巧飾也。'象人有規榘。古從彡。"	㣫	
4	玒	《五》	"玉名。又音江。或從公。"	珙	同《集》
		《廣》	"玉名。又音江。"	○	釋文同
		《集》	"玉名。或從公。"	珙	
5	釭	《五》	"車釭。《說文》曰：'車轂中鐵也。'或作軖。又古爽切。"	軖	同《集》
		《廣》	"車釭。《說文》曰：'車轂中鐵也。'又古爽切。"	○	釋文同
		《集》	"《博雅》：'鐗錕，釭也。謂車轂中鐵也。'或作軖。"	軖	
6	魟	《五》	"魽魟，江蟲形，似蟹可食。又音烘。或從公。"	鮂	同《集》
		《廣》	"魟，白魚。又音烘。"	○	
		《集》	"鮂魽，魚名。似鱟。或從工。"（無"魟"，"鮂"為字頭）	鮂	
7	躬	《五》	"身也，親也。又姓，出《姓苑》。"	躳	同二書
		《廣》	"身也，親也。又姓，出《姓苑》。"	躳	釋文同
		《集》	"《說文》：'身也。一曰親也。'或從弓。又姓。"	躳	

續表

序號	字頭	韻書	釋　　文	重文	備注
8	翑	《五》	"謹敬之皃。又音穷。或从穴。" ◇ "《博雅》：'翑翑，謹敬也。'或作翑。" ◇ "謹敬也。或作翑。"	窮翑翑	同《集》
		《廣》	"謹敬之皃。"	○	釋文1同
		《集》	"恭皃。或从穴。" ◇ "《博雅》：'翑翑，謹敬也。'或作翑。" ◇ "謹敬也。或作翑。"	窮翑翑	釋文2、3同
9	毊	《五》	"擊也。或从殳。"	毃	同《集》
		《廣》	"擊，空聲。"	○	
		《集》	"擊也。或从殳。"	毃	釋文同
10	愊	《五》	"《廣雅》：'憂也。'或作愕、惕。"	愕惕	同《集》
		《廣》	"憂也。"	○	
		《集》	"《廣雅》：'憂也。'或作愕、惕。"	愕惕	釋文同
11	熇	《五》	"乾也，曝也，爐也。或从宮。"	焔	同《集》
		《廣》	"乾也。"	○	
		《集》	"曝也，爐也。或从宮。"	焔	
12	芎	《五》	"芎藭，香草根曰芎藭，苗曰蘪蕪，似蛇牀。司馬相如說从宮。或作鞠。"	营鞠	同《集》
		《廣》	"芎藭，香草根曰芎藭，苗曰蘪蕪，似蛇牀。"	营	
		《集》	"《說文》：'芎藭，香草。司馬相如說从弓。'或作鞠。"	营鞠	营為字頭
13	窮	《五》	"渠弓切，窮極也。又窮奇，獸名，聞人鬭乃助不直者。或作竆。"	竆	同《集》
		《廣》	"窮極也。又窮奇，獸名，聞人鬭乃助不直者。渠弓切。"	○	釋文同
		《集》	"渠弓切，《說文》：'極也。'或作竆。"	竆	
14	嵱	《五》	"嵱崼，山形。或从窮。"	嶸	同《集》
		《廣》	○	○	未錄
		《集》	"嵱崼，山形。或从窮。"	嶸	釋文同
15	膈	《五》	"肩前也。或从骨。"	髃	同《集》
		《廣》	"肩前髃也。"（無"膈"，"髃"為字頭）	○	
		《集》	"肩前也。或从骨。"	髃	釋文同

序號	字頭	韻書	釋　　文	重文	備注
16	東	《五》	"德紅切，春方也。《說文》曰：'動也也。从日在木中。'亦東風菜……菄，東風菜義，見上注。俗加艸也。"	菄	同《廣》
		《廣》	"春方也。《說文》曰：'動也也。从日在木中。'亦東風菜……德紅切。菄，東風菜，義見上注。俗加廾也。"	菄	釋文同
		《集》	"都籠切，許慎《說文》：'動也。从木。'"	○	
17	鶇	《五》	"鶇鶇，鳥名。又美形，出《廣雅》。亦作𪃹。"	𪃹	同二書
		《廣》	"鶇鶇，鳥名。又美形，出《廣雅》。亦作𪃹。"	𪃹	釋文同
		《集》	"鶇鶇，鳥名。美形兒。一曰鶇。亦書作𪃹。"	𪃹	
18	辣	《五》	"獸名。《山海經》曰：'秦［泰］戲山有獸，狀如羊，一角一目，目在耳後，其名曰辣。'又音陳、音棟。或从犬。"	猍	同《集》
		《廣》	"獸名。《山海經》曰：'秦［泰］戲山有獸，狀如羊，一角一目，目在耳後，其名曰辣。'又音陳、音棟。"	○	釋文同
		《集》	"《山海經》：'泰戲之山有獸，狀如羊，一角一目，目在耳後，其名曰辣。'或从犬。"	猍	
19	倈	《五》	"儱倈，僝劣兒。出《字諟》。"	倈	同《集》
		《廣》	"儱倈，僝劣兒。出《字諟》。"	○	釋文同
		《集》	"儱倈，劣兒。或作倈。"（無"倈"，"倈"為字頭）		
20	恫	《五》	"痛也。或作痌、㣏。"	痌㣏	同二書
		《廣》	"痛也。"	痌	釋文同
		《集》	"《說文》：'痛也。一曰呻吟。'或作痌、㣏。"	痌㣏	
21	狪	《五》	"獸名，似豕，出泰山。又音同。或从犬、从豕。"	狪𤡔	同《集》
		《廣》	"獸名，似豕，出泰山。又音同。"	○	釋文同
		《集》	"獸名。《山海經》：泰山有獸，狀如豚……或从犬、从豕。"	狪𤡔	
22	襑	《五》	"襑裙，夷服也。或从同。"	衕	同《集》
		《廣》	○	○	未錄
		《集》	"襑裙，夷服也。或从同。"	衕	釋文同

序號	字頭	韻書	釋　文	重文	備注
23	童	《五》	"童獨也，言童子未有室家也。又姓，出東莞，漢有琅琊內史童仲玉。又《說文》：'男有罪曰奴，奴曰童，女曰妾。一曰山無艸木曰童。'籀文童中與竊中同，从廿。"	僮	同《集》；釋文合併二書
		《廣》	"童獨也，言童子未有室家也。又姓，出東莞，漢有琅琊內史童仲玉。"	○	
		《集》	"《說文》：'男有罪曰奴，奴曰童，女曰妾。一曰山無艸木曰童。'又姓。籀文童中與竊中同，从廿。"	僮	
24	硐	《五》	"《博雅》：'磨也。'或从甬。"	硧	同《集》
		《廣》	"磨也。"	○	
		《韻》	"《博雅》：'磨也。'或从甬。"	硧	釋文同
25	舩	《五》	"《博雅》：'舟也。'或作艟。"	艟	同《集》
		《廣》	"舩舩。"	○	
		《集》	"《博雅》：'舟也。'或作艟。"	艟	釋文同
26	瓳	《五》	"瓬瓦也。"	瓭	同二書
		《廣》	"瓬瓦。"	瓭	釋文同
		《集》	"瓬瓦，小牡瓦也。或从同。"	瓭	
27	犝	《五》	"《說文》：'無角牛也。'或从同。"	犗	同《集》
		《廣》	"犝，牛無角。"	○	
		《集》	"《說文》：'無角牛也。'或从同。"	犗	釋文同
28	曈	《五》	"曈曨，日欲明也。又他孔切。或作晍。"	晍	同《集》
		《廣》	"曈曨，日欲明也。又他孔切。"	○	釋文同
		《集》	"曈曨，日欲出。或作晍。"	晍	
29	烔	《五》	"日氣烔烔。出《字林》。或作燑、爞。"	燑爞	同《集》
		《廣》	"日氣烔烔。出《字林》。"	○	釋文同
		《集》	"《博雅》：'烔熱也。'或作爞、燑。"	燑爞	
30	鮦	《五》	"《爾雅》：'鰹大曰鮦，鰹小曰鮵。'又直塚、直柳二切。"	鱪	同《集》
		《廣》	"《爾雅》云：'鰹大鮦。'又直塚、直柳二切。"	○	
		《集》	"魚名。《爾雅》：'鰹大鮦。'或从童。"	鱪	
31	羫	《五》	"無角羊也。"	羮	同二書
		《廣》	"無角羊。"	羮	釋文同
		《集》	"無角羊。或从同。"	羮	釋文同

序號	字頭	韻書	釋　　文	重文	備注
32	鼕	《五》	"鼓聲。或从冬。"	鼚	同《集》
		《廣》	"鼓聲。"	○	釋文同
		《集》	"鼓聲。或从冬。"	鼚	釋文同
33	鞚	《五》	"車被具飾。或从同。"	鞗	同《集》
		《廣》	"馭具飾也。"	○	未錄
		《集》	"車被具飾。或从同。"	鞗	釋文同
34	潼	《五》	"潼容,車幨帷也。或从巾。"	幢	同《集》
		《廣》	○	○	未錄
		《集》	"潼容,車幨帷也。或从巾。"	幢	釋文同
35	痌	《五》	"創潰也。或从童。"	瘡	同《集》
		《廣》	○	○	未錄
		《集》	"創潰也。或从童。"	瘡	釋文同
36	翀	《五》	"飛皃。晝籀文。"	晝	新增
		《廣》	○	○	未錄
		《集》	○	○	未錄
37	齈	《五》	"鼻齈也。""歲、膿、㩵、㣲籀文齈。"	歲膿㩵㣲	新增
		《廣》	"多涕,鼻疾。奴凍切。"	○	
		《集》	"奴凍切,鼻疾,多涕。"	○	
38	中	《五》	"陟弓切,平也,成也,宜也……古作𠁦,籀作𠁧。"	𠁦𠁧	同《集》
		《廣》	"陟弓切,平也,成也,宜也……"	○	
		《集》	"陟隆切。《說文》:'和也。从口从丨,上下通。'亦姓。"	𠁦𠁧	
39	忡	《五》	"敕中切,忡,憂也。引《詩》'憂忡忡。'《楚辭》作憃。"	憃	同《集》
		《廣》	"憂也。敕中切。"	○	
		《集》	"敕中切,《說文》:'憂也。'引《詩》'憂心忡忡'。《楚辭》作憃。"	憃	
40	沖	《五》	"《方言》:'深也。'《說文》:'湧搖也。一曰和也。'"	冲	錄《玉篇》
		《廣》	"和也,深也。"	○	
		《集》	"《說文》:'湧搖也。一曰和也。'"	○	

續表

序號	字頭	韻書	釋　　文	重文	備注
41	種	《五》	"稚也。或作沖。亦姓。後漢司馬河南種暠。"	沖	同《廣》
		《廣》	"稚也。或作沖。亦姓。後漢司馬河南種暠。"	沖	釋文同
		《集》	"稚也。亦姓。"	○	
42	茧	《五》	"草名。又音中。"	𦬕	同《集》
		《廣》	"草名。又音中。"（無"茧"，"𦬕"為字頭）	○	釋文同
		《集》	"艸名。或从中。"	𦬕	
43	爞	《五》	"《爾雅》云：'爞爞炎炎，熏也。'旱灼也。或省。"	烛	同《集》
		《廣》	"旱熱。"	○	
		《集》	"旱灼也。或省。"	烛	
44	蓬	《五》	"薄紅切，草名。亦州名，周割巴州之伏虞都於此置蓬州，因蓬山而名之。籀作莑。"	莑	同《集》
		《廣》	"草名。亦州名，周割巴州之伏虞都於此置蓬州，因蓬山而名之。薄紅切。"	○	釋文同
		《集》	"薄蒙切。《說文》：'蒿也。'籀省。亦州名。"	莑	
45	篷	《五》	"織竹夾箬覆舟。"	艂	同《集》
		《廣》	"織竹夾箬覆舟。"	○	釋文同
		《集》	"《方言》：'車簍，南楚之外謂之篷。'亦作艂。"	艂	
46	鬔	《五》	"鬔鬆，髮亂皃。或作髼。"	髼	同《集》
		《廣》	"鬔鬆，髮亂皃。"	○	釋文同
		《集》	"《字林》：'鬔鬆，髮亂皃。'或作髼。"	髼	
47	蜂	《五》	"蟲名，出《蒼頡篇》。又音峯。或从蓬。"	蠭	同《集》
		《廣》	"蟲名，出《蒼頡篇》。又音峯。"	○	釋文同
		《集》	"《蒼頡篇》：'蠭蜂，蟲名。'或从蓬。"	蠭	
48	袶	《五》	"《爾雅》曰：'困衱袶。'亦作袶。又音降。"	袶	同《集》
		《廣》	"《爾雅》曰：'困衱袶。'亦作袶。又音降。"	袶	釋文同
		《集》	"艸名。《爾雅》：'困衱袶。'"	○	
49	龐	《五》	"充塞皃。又音龍。或从馬。"	驡	同《集》
		《廣》	"充塞皃。又音龍。"（無"龐"，"驡"為字頭）	○	釋文同
		《集》	"充實也。《詩》：'四牡龐龐。'或从馬。"	驡	

序號	字頭	韻書	釋　　文	重文	備注
50	逄	《五》	"鼓聲。或作韸、雦、夆。"	韸雦夆	同《集》
		《廣》	"鼓聲。"（無"逄","韸"為字頭）	○	釋文同
		《集》	"逄逄,鼓聲。又姓。或作韸、雦、夆。"	韸雦夆	

以上 50 個正字頭中,除了"翱"不見《廣韻》《集韻》外,其他 49 個韻字的釋文都直接或間接承襲《廣韻》《集韻》釋文。具體表現為以下幾種情況:

其一,轉錄《廣韻》釋文,共 26 字,占總數的 52%。①"功""玒""釭""躬""竆""柬""鶇""辣""倲""峒""瓵""瞳""焵""蕫""鷩""種""蓬""篷""髼""蜂""褣" 22 個正字釋文與《廣韻》對應的韻字釋文完全相同,屬於直接抄錄《廣韻》的,由於未經校訂加工,錯誤也照抄無誤,如《廣韻》"辣"字釋文中的"秦戲山"之"秦"即"泰"訛字,雖《集韻》已做訂正,但《五音集韻》未經考正,仍承襲舊訛。②"鮦"的釋文與《廣韻》細微不同,將《廣雅》釋文中的"《爾雅》'鰹大鮦'"改作"《爾雅》'鰹大曰鮦,鰹小曰鯢'",應是編者核定《爾雅》原文之後的改良,屬釋文基本相同。③"茧""逄""龐"字頭不見《廣韻》,但它們對應的重文"茧""韸""龍"均為《廣韻》字頭,並有釋文。《五音集韻》依照《集韻》收錄韻字及其重文,但釋文還是完全承錄《廣韻》重文的釋文,比較特殊。

其二,轉錄《集韻》釋文,共 11 字,占總數的 22%。①"敠""愡""腷""碙""鞾""駧" 6 個字頭同時收錄於《廣韻》《集韻》,但其釋文均同《集韻》,而非《廣韻》。②"竆""樋""犝""潼""痌" 5 個字頭《廣韻》未錄,釋文只能承襲《集韻》。

其三,共同轉錄《廣韻》《集韻》釋文,共 9 字,占總數的 18%。①綜合《廣韻》《集韻》釋文,文字略做調整,有"公""工""蚣""芎""中""沖""忡" 7 字。②直接疊加二書釋文,《廣韻》在前,《集韻》居後,不做任何文字改動,有"熮""童" 2 字。

其四,受《廣韻》《集韻》釋文影響,共 3 字,占總數的 6%。"魟""鸜""爞" 3 個正字的釋文與《廣韻》《集韻》略有不同,但可以看出,明顯是受到兩部韻書釋文的影響，釋義相近，文字表述上略有差別。

其五，僅“翻”1字未見《廣韻》《集韻》釋文，占總數的2%，當是《五音集韻》新增字頭。

綜上抽查的50例字頭釋文，直接和間接承襲《廣韻》的共38例，占76%之多。這裡面有26例釋文是直接抄錄《廣韻》，但是直接轉錄《集韻》釋文的僅見10例。另外，韻字釋文中有“公”“窮”“東”“中”“忡”“蓬”6字注有反切音，這6個反切注音均采自《廣韻》。“玒”“釭”“辣”“狪”“曈”“茧”“蜂”“夆”“龐”9字釋文以“又某音”“又某某切”的形式標注異讀，它們也全部源自《廣韻》。由此可見，《五音集韻》韻字字頭絕大多數承錄《廣韻》，這也印證了《四庫全書總目提要》所說“所收之字大抵以《廣韻》為藍本”並非虛言。但在另一方面，《五音集韻》新增韻字則是以《集韻》為藍本。這些新增韻字以重文為主，它們絕大多數轉錄於《集韻》，《廣韻》次之，《玉篇》再次之。

(二)《五音集韻》重文來源《集韻》

較之《廣韻》，《五音集韻》新增了一萬多個單字字頭。這些新增字大多是以重文形式呈現出來。這批重文材料數量龐大，來源複雜。《集韻》重文是其主要的轉錄源。

上表50個韻字字頭，共對應了65個重文，其中承襲《集韻》重文的有：“台（公）”“紡、紅（功）”“玐（工）”“玜（玒）”“䡈（釭）”“鮅（魟）”“𣪘（豇）”“愩、忓（悺）”“焒（焪）”“鞠（芎）”“窮、䆚、𥨐（躳）”“𡾊（嵡）”“竆（窮）”“髃（腢）”“𢓭（辣）”“倲（倲）”“恿（恫）”“狪、𤟭（狪）”“㣚（熥）”“童（童）”“硧（硐）”“艟（舸）”“㼿（犝）”“眮（曈）”“燑、爞（烔）”“鮦（鮦）”“鼕（鼕）”“鞛（鞺）”“幢（潼）”“瘇（痌）”“𠁧、𠁩（中）”“𢖵（忡）”“芔（茧）”“燭（爞）”“莑（蓬）”“韼（篷）”“髼（鬔）”“蠭（蜂）”“龐（龐）”“韸、韼、䩬（逢）”，計49例，占總數的75.4%。雖然這樣抽樣測查，有它的局限性，但由點及面，由一斑而窺全豹，還是可以看出其中的大概。

另外，《五音集韻》還有相當一批韻字字頭同時對應多個重文，但在這裡不能體現出來。比較常見的是，一個正字對應三至四個重文，有的多達六至七個重文，甚至十餘個。這樣成批量的重文在《廣韻》中很難看到，它們主要轉錄自《集韻》。例如：

（1）溏—瀧、漊、惡、滹、泙（5個）

　　a.《集韻·模韻》："溏、瀧、漊、惡、滹、泙，溏池，水名。或作瀧、漊、惡、滹、泙。"

　　b.《五音集韻·魚韻》："溏，溏池，水名，《周禮》作或虖池。或作瀧、漊、惡、滹、泙字。瀧、漊、惡、滹、泙並同上義。"

（2）戾—屎、吚、訳、脉、欻、欼（6個）

　　a.《集韻·脂韻》："吚、欻、訳、脉、屎、欻、欼，《說文》：'唸吚，呻也。' 或作欻、訳、脉、屎、欻、欼。"

　　b.《五音集韻·脂韻》："戾，呻吟聲。屎、吚、訳、脉、欻、欼並同上。"

（3）燅—䜴、㷱、爛、膶、燖、燂、粘（7個）

　　a.《集韻·鹽韻》："燅、䜴、㷱、爛、膶、燖、燂、粘，徐廉切，《說文》：'湯中爚肉。' 或作䜴、㷱、爛、膶、燖、燂、粘。"

　　b.《五音集韻·鹽韻》："燅、䜴、㷱、燖、爛、膶、燂、粘，徐鹽切，《說文》曰：'湯中爚肉也。'"

（4）网—網、罔、凤、㲉、冈、罒、罔、冈（8個）

　　a.《集韻·養韻》（四庫備要本）："网、罔、網、凤、冈、㲉、罒、罔，文紡切，《說文》：'庖犧所結繩以漁。' 或作罔、網、凤；箱作冈；古作㲉、罒、罔。一曰無也。俗作冈，非是。"

　　b.《五音集韻·養韻》："网、網、凤，文兩切，網罟。《五經文字》作罔，俗作冈。罔亦同，又無也。网箱文同上；㲉、罒、罔並同上古文。"

(5) 餐—鸞、饘、餂、飦、饏、屡、鸞、糂、屑、飦、飦（10個）

　　a.《集韻·僊韻》："饘、鸞、餂、飦、饏、鸞、糂、屑、屡、飦、飦，諸延切，《說文》：'糜也。周謂之饘，宋謂之餬。'或作鸞、餂、飦、饏、鸞、糂、屑、屡、飦、飦。"
　　b.《五音集韻·仙韻》："餐、鸞、饘、飦、饏、屡、鸞、糂、屑、飦、飦，諸延切，厚粥也。"

這五例韻字及其重文，在《集韻》和《五音集韻》是完全相合的。雖然有的字頭在釋義、術語、正字認同、重文排列次序上存在著一些差別，但重文的數量和字形都是相同的。也有極個別重文的字形微異。如"网"《集韻》俗作"冈"，《五音集韻》變作"冈"；"吒"《集韻》重文作"吹"，《五音集韻》變作"戾"，且列作字頭。"网"《集韻》古作"罔"，《五音集韻》訛作"罔"。這類"形異"是抄錄時的筆誤，也正好說明兩部韻書重文的傳承關係。

(三)《五音集韻》重文來源《廣韻》

《五音集韻》還有一定數量的重文直接轉錄於《廣韻》。上表 65 個重文裡有"功（功）""沖（種）""袴（袴）""彚（鶒）""菄（東）""营（芎）""痌（恫）""躬（躬）""顤（瓻）""犗（羚）"10 字始見《廣韻》重文，占總數的 15.4%。就重文的呈現方式看，前 4 字均隱含在《廣韻》正字釋文之中，未單列字頭。《五音集韻》多承襲舊例，僅"彚（鶒）"1 字不僅見於釋文，還單獨列出字頭，並注"同上義，鶒字中隱注亦作。昌黎子改為大字"，以說明該字頭是編者所加。後 6 例重文均在《廣韻》正字釋文後單列出字頭，並標注"上同"說明。

《廣韻》重文絕大多數是作為字頭獨立呈現的，基本被《集韻》繼承，錄作重文。由於《廣韻》收錄的重文要比《集韻》《五音集韻》兩部韻書少得多，且《廣韻》重文絕大多數被《集韻》重文包含覆蓋。諸如"功（功）""沖（种）"等僅是在釋文中用重文術語標注，沒有單列字頭的重文，才被《集韻》忽略不收。《五音集韻》收字求全求備，將《廣韻》重文收羅殆盡，基本不留死角，此類"隱注重文"也就被忠實地轉錄下來，列作字頭。《五音集韻》收錄了一些《集韻》漏收或不收的《廣韻》重文，所以在數量上要比《集韻》重文略多。例如"功"重文《廣韻》"𤺺"1個，《集韻》"𠛬""紅"2個，《五音集韻》將它們一併收錄，就變成"𠛬""紅""𤺺"3個。又如：

(1) 蕡—蘣	(3) 卅—卋
a.《廣韻·文韻》："蕡，草木多實。蘣古文。"	a.《廣韻·合韻》："卋，《說文》云：'卅，三十也。'今作卅。"
b.《五音·文韻》："蕡，草木多實。蘣古文。"	b.《五音·合韻》："卋、卅，《說文》云：'卅，三十也。'今作卅。"
(2) 薽—蘵	(4) 兕—兕
a.《廣韻·微韻》："薽，《說文》曰：'酢菜也。'側魚切。蘵上同。"	a.《廣韻·旨韻》："兕，《爾雅》曰：'兕似牛。'郭璞曰：'一角青色，鍾千斤。'徐姊切。兕古文。"
b.《五音·魚韻》："薽，側魚切，《說文》曰：'酢菜也。'蘵同上義。"	b.《五音·旨韻》："兕，《爾雅》曰：'兕似牛。'郭璞曰：'一角青色，鍾千斤。'兕古文。"

"蘣（蕡）""蘵（薽）""卋（卅）""兕（兕）"4字重文始見《廣韻》，《集韻》重文未收，《五音集韻》全部轉錄為重文，釋文也完全一致，一字不誤。可見《廣韻》不僅是《五音集韻》收字藍本，也是其重文材料的重要轉錄源。

(四)《五音集韻》重文來源《玉篇》

以上 65 個重文中，還有"羣（翶）""蒇、脇、攦、微（麤）""沖（沖）"6 個重文不見於《廣韻》《集韻》重文，占總數的 9.2%。其中前 5 個重文同時也不見其他字書和韻書，應是《五音集韻》的新增重文。"沖"重文"沖"來源《玉篇·氵部》："沖，直中切，俗沖字"，《廣韻》《集韻》均未收錄，直到韓道昭的《五音集韻》和《四聲篇海》才始見轉錄。《五音集韻》也有少量的重文直接轉錄《玉篇》重文，例如：

（1）萢—菹	（3）嶽—凸
a.《玉篇·艸部》："萢，側於切，俺菜為菹也。菹同上。"	a.《玉篇·山部》："嶽，牛角切，五嶽也。凸古文，出《說文》。"
《五音·魚韻》："菹，側魚切，《說文》曰：'酢菜也。亦作菹。'菹同上義。"	b.《五音·覺韻》："嶽，五角切，五嶽也。凸上同。"
（2）坻—坛	（4）豿—貜
a.《玉篇·土部》："坻，直飢切，水中可居。《方言》：'坻，場也。'坛同上。"	a.《玉篇·豸部》："豿，何各切，似狐。貜同上。"
b.《五音·脂韻》："坻、坛，小渚。"	b.《五音·鐸韻》："豿、貜，《說文》曰：'似狐，善睡獸也。'"

"菹（萢）""坛（坻）""凸（嶽）""貜（豿）"4字重文始見《玉篇》，《五音集韻》重文均轉錄之。其中"菹（萢）"亦錄《廣韻》，《集韻》重文則變作"菹"；"坛（坻）"未見《廣韻》但錄於《集韻》；"凸（嶽）""貜（豿）"均不錄《廣韻》《集韻》。應該說，《五音集韻》重文裡面收錄了一些《廣韻》《集韻》漏收或不收的《玉篇》重文。

下面以《五音集韻》標注"古文"的重文作為一個切入點，再舉一些例字，藉以考察《五音集韻》重文對《玉篇》的傳承情況。

（1）期—冀	（9）幽—濝
a.《玉篇·日部》："㫷，巨基切，古文期字；冀，亦古文期字。"	a.《玉篇·水部》："濝，古文幽（'幽'異寫）字。"
b.《五音·脂韻》："冀，古文期字。"	b.《五音·尤韻》："濝，古文幽字。"
（2）眣—眹	（10）漆—涶
a.《玉篇·日部》："眣，醜乙、連結二切，目不正。眹古文。"	a.《玉篇·水部》："漆，且栗切，《說文》：'水出右扶風杜陵岐山，東入渭。'涶古文。"
b.《五音·質韻》："眣，目不正也。眹古文。"	b.《五音·質韻》："涶，古文漆字。"
（3）塍—艚	（11）老—耇
a.《玉篇·宀部》："艚，時升切，古文塍。"	a.《玉篇·二部》："耇，力持切，古文老。"
b.《五音·蒸韻》："艚，古文塍。"	b.《五音·皓韻》："耇，古文老字。"
（4）苗—寠	（12）儺—鼉
a.《玉篇·宀部》："寠，莫儦切，古文苗。"	a.《玉篇·風部》："鼉，奴多切，古文[儺]。"
b.《五音·宵韻》："寠，古文苗。"	b.《五音·歌韻》："鼉，古文儺。"
（5）門—門	（13）猛—厜
a.《玉篇·門部》："門，莫昆切，人所出入也。在堂房曰戶，在區域曰門。門古文。"	a.《玉篇·厂部》："厜，古文猛字。"
b.《五音·魂韻》："門，古文門字。"	b.《五音·梗韻》："猛，莫杏切，《說文》：'猛犬。'又勇猛也。厜古文。"

(6) 宰—𡩦 　　a.《玉篇·宀部》："宰，子殆切，治也，宰判也。𡩦古文。" 　　b.《五音·海韻》："宰，作亥切，塚宰也，又制也。𡩦古文。"	(14) 平—㝹 　　a.《玉篇·亏部》："㝹，皮并切，成也，正也，均也。平同上今文。" 　　b.《五音·清韻》："平，符兵切，正也，和也，易也。㝹古文。"
(7) 裸—赢 　　a.《玉篇·土部》："赢，力果切，古文裸。" 　　b.《五音·果韻》："赢，古文裸字。"	(15) 夷—𡰥 　　a.《玉篇·尸部》："𡰥，餘脂切，古文夷字。" 　　b.《五音·脂韻》："𡰥，陽𡰥地名，本古文夷字。"
(8) 筍—篒 　　a.《玉篇·竹部》："筍，先尹切，竹萌、竹芽也。篒古文筍。" 　　b.《五音·準韻》："筍，思尹切，竹萌。篒古文同上。"	(16) 宿—宿 　　a.《玉篇·宀部》："宿，思六切，夜止也。宿古文。" 　　b.《五音·屋韻》："宿，素也，大也，舍也。宿古文同上。"

　　以上 16 個重文始見《玉篇》，其中"𡩦（期）""眹（眹）""儺（儺）""𡩦（宰）""篒（筍）""閅（門）""濆（幽）""淫（漆）""函（老）""壓（猛）""䐈（睦）""宿（宿）""寮（苗）""㝹（平）""赢（裸）"15 個重文，在《廣韻》《集韻》中均未收錄，《五音集韻》始見轉錄。其中有 3 個重文字形與《玉篇》細微不同，"苗"《玉篇》作"寮"，《五音集韻》作"寮"；"平"《玉篇》作"㝹"，《五音集韻》作"㝹"；"裸"《玉篇》作"赢"，《五音集韻》作"赢"。僅"𡰥（夷）"1 例被《集韻》轉錄，《五音集韻》又轉錄之。

　　《五音集韻》古文重文主要有兩類：第一類是有較清晰形體來源的古文。這類古文最早見於《說文》重文，經過後人的隸定和楷化，錄入《玉篇》的重文系統，《廣韻》《集韻》亦多承錄。第二類是字形來源不明的古文。這類古文來源複雜，又經過輾轉傳抄而變異，或為古文訛體，或後世俗字混雜。上列 16 個古文基本屬於第二類。由於沒有明確的《說文》古文源頭，《廣韻》《集韻》等官修韻書一般不予收錄。《五音集韻》沒有這些束縛，全部照錄。

(五)《五音集韻》重文的其他來源

　　《五音集韻》重文除了來源於《集韻》《廣韻》《玉篇》外，也有極少數的重文有其他不同的來源，它們或轉錄自《五音集韻》之前的其他字書，或取材于其他實物材料上的文字。

1. 來源於《龍龕手鏡》

《龍龕手鏡》撰於公元 997 年，時間上要略早於《廣韻》《集韻》。《五音集韻》中的重文偶有一些罕見俗字直接承錄自《龍龕手鏡》，而不見《廣韻》《集韻》。例如：

哽—嘤

　　a.《龍龕手鏡·口部》：“哽，今；嘤，正，古省、烏省二反，噎也。”

　　b.《五音集韻·梗韻》：“哽，哽咽。嘤古文。”

《說文·口部》：“哽，語為舌所介也。从口更聲。”《龍龕手鏡》以“嘤”為正字，以“哽”為今文。“嘤”不見《廣韻》《集韻》，《五音集韻》始轉錄之，乃源於《龍龕手鏡》。《四聲篇海·口部》《字彙·口部》均轉錄此形。

2. 來源於《干祿字書》

《干祿字書》是唐代顏元孫編纂的一部收錄俗字的字書。《五音集韻》重文也有極少數俗字直接轉錄此書。《干祿字書》產生時間要早於《廣韻》《集韻》，且收錄的俗字大多比較通行，故《廣韻》《集韻》多有轉錄。但也有極少數的俗字漏收於《廣韻》《集韻》，《五音集韻》始轉錄之。例如：

回—囬

　　a.《干祿字書·平聲》：“囬、回，上俗下正。”

　　b.《五音集韻·脂韻》：“回、囬，戶恢切，違也，轉也，邪也。”

《說文·口部》：“回，轉也。从口中。象回轉形。”《干祿字書》承《說文》以“回”為正字，“囬”為俗體。“囬”不見《廣韻》《集韻》，《五音集韻》始轉錄之，乃源於《干祿字書》。《正字通·口部》亦承錄此形。

3. 來源於後世碑刻與寫本俗字

《五音集韻》中還有極少數的重文，不是直接轉錄《五音集韻》以前的字書和韻書，而是來源於六朝隋唐時期的碑刻俗字。這些實物材料上的文字應該是編者刻意搜尋輯錄所得，首次進入韻書系統，一般不見《廣韻》《集韻》等官修韻書。例如：

（1）齊—齋、齐

　　《五音集韻·齊韻》：“齊，徂奚切，整也，中也，莊也。俗作齋字（原文作‘齊’，此據甯忌浮校正）。齐同上義。”

“齋”“齐”不見《五音集韻》以前的字書和韻書，乃源於六朝隋唐時期的碑刻及寫本俗字（詳參“齊”字條）。《四聲篇海·耳部》《正字通·文部》均轉錄“齋”，《重訂直音篇·文部》轉錄“齐”。

（2）斷—断

　　《五音集韻·換韻》：“斷，決斷。俗作断。”

“断”不見《五音集韻》以前的字書和韻書，乃源於漢魏六朝時期的碑刻俗字（詳參“斷”字條）。《字彙·斤部》亦轉錄此形。

五　《五音集韻》重文的基本類型

　　重文類型，是指重文與所屬字頭的關係而言。《五音集韻》重文與所屬字頭之間主要有異體、通假、同源、分化等關係。這裡面隱含了“正字—異體字”“本字—通假字”“源字—源字”“母字—分化字”等組群概念。與之相對應地，重文也就可區分出字頭的異體字、通假字、同源字、分化字等文字類型。

（一）重文是異體字

　　重文與字頭之間屬一字之異體，是記錄同詞的同字異體關係。我們對異體字的界定主要從功能和構形兩個維度，吸收了李國英、劉延玲二位的異體字定義，同時又借鑒李道明、李運富、周豔紅等對異體字音義關係的認識①，將異體字定義為：

　　異體字是為語言中同一詞而造的，在使用中功能不發生分化且不對立的不同的文字形體，以及由於書寫變異造成的一個字的不同形體。

　　這樣定義需要做以下說明：

　　（1）"為語言中同一詞而造的"主要從來源上，把異體字和通假字區分開。"在使用中功能不發生分化"則從功能上，將異體字和分化字區分

---

　　①　李國英云："異體字是為語言中同一詞而造的，在使用中功能不發生分化的不同的文字形體，以及由於書寫變異造成的一個字的不同形體。""異體字必須同時滿足構形和功能兩個方面的條件，兩個條件缺一不可。構形方面的條件，不僅可以揭示異體字的特徵，而且可以把異體字和通假字區別開來。功能的條件則可以把異體字和分化字區別開來。"參見李國英《異體字的定義與類型》，《異體字研究》，商務印書館 2004 年版，第 12—13 頁。劉延玲亦云："異體字是漢字史上為記錄同一詞而造的，在使用過程中功能沒有發生分化或同一個字由於書寫變異而形成的一組形體不同的字元。前者可稱為異構字，後者可稱為異寫字。"參見劉延玲《試論異體字的鑒別標準與整理方法》，《異體字研究》，商務印書館 2004 年版，第 94 頁。在異體字音義關係的認識上，李道明較早指出："異體字不能是'一詞異形'，而只能是'一字異形'。但是，我們並不意味著異體字必須'音義完全相同'的主張，因為它並未完全反映出一字異形的實質。"李文同時指出：（1）兩種讀音差異並不影響異體字的認同：一是不區別意義的異讀，即所謂"又音"；二是讀音只是相近而不相同，但所表示概念卻完全相同。（2）字義發展可以使一些音義原本完全相同變得不完全相同，這並不影響異體字的認同。例如"凷"和"塊（块）"本是一組完全相同、已實現取代的字（《說文》："凷，墣也。塊，凷或从鬼"），但"塊"又有成疙瘩或成團兒的東西義和用作量詞，而"凷"沒有這些意義。參見李道明《異體字論》，《〈漢語大字典〉論文集》，湖北辭書出版社、四川辭書出版社 1990 年版，第 111 頁。李運富也有類似觀點："'嚴'派（狹義派）對異體字的表述顯然只是一種理論預設，如果歸納異體字的實際用例，恐怕很少有音義'完全相同'或'絕對相同'的。所謂'可以互相代替'也是研究者或文獻整理者的一種措施，對用字者來說，只有選擇，不存在替換問題。選擇用字會受到多方面因素的影響，如個人的文化素質和用字習慣，社會的用字時尚和規範意識、使用的特殊環境和特殊目的等，因而即使典型的異體字的使用也並不是毫無差別的。也許甲字記錄過五個義項，而乙字只記錄了兩個義項，或者甲字產生於先秦而乙字產生於兩漢，期間語音變化，它們的實際音值已經不同。即使在同一時代，異體字的使用及其所負載的實際音義在不同使用者或閱讀者眼裡也不可能完全一致，甚至連字典辭書對異體字的注音也是有歧義的。所以對於異體字的音義應該具體情況具體分析，界定時最好寬泛一點。""為了不受'音義完全相同'的限制，我們可以把異體字的這一屬性工作表述為'功能相同'。"參見李運富《關於'異體字'的幾個問題》，《語言文字運用》2006 年第 1 期。周豔紅提出異體字判定的三條標準：一是不影響詞的同一性的讀音差異，不影響異體字的認同。二是不影響詞的同一性的意義差異，不影響異體字的認同。三是文字的假借造成的記詞功能不平衡，不影響異體字的認同。參見周豔紅、馬乾《異體字的音、義關係與判定標準》，《國學學刊》2015 年第 3 期。

開。這和李國英對異體字的界定相同。

（2）"功能不對立"指當幾個不同形體記詞功能不平衡，即記錄同一詞的讀音和意義項不完全一致，存在著音義不完全相同的差異時，文獻用字上不會出現即此非彼的不相容現象，而是相包容的，音義關係也是相包含的。就音義關係的不同，異體字可分為兩類：①為語言中同一詞而造的，在使用中功能不發生分化且音義完全相同的異體字，可以稱為典型異體字（或嚴式異體字）。如"泪"和"淚""傘"和"繖"等。②為語言中同一詞而造的，在使用中功能不發生分化且音義非完全相同的異體字，稱為非典型異體字（或寬式異體字）。① 如"凸"和"塊""雕"和"鵰"等。

（3）異體字，就構形來源的不同，又可分為兩類：①異構字，即為語言中同一詞而造的，在使用中功能不發生分化、功能不對立的幾個不同的文字形體。②異寫字，即為語言中同一詞而造的，在使用中功能不發生分化、功能不對立的同一形體的不同的書寫變體。

異體字的定義決定了它的類型。從構形和書寫兩個層面，將異體字分為異構字和異寫字兩大類型。異構字主要有結構類型不同的、義符不同的、聲符不同的、聲義符不同的、累增部件的異構字五類；異寫字有筆畫異寫、部件異寫、隸定異寫、部件移位、省體字五類。對於極少數來源複雜、構形特殊的異體字，往往不好準確歸入異構或異寫，可統稱為"構形特殊的異體字"。《五音集韻》重文以異體字為主體，基本涵蓋了以上所有的異體類型。其中，韻字字頭大多扮演正字或本字的角色，重文就是為它的異體字。例如：

（1）《五音集韻·東韻》："膈、髃，肩前也。或从骨。"（P1

---

① "非典型異體字"與裘錫圭的部分異體字概念內涵不同。裘先生云："在部分異體字裡，由用法全同的一字異體變成的字只占很小的比例（如'雕'和'鵰'，即我所稱的非典型異體字）。絕大多數部分異體字就是彼此可以通用的不同的字。""狹義異體字大體上相當於一字異體，部分異體字大體相當於通用字。"同時裘氏又將通用字之間的關係分為本字跟假借字、假借字跟假借字、母字跟分化字、同義換讀字跟本字或其他性質的字。可見裘氏的"部分異體字"內容龐雜，既有少量諸如"雕"和"鵰"等用法全同的一字異體變成的非典型異體字，也有包括數量更多的通假字、分化字和同義換讀。參見裘錫圭《文字學概要》（修訂本），商務印書館 2013 年版，第 199、252 頁。

下）

（2）《五音集韻・東韻》："玒、玜，玉名。又音江。或从公。"（P1 下）

（3）　《五音集韻・東韻》："窮、𥦗，渠弓切，窮極也。或作窮。"（P1 下）

（4）《五音集韻・東韻》："中，陟弓切，平也、成也。古作𠁩，籀作𠁩。𠁩、𠁩並同上義。"（P2 下）

（5）《五音集韻・東韻》："怱，倉紅切，速也，古作悤。悤同上。"（P3 下）

（6）《五音集韻・東韻》："崇，鋤弓切，高也，敬也，就也。崈同上。"（P4 上）

（7）《五音集韻・微韻》："薇、蔆，菜也。籀省。"（P18 上）

（8）《五音集韻・麻韻》："牙，五加切，牙齒，又牙旗。𤘴古文。"（P62 上）

（9）《五音集韻・凡韻》："帆，船上幔也。𦩹同上。"（P90 下）

（10）《五音集韻・陷韻》："站，俗言獨立。又作𡆦。𡆦同上。"（P187 上）

　　字頭"玒""腪""窮""中""怱""崇""薇""牙""帆""站"均為正字，後面對應的重文分別為異體字。其中，"髑"為"腪"變換義符（即義符不同）形成的異構字，也簡稱為換義符字；"玜"為"玒"變換聲符（即聲符不同）形成的異構字，也簡稱換聲符字；"𥦗"為"窮"的部件異寫字。"𠁩""𠁩"為"中"的筆畫異寫字；"悤"為"怱"的隸定異寫字；"崈"為"崇"部件移位形成的異寫字；"蔆"為"薇"省寫聲符形成的省體字；"𤘴"為"牙"累增義符的異構字；"𦩹"為"帆"變換聲義符的異構字；"𡆦"從正從立，屬會意結構，為"站"結構類型不同的異構字。

　　也有少數的重文成為後世通行的正字，韻字字頭則淪為異體字。例如：

　　（1）《五音集韻・東韻》："鬆，髮亂也。或作鬆。鬆同上。"（P3 下）

（2）《五音集韻·脂韻》："𤭯，房脂切，《說文》曰：'人臍也。'今作毗。毗義見上注。"（P11 上）

"鬆""𤭯"在《廣韻》《集韻》均列作字頭，《五音集韻》承錄之。今以"鬆"為正字，"鬆"即"鬆"變換聲符的異構字；"𤭯""毗"同為篆文𤭯之隸變，今以"毗"為正字，"𤭯"即"毗"的部件異寫字。

（二）重文是通假字

通假關係是指字頭和重文之間讀音相同或相近，並且在文獻用字中可相互借用或通用。這類重文與字頭本質上是為不同的詞而造的兩個異字，由於它們讀音相同或相近的緣故而臨時借用，客觀上造成了記詞功能的部分重合，在特定的上下文語境中記錄同詞。《五音集韻》重文中有一定數量的通假字，這類重文絕大多數不錄於《廣韻》，而是始見《集韻》重文，《五音集韻》大都承錄之。其中，韻字字頭大多扮演著本字的角色，重文就是為它的通假字。例如：

（1）《五音集韻·真韻》："伸、信，舒也，理也，直也，信也。"（P36 下）

《說文·人部》："伸，屈伸。从人申聲。""伸"本義指舒展，即使肢體或物體由彎、短之狀態變直或變長，也引申為擴展、施展、伸長等義。"伸"重文作"信"始見《集韻·真韻》："伸、信，《說文》：'屈伸也。'經典作信。通作申。"《類篇·人部》："伸、信，升人切，《說文》：'屈伸也。'經典作信。"《五音集韻》轉錄之。《說文·人部》："信，誠也。从人从言，會意。""信"本義指誠實，亦引申為相信、確實、信仰等義。"伸""信"分屬二字，各自記錄不同的詞。"伸"上古書紐真部，"信"心紐真部，二字同屬真部，古音相近，古籍亦通用。《易經·繫辭下》："往者屈也，來者信也。"陸德明釋文："信，本又作伸。"《荀子．不苟》："剛強猛毅，靡所不信，非驕暴也。"楊倞注："信，讀為伸。古字通用。"《漢書·司馬遷傳》："乃欲卬首信眉，論列是非。"顏師古注："信，讀曰伸。"皆其例。字頭"伸"為本字，重文"信"為通假字。

（2）《五音集韻·宵韻》：“遼、勞，遠也。又水名。或作勞。”
（P55 下）

　　《說文·辵部》：“遼，遠也。从辵尞聲。”“遼”本義指遙遠，也引
申為開闊、久遠，假借為河川名等義。“遼”重文作“勞”始見《集韻·
蕭韻》：“遼、勞，《說文》：‘遠也。’或作勞。遼一曰水名，在遼陽縣。”
《五音集韻》轉錄之。《說文·辵部》：“勞，劇也。从力熒省。熒，火燒
冂，用力者勞。”“勞”本指辛勤、勞苦義，與“遼”屬不同的字。“勞”
“遼”同屬來紐宵部，二字同音通假，都記錄為遼闊義。如《詩·小雅·
漸漸之石》：“山川悠遠，維其勞矣。”鄭玄注：“其道里長遠，邦域又勞
勞廣闊。”孔穎達疏：“廣闊遼遼之字，當從遼遠之遼，而作勞字者，以
古之字少，多相假借。”是其例。字頭“遼”為本字，重文“勞”為通
假字。

（3）《五音集韻·獮韻》：“宴、燕，安也。又烏見切。”（P117
上）

　　《說文·宀部》：“宴，安也。从宀妟聲。”段玉裁注：“（宴）引申為
宴饗。經典多叚燕為之。”“宴”本義指安逸、安閒，也引申為宴饗、筵
席等義。“宴”重文作“燕”始見《集韻·銑韻》：“宴、燕，《爾雅》：
‘宴宴，居息也。’或作燕。”《五音集韻》轉錄之。《說文·燕部》：“燕，
玄鳥也。”“燕”為象形字，本義指鳥綱燕科各種鳥類的通稱，與“宴”
屬不同的字。“宴”“燕”同屬影紐元部，二字同音通假。如《詩·魯
頌·閟宮》：“魯侯燕喜，令妻壽母。”鄭玄箋：“燕，燕飲也。”《史記·
留侯世家》：“及燕，置酒，太子侍。”《清史稿·禮志五》：“還禦大清門
受賀，燕賚羣臣。”“燕”通作“宴”。皆其例。字頭“宴”為本字，重
文“燕”為通假字。

（三）重文是同音或音近字

　　通假關係的認定，除了要有聲韻依據，即古音的相同或相近，還必須
具有確鑿的古代文獻佐證，如異文、古注材料、同類例證等古籍材料通用
的證據。如果只是單純的讀音相同或相近，而沒有文獻通用的例證，在不

能確定為通假時，我們謹慎認為它們僅為同音或音近字。當然，因為現存古籍只是當時的冰山一角，不是每一個通假都有書證流傳下來，所以也不排除當時通假的可能性。例如：

（1）《五音集韻·東韻》："翻，飛皃。𦎫籀文。"（P2 下）

《玉篇·羽部》："翻，音童，又達貢切，飛皃。""翻"从羽童聲，表飛義。"翻"籀文作"𦎫"僅見《五音集韵》，未見其他的字書和韻書。"𦎫"非"翻"籀文，乃"童"的籀文隸定字。《說文·辛部》："童，男有皐曰奴，奴曰童。𥫅，籀文童。""𦎫"即"童"籀文𥫅之隸定，且形體微訛，當源於"童"金文作𥫅形①變異。《集韻·東韻》"童"籀文作"𦎫"，與"𦎫"形同，是其證。《玉篇·辛部》"童"籀文作"𦎫"，《類篇·辛部》作"𦎫"，亦形近可參。"翻"从童得聲，與"童"同音，讀為徒紅切，但並未見二字文獻通假例證，應是單純的同音字關係。《五音集韻》將"𦎫（童）"列為"翻"籀文，蓋因二字音同而誤植。

（2）《五音集韻·真韻》："雞，小雀。賨古文。"（P35 下）

按：《玉篇·佳部》："雞，音賓，小雀也。""雞"為"雞"異寫，从佳賓聲，表小雀義。"雞"古文作"賨"僅見《五音集韵》，未見其他的字書和韻書。"賨"即"賓"的隸定古文變體。《說文·貝部》："賓，所敬也。𡩋，古文。""賓"即"賓"古文𡩋的隸定字，當源於金文𡩋、𡩋等形②演變。《廣韻·真韻》《集韻·真韻》均錄"賓"古文作"賓"，是其例。另《玉篇·日部》："賨，必民切，古文也。"張湧泉曰："'賨'疑為'賓'的訛俗字。《說文·貝部》載'賓'古文作'賓'，'賨'蓋即'賓'之訛。"③"賨""賨"筆畫微異，屬一字之變，均為"賓"訛俗字，張說可從。"雞"从賓得聲，與"賓"同屬幫紐真部，但二字未見文獻通假例證，是為同音字。此蓋因二字音同而誤植。

---

① 高明：《古文字類篇》，台灣大通書局 1986 年版，第 432 頁。

② 同上書，第 392 頁。

③ 張湧泉：《漢語俗字叢考》，中華書局 2000 年版，第 598 頁。

（四）重文是同源字

　　字頭和重文之間共同記錄了一組有同源關係的詞，就字而言，彼此就屬同源字關係。同源字本質上是用來記錄同源詞的幾個形體不同的字，表現為音義相近、音近義同或義近音同，總之，具有音義相關的特點。① 同源字在一般情況下，是可以互相訓詁或通用。要判斷幾個字是不是同源，主要就是判斷它們所記錄的詞是否同源，形體上可以有關係，也可以没有關係。②《五音集韻》的重文主要表現為與字頭音義相關，它們或音義相

---

　　① 王力云："凡音義皆近、音近義同，或義近音同的字，叫作同源字。這些字都有同一來源。或者是同時產生的，如'背'和'負'；或者是先後產生的，如'犛'（犛牛）和'旄'（用犛牛尾裝飾的旗子）。同源字，常常是以某一概念為中心，而以語音的細微差別（或同音），表示相或相關的幾個概念。"參見王力《同源字典》，中華書局 2014 年版，第 1 頁。蔣紹愚指出："同源詞是同一語源的詞，這些詞的讀音相同或相近，詞義相同或相關"，"同源字就是用來記錄同源詞的幾個形體不同的字。"參見蔣紹愚《古漢語詞彙綱要》，商務印書館 2005 年版，第172、210 頁。

　　② 關於同源字的判定，王力從三個方面對同源字作了嚴格規定：（1）"同源字必然是同義詞或意義相關的詞。"具體地說：（a）完全同義；（b）微別；（c）各種關係（如動作和工具的關係，動作和對象的關係，事物和性質、作用的關係，共性關係，特指關係，等等，共有十五種關係）。（2）"同源字還有一個最重要的條件，就是讀音相同或相近，而且必須以先秦古音為依據。""這就是說，必須韻部、聲母都相同或相近。"（3）"有同一來源。""字典中許多引用古代訓詁，無非要證明各組確實同源。"參見王力《同源字典》，中華書局 2014 年版，第 3—37 頁。蔣紹愚也指出："判定同源詞必須嚴格按照三個條件：（a）讀音相同或相近；（b）意義相同或相關；（c）可以證實有同一來源。這三個條件是缺一不可的。讀音相同，而意義相差甚遠，就只是同音詞；意義相同，而讀音相差甚遠，就只是同義詞。讀音相同或相近，意義相同或相關，但不是同出一源，那也只是音義的偶然相同，而不是同源詞。""這第三個條件，還有進一步強調的必要……在這些音近的詞中，難免有一些詞是偶然意義相近，或者本不同源，因詞義發展而變得意義相近、相關的，如果不考察其語源，而僅憑第一、二個條件就斷定它們是同源詞，那就欠妥了。"同時列舉了"境"和"界"，二字音義相近，在古代訓詁資料中也可互訓，但分別是從不同語源出發，各自經過引申而產生了相同的意義，應該是同流而不同源的一組字，不應該看作同源字。參見蔣紹愚《古漢語詞彙綱要》，商務印書館 2005 年版，第 180—181 頁。就形體關係而言，李運富概括了同源字的三種類型：（1）形體無關的同源字，如"貫（毌）"和"冠""欺"和"謾"等。（2）同聲符的同源字，一種為父子相承關係，如"解"和"懈"，另一種為兄弟相親關係，如"撕""嘶""廝""澌"，均從斯得聲，音義皆來源於"斯"，如同一個父親所生。（3）同形的同源字，如表數目的"數"和表計算的"數"。參見李運富《漢字學新論》，北京師範大學出版社 2012 年版，第 233—235 頁。

近，或音近義同，或義近音同，且常見二字古籍通用或訓詁的例證。例如：

（1）《五音集韻·真韻》："娠、震，孕也。又脂刃切。"（P36下）

《說文·女部》："娠，女妊身動也。从女辰聲。《春秋傳》曰：'后緡方娠。'""娠"本義指懷孕，也引申為孕育、包含等義。"娠"重文作"震"始見《集韻·真韻》："娠、震，《說文》：'女妊身動也。'引《春秋傳》'后緡方娠。'或作震。"又《震韻》："娠，妊也。"通作震。《五音集韻》轉錄之。《說文·雨部》："震，劈歷，振物者。从雨辰聲。《春秋傳》曰：'震夷伯之廟。'""震"本義表疾雷，也引申為雷擊、撼動、威攝等義，與"娠"分屬二字，各自記錄不同的詞。"娠""震"均从辰得聲，上古同屬舌音文部，古音相近。《說文·辰部》："辰，震也，三月易氣動，雷電振民農時也，物皆生。"段玉裁在"娠"下注曰："凡从辰之字皆有動意。震、振，是也，妊而身動曰娠。""辰"表動義，凡从辰之字在所記錄的詞義中均隱含動的語義特徵，如"震""振""唇"等。"娠""震"以"辰"為聲符，各自組合不同義符構成一組具有相同聲符的同源字，不僅讀音相近，還同時含有動義，古籍亦通用。如《詩·大雅·生民》："攸介攸止，載震載夙。"陳奐疏："震與娠通。"《左傳·昭公二年》："邑姜方震太叔。"杜預注："懷胎為震。"陸德明釋文："震，本又作娠。懷妊也。"皆其例。

（2）《五音集韻·東韻》："嵩，思融切，山高也。又山名。又姓，《史記》有嵩極玄子。古作崇。崇同上。"（P3下）

"嵩"重文作"崇"始見《集韻·東韻》："嵩、崇，思融切，《說文》：'中嶽嵩，高山。'又姓。古作崇。"《類篇·山部》同。《五音集韻》轉錄之。《說文·山部》："崇，嵬高也。从山宗聲。"段玉裁改"嵬高"作"山大而高"，並注："《大雅》：'崧高維嶽'，《釋山》《毛傳》皆曰：'山大而高曰崧。'《孔子閒居》引《詩》崧

作嵩，崧、嵩二形，皆即崇之異體。”“崇”從山宗声，本義指山大而
高，也引申為一般意義的高大、尊敬、崇高等義。“嵩”從山高聲，
為“崇”變換聲符而成。《說文新附·山部》：“嵩，中嶽嵩，高山
也。從山從高，亦從松。韋昭《國語》注云：‘古通用崇字。’”徐
灝注箋：“崇，經傳中汎言崇高者，其字亦作嵩。《漢桐栢淮源廟
碑》：‘宮廟嵩峻。’《三公山碑》：‘厥體嵩厚。’並與崇同。後世小學
不明，遂以崇為汎稱，嵩為中嶽。”其說甚是。“崇”“嵩”本一字異
構，後因區分不同的引申義而逐漸分化為兩個不同的字，記錄了一對
同源詞。“崇”記錄山大而高的本義及其相關引申義，“嵩”引申為
專指中嶽嵩山。二字音近義通，古籍亦通用。如《漢書·揚雄傳》：
“瞰帝唐之嵩高兮。”顏師古注：“嵩亦高也。”《文選·陸士衡〈齊謳
行〉》：“崇山入高冥。”李善注：“崇或為嵩。”皆其例。

（五）重文是音義相近字

同源關係的判定比較複雜。我們讚同王力、蔣紹愚二位對同源字的嚴
格界定，主張同源字的確定必須同時滿足三個條件：（1）讀音相同或相
近；（2）意義相同或相關；（3）可以證實所記錄的詞有同一來源。要確
定某些詞同出一個語源是一件相當困難的事情。我們確認重文與字頭所記
錄的詞是否同出一源，主要從詞義的引申系統、文字的諧聲偏旁，以及古
代文獻通用，古代的聲訓、義訓等訓詁材料加以綜合考慮。《五音集韻》
有少量的重文與字頭雖然讀音相同或相近、意義相同或相關，但並不是同
一來源，而僅僅是偶然的音義相近或音義相關字。例如：

　　　《五音集韻·麻韻》：“嘉、佳，古牙切，善也，美也。又姓。”
（P61 下）

　　　《說文·壴部》：“嘉，美也。從壴加聲。”段玉裁注：“壴者，陳
樂也，故嘉從壴。”“壴”為“鼓”象形初文，表擊鼓義。“嘉”從壴
加聲，本義表擊鼓奏樂以示美好。如《周禮·春官·大宗伯》：“以嘉
禮親萬民。”嘉禮包括飲食、婚冠、賓射、饗燕、脤膰、賀慶等，諸
如此類慶祝時擊鼓奏樂，皆稱“嘉”。“嘉”由擊鼓奏樂以示美好的
本義引申為一般的美好、讚美等義。如《爾雅·釋詁上》：“嘉，善

也。"《正字通·口部》："嘉，褒也。"皆是。"嘉"重文作"佳"始見《集韻·麻韻》："嘉、佳，居牙切，《說文》：'美也。'或作佳，亦姓。"《五音集韻》承錄之，但"佳"非"嘉"異體。《說文·人部》："佳，善也。从人圭聲。""佳"从人从圭、圭亦聲（《說文·土部》："圭，瑞玉也"），本義表女子美麗溫婉如玉，如"佳人""佳麗"。《淮南子·說林》："佳人不同體，美人不同面，而皆說於目。""佳"用其本義。"佳"由女子美麗溫婉如玉的本義引申為一般的美好。如《正字通·人部》："佳，美好也。"《說文》記錄的也正是此引申義。"嘉""佳"同屬見紐，古音相近，且均表美好義，但顯然是從不同語源引申出來的，意義上也有細微差別，如"佳人"不能換成"嘉人"，"嘉獎"不能換成"佳獎"。"嘉""佳"音近義同，但並不屬同源字關係，而僅僅是一組音義相近字。

（六）重文是分化字

字頭和重文之間屬於母字與分化字關係。也就是說，重文是從字頭中孳乳分化出的新字，與字頭本一字異體，後因二者記詞功能的變化，逐漸分化成兩個不同的字，各自記錄不同的詞。當母字與分化字記錄的是一組同源詞時，那麼分化字也是母字的同源字。如前面舉例的"崇"和"嵩"，就漢字孳乳而言，"嵩"從"崇"換聲符而來，是"崇"的分化字；從字所記錄的詞的源流關係看，"崇""嵩"又是一組同源字。當母字與分化字記錄的是一組不同源的詞時，那它們之間就只是單純的孳乳分化。由於漢字分化是一個緩慢、漫長的過程，加之古人用字往往比較隨意，所以母字和分化字歷史上很長時期還可互相通用。例如：

（1）《五音集韻·歌韻》："它，《說文》曰：'蟲也。从虫而長，象冤回垂尾形。上古草居患它，故相問無它乎。'蛇《說文》同上。今市遮切。"（P59下）

"它"重文作"蛇"始見《說文·它部》："它，蟲也。从虫而長，象冤曲垂尾形。上古艸居患它，故相問無它乎。蛇，它或从虫。臣鉉等曰：'今俗作食遮切。'"《集韻·戈韻》："它、蛇，《說文》：'蟲也。从虫而長，象冤曲尾形。上古艸居患它，故相問無它乎。'或从虫。"

《集韻》重文來源《說文》，《五音集韻》又轉錄之。"它"甲骨文像蛇形，本義表蛇，一種身體圓而細長的爬行動物。"它"罕見本用，主要假借為第三人稱代詞，表其它的"它"，表蛇的本義由"蛇"承擔。"蛇"從虫從它，為"它"累增義符而成，專表蛇義及由蛇義派生出的引申義，"它"則主要記錄假借義。"它""蛇"由一字異體，逐漸分化為兩個不同的字，記錄了一組沒有同源關係的詞，但古籍偶見通用，均可記錄蛇義。如宋羅泌《路史·疏仡紀·高陽》："四它衛之。"按羅萍注作"四蛇衛之。"清顧祖禹《清史方輿紀要·浙江三·湖州府》："杼山上有避它城……蓋古昏墊時民避蛇於此。""它"通作"蛇"。皆其例。

（2）《五音集韻·語韻》："呂，力舉切，《字林》云：'脊骨也。'《說文》作呂，又作膂。亦姓。膂同上。"（P100 下）

"呂"重文作"膂"始見《說文·呂部》："呂，脊骨也。象形。昔太嶽為禹心呂之臣，故封呂侯。膂，篆文呂從肉從旅。"段玉裁注："呂象顆顆相承，中象其繫聯也。"《玉篇》《廣韻》所錄重文均來源《說文》，《五音集韻》亦承錄之。"呂"為象形字，像綴聯脊骨形，本義表脊椎骨。《急就篇·卷三》："尻髖脊膂腰背呂。"顏師古注："呂，脊骨也"，用其本義。古籍中"呂"罕見本用，經常使用呂律，古國名，姓等假借義，而表脊骨的本義主要由"膂"承擔。"膂"從肉旅聲，是為表脊骨的本義另造的形聲字。《書·君牙》："今命爾予翼，作股肱心膂。"孔穎達疏："膂，背也。"漢馬王堆帛書"即取刑馬膂肉十"的"膂肉"，即脊骨肉也。馬王堆帛書中"呂"字數見，均假借為地名或姓氏，未見本義。由此可見，西漢時期"呂""膂"就已經分化，且沿用至今。就漢字孳乳的源流而言，"呂"為母字，"膂"為後起分化字，記錄了一組沒有同源關係的詞。

（七）重文是同義或近義字

字頭和重文之間屬於同義或近義字關係。沈兼士最早稱這種文字現象為"義通換用"，認為此亦重文之變例，並列舉了"羑"或作"誘"

"續" 古文 "賡"，以示兩字雖異而義互通。① 此後，沈氏（1947）在《漢魏注音中義同換讀例發凡》稱為 "異音同用" 或 "義同換讀"②。李榮稱這種現象為 "同義字互相替代" 或 "同義替代"③。裘錫圭採用沈氏 "義同換讀" 的說法，為了通俗起見，把 "義同" 改成 "同義"，稱為 "同義換讀"④。《五音集韻》中的字頭多為本字，重文為它的同義或近義字，或稱同義換讀字。原字與同義字之間有時可以訓詁，像是有意為之的同義字類聚，可能源自不同文獻用字的版本異文。例如：

(1)《五音集韻·燭韻》："續，似足切，繼也，連也，又姓。賡古文。"（P193 下）

"續" 重文作 "賡" 始見《說文·糸部》："續，達也。从糸賣聲。賡，古文續，从庚、貝。"《集韻·燭韻》："續、賡，松玉切，《說文》：'連也。' 古作賡。"《集韻》重文來源《說文》，《五音集韻》亦轉錄之。"續" 从糸賣聲，本義表連接，也引申為繼承、添加等義。"賡" 从貝庚聲，表連續，繼續義，與 "續" 同義，古籍多以 "續" 訓釋 "賡"。如《爾雅·釋詁下》："賡，續也。"《書·益稷》："鼓舞，百寮載歌。" 孔安國傳："賡，續。" 皆是。沈兼士云："賡可訓續，非即續字。疑《說文》別有賡篆……考《爾雅》'賡，續也'，為以訓詁式表示經典異文。《說文》'賡，古文續'，為以重文式表示經典異文。其例略同於引經說假借。"⑤ 其說可從。"續""賡" 二字義同，是為同義換讀。

(2)　《五音集韻·笑韻》："曜，日光也，又照也。昊古文。"

① 沈兼士：《漢字義讀法之一例——〈說文〉重文之新定義》，《沈兼士學術論文集》，中華書局 1986 年版，第 243 頁。

② 沈兼士：《漢魏注音中義同換讀例發凡》，《沈兼士學術論文集》，中華書局 1986 年版，第 311 頁。

③ 李榮：《語音演變規律的例外》，《中國語文》1965 年第 2 期；《漢字演變的幾個趨勢》，《中國語文》1980 年第 1 期。

④ 裘錫圭：《文字學概要》（修訂本），商務印書館 2013 年版，第 211 頁。

⑤ 沈兼士：《漢字義讀法之一例——〈說文〉重文之新定義》，《沈兼士學術論文集》，中華書局 1986 年版，第 250 頁。

（P171 上）

　　《玉篇·日部》：“曜，餘照切，照也。”《廣韻·笑韻》：“曜，日光也。”《詩·檜風·羔裘》：“羔裘如膏，日出有曜。”朱熹注：“日出有曜，日照之則有光也。”“曜”從日翟聲，表照亮、日光等義。“晃”為“晃”訛字，當校。“曜”重文作“晃”始見《集韻·笑韻》：“曜，光也。古作晃。”《類篇·日部》同。《五音集韻》亦承錄之，並訛寫作“晃”。“晃”之“芅”為“光”古文芅的隸定字。“晃”從日從芅（光），為“晃”古文異體。《正字通·日部》：“晃，古文晃。”是其證。《說文·日部》：“晃，明也。”《廣韻·蕩韻》：“晃，明也、暉也、光也。”“晃”從日從光、光亦聲，表明亮、光亮等義，與“曜”分屬二字。“曜”“晃”均表光亮，二字為近義字。如《抱朴子·喻蔽》：“守燈燭之宵曜，不識三光之晃朗。”這裡“晃”“曜”對舉出現，意義相近，均指光亮、明亮。《五音集韻》以“晃（晃）”為“曜”古文，蓋因二字意義相近也。

（八）重文是形近字

　　形近字是指重文與字頭形體相近，但在字的讀音和意義上往往隔得很遠。重文和字頭本質上是兩個不同的字，由於二者形近而誤認為是重文關係。這裡的“形近”既指整體字形的相近，又包括局部的主體部件相同。《五音集韻》重文中形近字數量極少，主要見於古文重文。例如：

　　（1）《五音集韻·真韻》：“䢄，《說文》：‘日月合宿為䢄。’䢉籀文。”（P36 下）

　　《說文·會部》：“䢄，日月合宿為䢄。從會從辰、辰亦聲。”《廣韻·泰韻》：“䢄，《說文》曰：‘日月合宿為䢄。’”“䢄”從會從辰、辰亦聲，表日月合宿義，其籀文僅見《五音集韻》，未見其他的字書和韻書。“䢉”非“䢄”籀文，乃“農”的隸定籀文，字見《說文·晨部》：“農，耕也。䢉，籀文農從林。”“䢉”即“農”籀文䢉之隸定，從林從辰從囪（"田"訛變），為"農"的古文異構字。《集韻·冬韻》《類篇·晨部》《四聲篇海·晨部》均錄"農"古文作"農"，是其證。"農""農"二字形近，此蓋形近誤植。

　　（2）《五音集韻·願韻》："萬，萬舞。《字林》云：'萬，缶名也。'亦州名。命古文。"（P164 上）

　　《說文·內部》："萬，蟲也。從厹象形。""萬"表蟲名、數目字、眾多等義。"萬"重文作"命"始見《集韻·願韻》："萬，《說文》：'蟲也。'古作命。"《類篇·厹部》同。《五音集韻》亦承錄之。"命"非"萬"古文，乃"禹"的古文變體，字見《說文·內部》："禹，蟲也。命，古文禹。""命"即"禹"古文命之隸定，且形體微訛，當源於"禹"古文字作命、禼等形①變異。《集韻·嚏韻》錄有"禹"古文作命，《古文四聲韻·虞韻》引《古尚書》"禹"作禼、命，均與之形近，可參證。"萬""禹"二字形近，此蓋形近誤植。

　　《五音集韻》重文主要有以上八種類型。這些分類似乎沒有一個統一的標準，實則在一個對立統一的漢字關係中。具體來看，重文與字頭之間主要有兩種關係：一是"同字"關係，二是"異字"關係。"同字"是重文與字頭屬同字異體，重文多為字頭的異體字，包括異寫字和異構字兩類。"異字"是指重文與字頭分別屬不同的字，這裡有"異字同詞"和"異字誤植"兩種情況：（1）重文與字頭是彼此可以通假或通用的不同的字，它們在特定的上下文語境中記錄同詞，客觀上造成記詞功能的部分重合，稱為"異字同詞"。重文中的通假字、同源字、分化字，它們分別可以與對應字頭之間構成同音通假、同源通用以及分化通用關係，功能上記錄特定語境中的同一個詞。同義換讀字與字頭之間大多或互為訓詁，或互為異文，是"異字同詞"中比較特殊的一類。（2）重文與字頭分屬不同的字，但一般不能通假或通用，而僅僅是由於二者形、音、義相近而發生誤植，誤認為是重文關係，稱為"異字誤植"或"異字誤置"。重文中的同音或音近字、音義相近字、形近字屬於這種類型，它們本質上是一種張冠李戴

---

　　①　高明：《古文字類編》，臺灣大通書局 1986 年版，第 213 頁。

的文字錯誤，不是真正意義的重文。

　　《五音集韻》一個字頭下往往對應多個重文，其中涵蓋了不同性質的重文類型。有的是同一字頭對應的幾個重文屬於同一種類型，它們或均為異體字，或均為通假字等。也有的是同一字頭對應的幾個重文屬不同類型，即裡面同時包括異體字、通假字等不同的重文。也就是說，該組重文涵蓋了不同漢字關係的重文。要準確判斷同一字頭下的幾個不同重文的文字類型，需要對這些不同性質的重文進行考辨，分門別類，重新整理和歸類。

卷 一

[001] 蜂：鑝 蠢 蠭 蠤 蚌

《五音集韻·東韻》："蜂，蟲名，出《倉頡篇》。又音峯。或从蓬。蠤同上。"（P2 下）

《五音集韻·鐘韻》："鑝，《說文》曰：'螫人飛蟲也。'《孝經援神契》曰：'鑝蠆，垂芒為其毒在後。'古作蠢；或作蠤、蚌。通作蜂。蠢、蠤、蚌、蜂並同上義。"（P6 上）

按：《說文·蚰部》："鑝，飛蟲螫人者。从蚰逢聲。𦈈，古文省。"邵瑛羣經正義："按此字俗作蜂。""鑝"从蚰逢聲，本義表一種會飛能螫人的昆蟲。《玉篇·虫部》："鑝，孚容切，螫人飛虫。今作蜂。蠢古文。"《龍龕手鏡·虫部》："鑝，或作；蜂，今；蠢，正，芳容反，飛蠆之惣名也。"《字彙·虫部》："蜂，與鑝同。蜂毒在尾，垂穎如鋒，故謂之蜂。"《正字通·虫部》："鑝，蜂、蠢同。"《左傳·僖公二十二年》："鑝蠆有毒。"陸德明釋文："鑝，俗作蜂。""蚰""虫"二旁義近古通，且"蜂"之"夆"與"逢"同屬並紐東部，古音相同。"蜂"从虫夆聲，即"鑝"換聲義符的異構字。後世多通行"蜂"，"鑝"漸淪為異體。今簡化字作"蜂"。

"蠢"即"鑝"古文𦈈的隸定字。《廣韻·鐘韻》："鑝，《說文》曰：'螫人飛蟲也。'蜂上同；蠢古文。"《集韻·鐘韻》："鑝、蠢、蠤、蚌，《說文》：'飛蟲螫人者。'古作蠢；或作蠤、蚌。通作蜂。"《楚辭·天問》："蠢蛾微命，力何固？"洪興祖補注："蠢，一作鑝。"《漢書·中山靖王劉勝傳》："今臣雍閼不得聞，讒言之徒蠢生。""蠢"即"蜂"。

"螽"从蚰夆聲，為"蠭"變換聲符，亦即"蜂"換義符的異構字。又《四聲篇海·虫部》："螒，音蜂，義同。"《篇海類篇·虫部》："蠭（'螒'異寫），蟲名。亦作蜂。"《金石文字辨異·冬韻》引《唐華陽觀主王先生碑》"蜂"作"螒"。"螒"从虫逢聲，為"蠭"變換義符，亦即"蜂"的換聲符字。

《類篇·虫部》："蜂、蠭，補蒙切，《倉頡篇》：'螽蜂，蟲名。'或从蓬。"《四聲篇海·虫部》："蠬，蒲紅切，虫名。出《倉頡篇》。"《字彙·虫部》："蠬，蒲紅切，音蓬，蟲名。"《正字通·虫部》："蠬，俗蠭字。""夆""蓬"同屬並紐東部。"蠬"从虫蓬聲，即"蜂"換聲符的異構字。又《集韻·鐘韻》始錄"蠭"或體作"蚌"。《五音集韻》承錄之。《類篇·虫部》："螒、蚌（'蚌'篆文ꞯ的隸定字），敷容切，飛蟲螫人者。蠭或作螒、蚌。""蚌""蚌"形體微殊，屬同字異寫，所从"丰"與"夆"同屬並紐東部。"蚌"从虫丰聲，亦即"蜂"換聲符的異構字。① 該組重文辨析圖示如下：

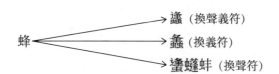

蜂　→　蠬（換聲義符）
　　→　螽（換義符）
　　→　螒蠭蚌（換聲符）

[002] 囱：窗 囪 㡗 窻 窓 牕 窗

《五音集韻·東韻》："囱，竈突。或作窻、牕、窗、囪。窻、牕、窗、囪並同上。"（P3下）

《五音集韻·江韻》："囱，楚江切，《說文》曰：'在牆曰牖，在屋曰囱。'窻、牕、窗，《說文》作窗，通孔也。《釋名》曰：'窗，聰也。於內外之聰明也。'窓俗用；囪古文。"（P7下）

按：《說文·囱部》："囱，在牆曰牖，在屋曰囱。象形。窗，或从

---

① 又《說文·虫部》："蚌，蜃屬。从虫丰聲。步項切。"《廣韻·虫部》："蚌，蛤也。"此"蚌"音步項切，表蛤蚌義，與"蜂"異體"蚌"蓋屬同形字。

穴；囧，古文。”段玉裁注：“囱，在牆曰牖，《片部》曰：‘牖，穿壁以木為交窗也。’在屋曰囱，屋在上者也。象形，此皆以交木為之，故象其交木之形外域之也。”《廣韻·江韻》：“囱，《说文》曰：‘在牆曰牖，在屋曰囱。’楚江切。”《東韻》倉紅切：“囱，竈突。”“囱”為象形字，本義指屋上留下的孔洞，類似今天的天窗，也引申為一般的窗孔（牆上的孔洞也叫“囱”）、煙囱等義。“窗”即“囱”或體囪的隸定字。《玉篇·囱部》：“囱，楚江切，《說文》：‘在牆曰牖，在屋曰囱。’又千公切，通孔；又竈突。窗同上；囧古文。”“窗”從穴囱聲，為“囱”累增義符而成，與“囱”古本一字。“囱”“窗”在歷史上很長時期屬異體關係，均有兩讀兩義，功能沒有明顯分化，在唐宋和清人作品中還可見二字同用。今現代漢語“囱”“窗”已完全分化為兩個字。“窗”音楚江切，主要表窗孔義；“囱”音倉紅切，專指煙囱義。

“囱”即“囱”古文囧的隸定字，且形體微異。《集韻·江韻》：“囱、窗、牕、窻、四，初江切，《說文》：‘在牆曰牖，在屋曰囱。’或作窗、牕、窻；古作四。俗作窻。”《字彙·口部》：“囘，古囱字。凡曾、會等字皆從此，與囱字不同。”“囱”“囱”“四”“囘”筆畫微異，屬同字異寫，均即“囱”的古文異體字。又《集韻·東韻》：“窻、囱、牕、窗、囪，通空也。鄭康成曰：‘窻，助戶為明。’古作囱；或作牕、窗、囪。”“囪”為“囱”俗寫訛變，將“囱”左下竪折筆畫斷開，即變成“囪”。“囪”屬“囱”俗寫訛變形成的異寫字。

《說文·穴部》：“窻（窗），通孔也。從穴悤聲。”段玉裁注：“按此篆淺人所增，古本所無，當刪……囱或從穴作窗。古祗有囱字，窗已為或體，何取乎更取悤聲作窻字哉。自東、江韻分，淺人多所偽撰……然囱、窗本一字。”其說甚是。《廣韻·江韻》：“窻，《說文》作窗，通孔也。牕上同；窻俗。”《類篇·穴部》：“窻、窗，麤叢切，通孔也。”“窻”之“悤”與“囱”同屬清紐東部。“窻”從穴悤聲，即“窗”換聲符的異構字。又《五經文字·穴部》：“窻（‘窻’異寫）、窻，上《說文》，下經典相承隸省。”《正字通·穴部》：“窻，俗字。本作囱；別作窗。”《重訂直音篇·穴部》：“窻，音瘡，明也，上牖。窻、窻、窗同上。”“窻”即“窻”篆文窻之隸定，從穴悤聲，與“窻”屬異寫關係，亦即“窗”換聲符的異構字。

《玉篇·片部》：“牕，楚江切，牕牖。與窻同。”《類篇·片部》：

“牕，麤叢切，通孔也。又初江切，在牆曰牖，在屋曰牕。”《四聲篇海·片部》：“牕，楚江切，牕牖也。與窓同。”“片”表半木、木片義。古代的窗戶為木制，故“窗”可取“片”作為義符。“牕”从片怱聲，為“窻”變換義符，亦即“窗”換聲義符的異構字。又《玉篇·穴部》：“窻，初雙切，明也，在屋曰窻。窓同上，俗。”《字彙·穴部》：“窓，俗窻字。”《正字通·穴部》：“窓，俗窗字。”“窓”之“忩”从心公聲，為“怱”換聲符異構。《廣韻·東韻》：“怱，速也。倉紅切。忩俗。”《字彙·心部》：“忩，與悤（怱）同。”《經典文字辨證書·囪部》：“悤，正；怱，通；忩，俗。”皆其證。“宀”“穴”二旁義近古通。“窓”从宀忩（怱）聲，即“窗”換聲義符的異構字。該組重文辨析圖示如下：

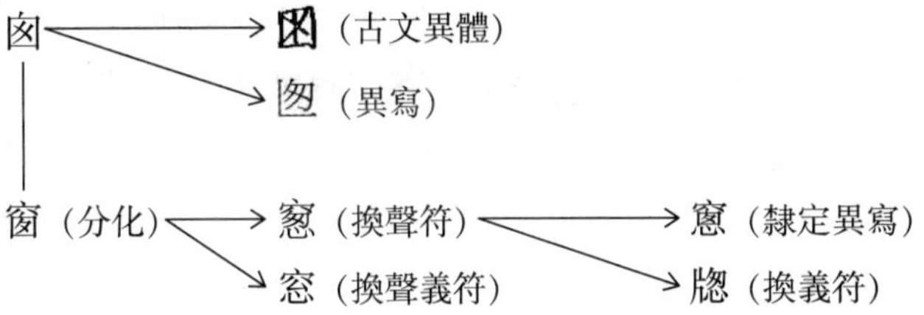

［003］終：[illegible]　夂　[illegible]　[illegible]　[illegible]

《五音集韻·東韻》：“終，職戎切，極也，窮也，竟也。又姓。古作[illegible]、[illegible]、[illegible]、[illegible]；隸作夂。[illegible]、[illegible]、[illegible]、[illegible]、夂並同上義。”（P4上）

按：《說文·糸部》：“終，絿絲也。从糸冬聲。𠔃，古文終。”《廣雅·釋詁四》：“終，窮也。”“終”从糸冬聲，本義表把絲纏緊，也引申為窮盡、終止、死亡等義。今簡化字作“终”。“[illegible]”即“終”古文𠔃[①]

① 關於古文𠔃的來源，林義光《文源》：“（甲骨文）象兩端有結形。”郭沫若《金文叢考》：“當是《爾雅·釋木》‘終，牛棘’之終之本字”，“象二榛實相聯而下垂之形”，“用為始終及冬夏字者，均假借也。”《漢語大字典·糸部》按云：“甲骨文像人體的‘踵’部位，加兩圈或兩點，是‘踵’的古文，人體从首始，踵終，引申為終結的‘終’及一年四季的‘冬’。”均可參。參見漢語大字典編輯委員會《漢語大字典》（第二版），崇文書局、四川辭書出版社2010年版，第3607頁。

的隸定變體，來源於“終”甲骨文作，金文作∧、∩①，战国文字作
, 等形②演變。《玉篇·系部》：“終，之戎切，極也，窮也，死也。
古文。”《集韻·東韻》：“終、、、、、，之戎切，《說
文》：‘絿絲也。’一曰盡也。古作、、、；隸作。”“”
“”筆畫微異，屬同字異寫，即“終”的古文異體字。又“”即
“終”古文的隸變字。《類篇·系部》：“終，古作；隸作。”《字彙
補·部》：“，又古文终字。”“”與“”屬異寫關係，亦即
“終”的古文異體字。③

　　“”“”“”形體微殊，應是承錄《集韻》古文傳抄訛變。
“”從日從，與《汗簡》卷中第三“冬”古文作、《古文四聲韻》
卷一東韻引《碧落文》作形近，或據其隸定。《說文·仌部》：“冬，
四時盡也。從仌從夂。夂，古文終字。，古文冬從日。”古文、與
《說文》古文形近，溯其字源，當源於“冬”金文作④，戰國文字作
、等形⑤演變。“”“”“”從日從冬，為“”異寫，亦即
“冬”的古文異體字。“冬”從仌從夂，表一年的最後一季、終止等義，
與“終”屬不同的字。“冬”“終”同屬舌音冬部，且均可表終止義。二
字音義相近，是一組同聲符的同源字，古籍亦通用。如郭沫若《金文叢
考》：“（金文中）冬字多見，但均用為終。”《卜辭通纂·別錄之二》：
“冬日雨。”郭沫若考釋：“‘冬日雨’讀為‘終日雨’。”《易·訟》：“中
告，終凶。”又曰：“小有言，終吉。”漢帛書本引“終”作“冬”。皆其
例。該組重文辨析圖示如下：

終 ⟶ （古文異體）
⟶ （古文異體）
冬（同源）⟶ （古文異體）

---

① 高明：《古文字類篇》，台灣大通書局 1986 年版，第 239 頁。
② 張守中、張小滄、郝建文：《郭店楚簡文字編》，文物出版社 2000 年版，第 178 頁。
③ 又《說文·夂部》：“夂，從後至也，象人兩脛，後有致之者。讀若黹。”《玉篇·夂
部》：“夂，竹幾切，從後至也。”此“夂”音竹幾切，表从後至義，與“終”異體“夂”蓋屬
同形字。
④ 高明：《古文字類篇》，台灣大通書局 1986 年版，第 482 頁。
⑤ 張守中、張小滄、郝建文：《郭店楚簡文字編》，文物出版社 2000 年版，第 160 頁。

[004] 氄：犉　㲅　氈　毦　韛　乾　緛

《五音集韻·東韻》："氄，奭毳細毛也。古作㲅。㲅同上義。"（P4 下）

《五音集韻·腫韻》："毦、氈、犉　氄（甯忌浮校作'㲅'）、韛、緛、乾，鳥細毛也。"（P92 下）

按：《說文·毛部》："犉，毛盛也。从毛隼聲。《虞書》曰：'鳥獸犉髦。'"徐灝注箋："今《書》作氄。""犉"从毛隼聲，本義表鳥獸細軟而茂密的毛髮。《集韻·準韻》："毦、氈，《說文》：'毛盛也。'引《虞書》：'鳥獸毦髦。'或作氈。"《鐘韻》："氄，鳥獸細毛也。"《正字通·毛部》："氄，同犉。《書·堯典》：'鳥獸氄毛。'舊注分犉、氄為二誤。"其說甚是。"氄"之"喬"與"隼"質文旁對轉，古音相近。"氄"从毛喬聲，即"犉"換聲符的異構字。後世多通行"氄"，"犉"淪為異體。今簡化字作"氄"。

《集韻·腫韻》："犉、㲅、氈、韛、毦、緛，《說文》：'毛盛也。'引《虞書》'鳥獸犉髦。'或作㲅、氈、韛、毦、緛。"《東韻》："氄、㲅，奭毳細毛也。古作㲅。"《類篇·毛部》："犉、㲅、韛、毦，乳勇切，《說文》：'毛盛也。'或作㲅、韛、毦。""㲅"之"㚷"來源不明，構形與"氄"的通假字"氊"相關。《說文·毳部》："氊，羽獵韋絝。从毳夵聲。褮，或从衣从臾。《虞書》曰：'鳥獸褮毛。'"段玉裁注："褮，《堯典》文。今《尚書》作氄。《毛部》作犉，云'盛毛也。'"朱駿聲通訓定聲："褮，叚借為犉。""氊"从毳夵聲，本義指古代打獵時所穿的皮袴，或體作"褮"，在《尚書》中通假"氄"。如《類篇·瓦部》："氊，《說文》：'羽獵韋絝。'引《虞書》'鳥獸氊毛。'""氊"通作"氄"，是其例。"氊"又異寫作"㲅""㲅"。《集韻·腫韻》："㲅，羽獵韋絝。或作褮。"《獮韻》："㲅，《說文》：'羽獵韋絝。'引《虞書》'鳥獸㲅毛。'"皆其例。"㲅""㲅"筆畫微異，均為"氊"部件異寫。"㲅"蓋為形體糅合字，即截取"氄"之"喬"和"㲅（氊）"之"㚷（夵）"糅合而成，从喬从㚷（夵），可視為

"毟" 構形特殊的異體字。①

《四聲篇海·矛部》:"毟,而勇切,鳥細毛也。"《字彙補·毛部》:"毟,《集韻》與毿同。""毟""毿"筆畫微異,為"毿"書寫訛變而來。甯忌浮據《集韻》校"毟"作"毿",可參。蓋因"毿"之"尖"構意不顯,遂據"毟"表鳥獸細毛義而改右下構件"天"作"毛",取細小毛的構意,變作"毿"。"毿"在"毛"部上方衍生一撇,即成"毟"。"毟"從喬從乇(乔),可視為"毿"俗寫訛變並積訛成俗的異體字。又《廣韻·腫韻》:"氄,鳥細毛也。毿上同。"《龍龕手鏡·毛部》:"毿,或作;氄,正,而隴反,鳥細毛也。"《四聲篇海·毛部》:"氄,而隴切,鳥細毛。"《字彙·毛部》:"氄,而隴切,音冗,鳥細毛。"《正字通·毛部》:"氄,毿字之偽。""氄"之"甬"與"毿"同屬舌音東部,古音相近。"氄"從毛甬聲,即"毿"換聲符的異構字。

《集韻考正·腫韻》:"韇、鞼,注《說文》'毛盛也。'或作鞼。'案《說文·革部》'鞼,韡靴飾也。'非韇字或體,字宜別出。"其說甚確。《說文·革部》:"鞼,韡靴飾也。從革茸聲。""鞼"從革茸聲,表覆於鞍上作裝飾的細毛毯、皮革等義,與"毿"屬不同的字。"毿""鞼"同屬日紐東部,但未見二字文獻通假字例,是為同音字。又《玉篇·革部》:"鞼,如用切,靴飾也,革也。靴同上。"《廣韻·宋韻》:"鞼,靴飾。而用切。靴上同。"《集韻·用韻》:"鞼、靴,而用切,韡靴飾。一曰闕也。或作靴。"《四聲篇海·革部》:"靴,音鞼,義同。""鞼"表鞍上的細毛毯義,與毛相關,故字可從"毛"。"靴"從革、毛會意,即"鞼"製字方法不同的異構字。

"縟"為"縟"異寫,字見《說文·糸部》:"縟,繁采色也(段注本作'繁采飾也')。從糸辱聲。"《玉篇·糸部》:"縟,如欲切,飾也。""縟"從糸辱聲,表繁密采飾、繁瑣義,與"毿"分屬異字。"縟""毿"同屬日紐,屋東對轉,古音相近,但未見文獻通假字例。二字為音近字。該組重文辨析圖示如下:

---

① 又《古文四聲韻·腫韻》引《古尚書》"毿"古文作"氄",引《籀韻》作"氄、氄、氄"諸形,均與"氄"相關,其中"氄"即"氄"或體氄中間部件"朕(朕)"形訛,後三例古文的左部為"毿"的"喬"部之訛,右部為"氄"的"乔"部之變。可資比勘。

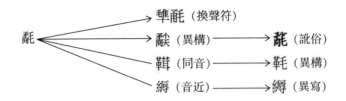

[005] 熊：能 菆 獙 鶆

《五音集韻·東韻》："熊，獸名，似豕。《魏略》曰：'大秦之國出玄熊。'亦姓。或作獙、能、菆、鶆。獙、能、菆、鶆（甯忌浮校作'鶆'）並同上義。"（P4 下）

按：《說文·火部》："鶆（熊），獸，似豕，山居冬蟄。从能炎省聲。"吳大澂古籀補："古熊字象形。"《能部》："鶆（能），熊屬，足似鹿。""能"金文作鶆、鶆、鶆，楚簡文字作鶆①，篆文作鶆，像站立的熊形，為"熊"之本字，本義指熊，一種頭大尾短，四肢粗短，腳掌大的食肉哺乳動物。"能"也假借為才能、賢能義，如《書·大禹謨》："汝惟不矜，天下莫與汝爭能。"徐灝注箋"能"曰："能，古熊字……假借為賢能之能，後為借義所專，遂以火光之熊為獸名之能，久而昧其本義矣。"其說甚是。後"能"專指假借義，不再表本義，于是另造"熊"記錄它的本義，古文字形見戰國詛楚文鶆②。"熊"从火从能、能亦聲，表火勢兇猛旺盛義，如"熊熊大火"；也常指熊義。"熊"表火勢兇猛旺盛義應由"能"表熊義引申而來，蓋取火勢大而兇猛如猛獸熊的構意，字形則加註義符"火"而成。由此可見，"熊"由"能"分化而來，二字屬分化關係，古籍亦通用。《左傳·昭公七年》："其神化為黃熊，以入於羽淵。"《論衡·無形》引"黃熊"作"黃能"。《楚辭·天問》："化為黃熊。"《楚辭補注》："《國語》作黃能。"皆其例。

《集韻·東韻》："熊、獙、能、菆、鶆，《說文》：'獸，似豕，山居冬蟄。'亦姓。或作獙、能、菆、鶆。"《類篇·豕部》："菆，胡弓切，

---

① 高明：《古文字類篇》，台灣大通書局 1986 年版，第 144 頁。
② 湯餘惠：《戰國文字編》，福建人民出版社 2001 年版，第 676 頁。

《說文》：'獸。似豕，山居冬蟄。'""貐"從"豕"蓋受《說文》"獸似豕"的影響，且"厷"與"熊"同屬蒸部，古音相近。"貐"從豕厷聲，即"熊"換聲義符的異構字。另《四聲篇海·豕部》引《川篇》："貐，豕特。"《字彙·豕部》："貐，胡弓切，音雄，豕特也。亦作熊。""貐"除表熊義外，還表公豬義，而"熊"沒有此義項。"貐"為"熊"的寬式異體字。

《龍龕手鏡·犬部》："猵，俗，音雄，正作熊，獸名。"《類篇·熊部》："熊，或作猵、羆。"《字彙·犬部》："猵，胡容切，音熊，獸，似豕。又姓。"從"犬"與從"豕"構意相同。"猵"從犬從能，為"能"加註義符，亦即"熊"的異構字。又《玉篇·熊部》："熊，于弓切，《說文》：'獸，似豕，山居冬蟄。'羆古文。"《字彙·黃部》："羆，古文熊字。"《正字通·黃部》："羆，舊注古文熊字。按熊《說文》無古文……俗沿《左傳》'黃能入寢'，能即熊，合黃、能二字為羆，實非古文也。"其說甚確。"羆"從黃從能，應是取《左傳》'黃能入寢'的構意而另造的後起俗字，亦即"熊"的異構字。"黃能"亦作"黃熊"。"羆"也是合黃、熊二字而成，與"羆"屬異寫關係，亦即"熊"的異構字。該組重文辨析圖示如下：

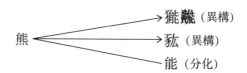

[006] 䶖：䶖 鼞 䶙 鼟 䶚 䶛 䶗 鼘 䶘 䶜

《五音集韻·冬韻》："䶖，鼓聲。或從冬，亦作䶙。䶚、䶛同上。"又"鼞，皷聲。或作䶙、䶚、䶜、鼞。鼟、䶛、䶗、鼘並同上"。（P5 上）

《五音集韻·東韻》："䶖，鼓聲也。俗作鼞。䶙同上。"（P4 下）又"䶗，鼓聲。或從冬。䶚同上義"。（P2 下）

按：《說文·鼓部》："䶖，鼓聲也。從鼓隆聲。"《玉篇·鼓部》："䶖，力弓切，鼓聲。"《淮南子·天文訓》："季春三月，豐隆乃出，以將其雨。"高誘注:"豐隆,雷也。""豐隆"為描摹声音的拟声词,用來描摹隆隆雷聲。"鼟"從鼓隆聲,應是為描摹鼓聲隆隆而造的本字。《類篇·鼓部》:"鼟、鼟,良中切,鼓音。或作鼟。"《四聲篇海·鼓部》:"鼟('鼟'異寫),力中切,[鼓]聲。""鼟"之"鼓"為"鼓"異寫。"鼟"從鼓(鼓)隆聲,即"鼟"的部件異寫字。又《廣韻·東韻》力中切:"鼟,鼓聲。俗作鼟。"《集韻·東韻》:"鼟、鼟,鼓音。或作鼟。"《龍龕手鏡·鼓部》:"鼟,或;鼟,今,力中反,鼓聲也。"《正字通·鼓部》:"鼟,盧容切,音隆,鼓聲。舊本省作鼟,分鼟、鼟為二誤。"其说甚是。"鼟""鼟"筆畫微異,均從鼓(鼓)隆省聲,為"鼟"的省體字。

《廣韻·冬韻》力冬切:"鼟,鼓聲。"《集韻·冬韻》虛冬切:"鼟、鼟、鼟、鼟、鼟,鼓聲。或作鼟、鼟、鼟、鼟。"《送韻》魯送切:"鼟,鼓聲。"鼓為打擊樂器,有以銅鑄成者,故"鼟"也可從"金"。"鼟"從金從鼓,即"鼟"製字方法不同的異構字。另《龍龕手鏡·金部》:"鼟,守夜皷也。"《字彙·金部》:"鼟,盧容切,音龍,鼓聲。又七跡切,音戚,守夜鼓。""鼟"除了表鼓聲義外,還引申為守夜鼓義,而"鼟"沒有此義項。"鼟"為"鼟"的寬式異體字。又《原本玉篇·磬部》:"鼟,《字書》:'鼟鼟,皷聲也。'"《類篇·金部》:"鼟,盧冬切,鼓聲。"《字彙·金部》:"鼟,力冬切,音隆,鼓聲。"《正字通·金部》:"鼟,偽字。舊注音隆,鼓聲。按金與鼓不同類,從金訓鼓聲,非。鼟即鼟偽省。"竊疑"鼓""殳"均表打擊樂器,二旁意義相近,"鼟"從金從殳,蓋為"鼟"變換義符,亦即"鼟"的異構字。[1]

《廣韻·冬韻》徒冬切:"鼟,鼓聲。"段玉裁注"鼟"云:"鼟,此當為鼟鼟鼓聲也。《篇韻》:'良弓切。'其作鼟,讀徒東、徒冬二切者,即鼟、鼟之變也。"其說可從。"鼟""鼟"均指鼓聲,但讀音微別。"鼟"《廣韻》音力中切,《玉篇》音力弓切;"鼟"讀徒東、徒冬二切。竊疑"鼟""鼟"古本一字,應是為描摹兩種不同的鼓聲而析為二字,後

---

[1] 又《龍龕手鏡·金部》:"鼟,或作鼟,今苦定反,金聲也。"《說文·金部》:"鼟,金聲也。從金輕聲。苦定切。"此"鼟"從金殳聲,為"鼟"換聲符異構,與"鼟"異體"鼟"蓋屬同形字。

逐漸分化為兩個不同的字。今現代漢語"鼕"主要表鼓聲；"鼟"除指鼓聲外，還引申為類似鼓聲的聲響，如"鼟鼟敲門聲"。又"鼟"從鼓（鼓）冬聲，即"鼟"的部件異寫字。

　　《廣韻·冬韻》徒紅切："鼟，鼓聲。"《集韻·東韻》徒東切："鼟、鼟，鼓聲。或從冬。"《類篇·鼓部》："鼟、鼟，徒東切，鼓聲。或從冬。"古代獸角截而空之，可為樂器，發出類似擊鼓的聲響，故"鼟"可取"角"作為義符。"鼟""鼟"筆畫微異，均從鼓從角，蓋取獸角吹類似擊鼓聲響的構意，為"鼟"製字方法不同的異構字。又《玉篇·鼓部》："鼞，徒冬切，鼓聲。或作鼟"。《類篇·鼓部》："鼞，持中切，鼓聲。"《集韻·冬韻》："鼟、鼟、鼞，《說文》：'鼓聲也。'或從冬；亦作鼞。"《字彙·鼓部》："鼞，同鼟。"《正字通·鼓部》："鼞，鼟字之偽。舊注同鼟誤。""鼞"之"虫"與"冬"同屬舌音冬部，古音相近。"鼞"從鼓虫聲，即"鼟"換聲符的異構字。

　　《原本玉篇·磬部》："鼕，除隆反，《字書》：'鼕，鼓聲。'"《字匯·殳部》："鼕，力冬切，音龍，鼓声。"《正字通·殳部》："鼕，俗鼟字。""鼕"從殼冬聲，即"鼟"換義符的異構字。又《玉篇·磬部》："礱，力冬切，聲也。"《廣韻·冬韻》："礱，聲也。"《龍龕手鏡·磬部》："礱，力冬反，聲兒也。""礱"音力冬切，表聲義，與"鼟"讀音相同，但字義微異。二字蓋為音義相近字。該組重文辨析圖示如下：

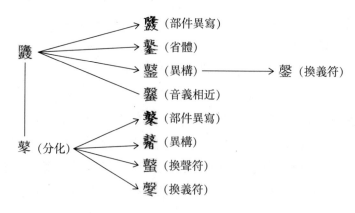

[007] 農：䢉 𦦤 𧂒 𦬸 𦥔

　　《五音集韻·冬韻》："農、辳，奴冬切，田農也。《說文》作

農，耕也，亦官名。𨑨、𦦙、𤰪並古文；𦦙籀文。”（P5 上）

按：“農”為“農”異寫。《說文·晨部》：“𦥑（農），耕也。从晨
囟聲。𦦙，籀文農从林；𤰪，古文農；𨑨（小徐本作𦦙），亦古文農。”
“農”即“農”篆文𦥑的隸定字，隸變作“農”，來源於“農”金文作
𤱿、𢉹①，秦簡文字作𧄍②等形變異，其中“田”部訛作“囟”。“農”
古文字从辰、田、臼（二手）會意，本義表耕種，也引申為農業、農民、
田官等義。今簡化字作“农”。《九經字樣·雜辨部》：“𦥑、農，耕也。
上《說文》；下隸省。”《廣韻·冬韻》：“農，田農也。《說文》作𦥑，耕
也，亦官名。農上同；𨑨古文；𦦙籀文。”“𦥑”從辰从臼从田，即
“農”的隸定異寫字。

《玉篇·晨部》：“𦥑，奴冬切，耕夫也，厚也。農同上；𤰪古文；
𨑨亦古文；𦦙並古文。”《字彙·辰部》：“𨑨，古文農字。”“𨑨”即
“農”古文𤰪之隸定，當源於“農”金文作𧂩形③演變。“農”之“辰”
古文字作𦥑、𦥑④，像蜃蛤形，古人以蜃蛤為耕器，就是古書中所說的耨
類農具，故“農”可取“辰”作為義符。古時田耕處必有草木，故字又
取“林”“艸”為義符。“𨑨”為“𨑨”異寫，从辰从林，會以農具除草
木意，為“農”換義符的異構字。又“𦦙”即小徐本“農”古文𨑨的隸
定字，來源於“農”甲骨文作𦥑、𦥑、𦥑等形⑤演變。《玉篇·艸部》：
“𦦙，奴冬切，古文農。”《四聲篇海·艸部》：“𦦙，音農，古文字。”
“𦦙”“𦦙”“𦦙”筆畫微異，屬異寫關係，均从艸、辰會意，亦即“農”
換義符的異構字。

“𦦙”即“農”籀文𦦙的隸定字，蓋源於“農”金文作𧂩形⑥變異。
《集韻·冬韻》：“農、𦦙、𨑨、𤰪、𦥑、𤰪，奴冬切，《說文》：‘耕
也。’一曰厚也，又姓。古作𦦙、𨑨、𤰪、𦥑、𤰪。”《字彙·辰部》：

① 容庚：《金文編》，中華書局 1985 年版，第 168 頁。
② 張守中：《睡虎地秦簡文字編》，文物出版社 1994 年版，第 39 頁。
③ 容庚：《金文編》，中華書局 1985 年版，第 168 頁。
④ 高明：《古文字類篇》，台灣大通書局 1986 年版，第 371 頁。
⑤ 徐中舒：《甲骨文字典》，四川辭書出版社 2006 年版，第 257 頁。
⑥ 容庚：《金文編》，中華書局 1985 年版，第 168 頁。

“辳，古文農字。”《正字通·辰部》：“辳，籀文農。”“辳”“辳”筆畫微異，均從辰從林從囟（‘田’訛字），即“農”的異構字。又“畾”“畾”“畾”筆畫微異，均為“農”古文𦦰的隸定變體，溯其字源，亦蓋源於“農”金文作𦦰形變異。“畾”亦即“農”的古文異寫字。該組重文辨析圖示如下：

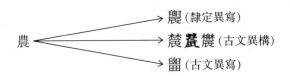

[008] 龍：竜 龍 龕 龍 龍 龏

《五音集韻·鍾韻》：“龍，力鍾切，通也，和也，寵也，鱗蟲之長也。古作竜、龍、龕、龍、龏。竜、龍、龕、龍、龏、龍並同上。”（P7上）

按：《說文·龍部》：“龍，鱗蟲之長。能幽能明，能細能巨，能短能長；春分而登天，秋分而潛淵。從肉，飛之形，童省聲。”“龍”甲骨文作𦱳、𦱳、𦱳形①，像長角大口長身的一種怪獸形，本義指傳說中的神異動物，身長，有鱗爪，能興雲降雨。今簡化字作“龙”。《集韻·鍾韻》：“龍、竜、龕、龍、龕、龏，盧鍾切，《說文》：‘龍，鱗蟲之長。’古作竜、龕、龍、龕、龏。”《類篇·龍部》：“龍，鱗蟲之長。古作竜、龕、龍、龕。”《龍龕手鏡·立部》：“竜，古文龍字。”《正字通·立部》：“竜，舊注音龍，起也。又俗作龍字。《同文舉要》龍部作龕。按《六書統》古文龍象角爪身蜿蜒形作𦱳，非從立作竜。”“竜”“竜”“龍”“龕”“龕”“龕”筆畫微異，屬同字異寫，但形源不明。《古文四聲韻》卷一冬韻引《汗簡》“龍”古文作𦱳、𦱳，江韻引《孫彊集》“寵”之“龍”作龕，蓋為以上諸形隸定所本。“龍”金文作𦱳、𦱳②，楚簡文字

①　中國社會科學院考古研究所編輯：《甲骨文編》，中華書局1965年版，第459頁。

②　容庚：《金文編》，中華書局1985年版，第759頁。

作龍、龏、龔①，古璽作龏、龍等形②，蓋為古文龍、龍、龍諸形的省變之源。③ "龜""龜""竜"均可視為"龍"古文省變形成的異體字。

《集韻》始錄"龍"古文作"龍"。《五音集韻》承錄之。《字彙補·巾部》："龍，與龍同。""龍""龍"筆畫微異，屬同字異寫。"龍"漢印文字作龍、龍④，與"龍"同構，當其演變所本。《隸辨》卷一引《唐扶頌》："感赤龍而生堯。"按云："碑亦兼用古文，筆跡小異。""龍""龍"蓋為"龍"俗寫變異，變異路徑大致是：龍→龍、龍→龍、龍、龍。"龍"即"龍"俗寫訛變形成的異體字。又"龍"為"龍"訛誤，當校。《干祿字書·平聲》："龍、龍、龍，上、中通；下正。"《經典文字辯證書·龍部》："龍，正；龍，俗。"《隸辨》卷一引《白石神君碑》"龍"作"龍"，是其例。"龍"亦即"龍"俗寫變異的異體字。

《說文·木部》："櫳，房室之疏也。從木龍聲。"《玉篇·木部》："櫳，力同切，房室之疏。亦作櫳。""櫳"從木龍聲，表窗上格木義，與"龍"屬不同的字。"櫳"從龍得聲，與"龍"同屬來紐冬部，古音相同，但未見文獻通假字例。二字為同音字。該組重文辨析圖示如下：

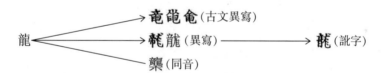

[009] 箕：其　其　其　其　其　其　其　其

《五音集韻·脂韻》："箕、其、其，箕帚也。《世本》曰：'箕

---

① 滕壬生：《楚系簡帛文字編》（增訂本），湖北教育出版社 2008 年版，第 964 頁。

② 羅福頤：《古璽文編》，文物出版社 1981 年版，第 279 頁。

③ 徐在國引郭店·緇衣 46 "我龜既厭"之"龜"作龜，疑龜、龜來源於龜，當釋為龜。參見徐在國《隸定古文疏證》，安徽大學出版社 2002 年版，第 240 頁。《漢語大字典·立部》"竜"字下引《晏子春秋·內篇問下十七》："讒鼎之銘曰：'昧旦丕顯，後世猶怠。'況日不悛，其竜久乎！"吾則虞集釋："'竜'為'龍'之俗，實為'能'之偽。此皆漢人書寫之誤也。"錄此以參考。參見漢語大字典編輯委員會《漢語大字典》（第二版），崇文書局、四川辭書出版社 2010 年版，第 2897 頁。

④ 羅福頤：《漢印文字徵》，文物出版社 1978 年版，十一章第 18 頁下。

箒，少康所作也。'又姓，《左傳》晉有大夫箕鄭。𠀠、笄（甯忌浮校作'𠀠''笄'）、𦥁、𠔀並古文；其、匯（甯忌浮校作'匯'）籒文。"（P8上）

按：《說文·箕部》："箕，簸也。从竹，𠀠，象形，丌其下也。𠀠，古文箕省；𦥁，亦古文箕；𠔀，亦古文箕；𠥪，籒文箕；匯，籒文箕。""箕"从竹其聲，本義指簸箕，是古代一種揚米去糠的圓形竹器，也表一般的器具、姓等義。《玉篇·箕部》："箕，居宜切，簸箕也，又姓。𠀠、㠱、𥃶並古文；𠥪籒文。""丗"為"𠀠"訛誤，甯忌浮所校可从。"𠀠"即"箕"古文𠀠的隸定字，來源於"箕"甲骨文作𠀠、𠀠[①]，金文作𠀠[②]等形演變，乃"箕"初文。"箕"為"𠀠"加注義符"丌""竹"形成的後起異構字。今以"箕"為正字，"𠀠"為古文異體字。

"𠔀"即"箕"古文𠔀的隸定字，來源於"其"金文作𠀠、𠀠、𠀠等形[③]變異，其中金文上方的左右弧線變成八，隸作"八"。《集韻·之韻》："箕、𠀠、笄、𦥁、𠔀、𠥪、匯、㠱、𥃶，《說文》：'簸也。'一曰星名，亦姓。古作𠀠、笄、𦥁、𠔀；籒作𠥪、匯；或作㠱、𥃶。"《四聲篇海·八部》："𠔀，古文。居之切，箕帚也。""𠔀"與"𠀠"屬異寫關係，亦即"箕"的古文異構字。

"𦥁"即"箕"古文𦥁的隸定變體，蓋源於"箕"甲骨文作𦥁、𦥁、𦥁等形[④]變異。《類篇·箕部》："箕，簸也。古文作𠀠、笄、𦥁、𠔀；籒文作𠥪；或作㠱、𥃶。"《字彙補·又部》："𦥁，古文箕字，見《韻會》。""𦥁""𦥁"筆畫微異，屬異寫關係，从"𠬞（'廾'變體）"蓋取雙手捧簸箕的構意。"𦥁"从廾从𠀠，為"𠀠"累增義符，亦即"箕"的古文異構字。又"𠥪""𠥪""𠥪"筆畫微異，均為"箕"籒文𠥪的隸定變體，蓋源於"箕"金文作𠀠、𠀠[⑤]，楚簡文字作𠥪[⑥]等形變異。

① 徐中舒：《甲骨文字典》，四川辭書出版社 2006 年版，第 488 頁。

② 容庚：《金文編》，中華書局 1985 年版，第 304 頁。

③ 同上。

④ 中國社會科學院考古研究所編輯：《甲骨文編》，中華書局 1965 年版，第 206 頁。

⑤ 容庚：《金文編》，中華書局 1985 年版，第 303 頁。

⑥ 滕壬生：《楚系簡帛文字編》（增訂本），湖北教育出版社 2008 年版，第 444 頁。

"其"从𠀠从丌，即"箕"的古文異構字。

"匽"為"匪"訛字，甯忌浮所校可從。《玉篇・匚部》："匪，居疑切，籀文箕字。"《字彙・匚部》："匡，籀文箕字。"《正字通・匚部》："匡，同箕。""匪""匽"筆畫微異，均為"箕"籀文匽之隸定，隸變作"匡"。"匪"之"匚"見於《說文・匚部》："匚，受物之器。象形。𠥓，籀文匚。""𠥓"為"匚"古文異體，表盛物的器具義，故"箕"可取"匚"作為義符。"匪"從匚其聲，即"箕"換義符的古文異構字。又"𥫎"為"竼"訛字，甯忌浮所校可從。《古文四聲韻》卷一之韻引《古尚書》"箕"作𥫎，與"竼"形同，正其隸定所本，溯其字源，當源於"箕"楚簡文字作𥳑[①]，古璽作𥫎等形[②]演變。"竼"從竹亓聲，即"箕"的古文異體字。

《龍龕手鏡・口部》："具，古文。居其反。"《四聲篇海・口部》："具，古文箕字。"《字彙・口部》同。"具"構形不明。《汗簡》卷上第二引《說文》作𪩘，與此同形，蓋其隸定所本，溯其字源，當源於"期"金文作𪩘、𪩘二形[③]變異（後例金文"日"部已變作"口"）。"具"從口（日）其聲，為"期"古文異體[④]，與"箕"屬不同的字。"箕""期"同屬見紐之部，古音相同，但未見二字文獻通假字例，是為同音字。此蓋因二字音同而發生誤置。又《龍龕手鏡・四部》："罙，居其反，古文"。《字彙補・网部》："罙，《集韻》與箕同。""罙""罙"筆畫微異，屬異寫關係，但構形不明。《汗簡》卷上第二引《說文》"箕"古文作𥪖。"罙"應為古文𥪖隸定變異，亦即"期"的古文異體字[⑤]。該組重文辨析圖示如下：

---

① 滕壬生：《楚系簡帛文字編》（增訂本），湖北教育出版社 2008 年版，第 444 頁。

② 羅福頤：《古璽文編》，文物出版社 1981 年版，第 101 頁。

③ 容庚：《金文編》，中華書局 1985 年版，第 478 頁。

④ 黃錫全云："𪩘、𥪖以上二形應是具字，假為箕。今本《說文》當依此正。"參見黃錫全《汗簡注釋》，武漢大學出版社 1990 年版，第 191 頁。

⑤ 關於古文𥪖的來源，黃錫全說是"具（期）"古文。徐在國亦云："《汗》2.22 上引說文箕字或作𥪖。疑罙、罙所從的网、𦉰並由丌形譌變。罙、罙、𥪖並具字，假為箕。"其說可從。參見黃錫全《汗簡注釋》，武漢大學出版社 1990 年版，第 191 頁；徐在國：《隸定古文疏證》，安徽大學出版社 2002 年版，第 104 頁。

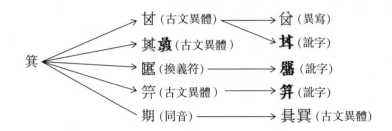

[010] 宜：宲 宜 冝 䆞 宐 𡨄

《五音集韻·脂韻》："冝、宜、䆞、宲，《說文》本作宲，所安也。亦姓，出《姓苑》。冝俗作；𡨄、宐並古文。"（P9 下）

按：《說文·宀部》："宲（宜），所安也。从宀之下，一之上，多省聲。𡨄，古文宜；宐，亦古文宜。"《爾雅·釋言》："宜，肴也。"邢昺疏："謂肴饌也。""宜"甲骨文作𤔔、𤔔形①，像兩塊肉在俎上之形，本義指菜肴，也引申為祭名、相安、適宜等義。"宲"即"宜"篆文宲的隸定字。《玉篇·宀部》："宜，魚奇切，當也，安也。今作冝。宲同上；兹古文；宲古文宜。"《廣韻·支韻》："宜，《說文》本作宜，所安也，俗作冝。亦姓，出《姓苑》。魚羈切。宜上同；𡨄古文。""宲""宜""宲"筆畫微異，屬異寫關係，均為"宜"的隸定異寫字。

《五經文字·宀部》："宲、冝，上《說文》；下《石經》。"《四聲篇海·宀部》："冝，魚知切，所安也。""宜"作"冝"常見秦漢文字，如睡虎地秦簡"宜"作宜、宜②，漢《史晨碑》作冝，皆是。"宀""宀"二旁形近混同。"冝"从宀（宀）从且，即"宜"的部件異寫字。又"䆞"為"宜"古文𡨄之隸定，蓋源於"宜"楚簡文字作𤔔、𤔔形③變異。《集韻·支韻》："宲、宜、𡨄、宐，魚羈切，《說文》：'所安也。'亦姓，又州名。隸作冝；古作𡨄、宐。"《類篇·宀部》同。《四聲篇海·宀部》："兹，音冝，義同。"《正字通·宀部》："𡨄，古文宲。"《字

① 高明：《古文字類篇》，台灣大通書局 1986 年版，第 385 頁。

② 張守中：《睡虎地秦簡文字編》，文物出版社 1994 年版，第 116 頁。

③ 張守中：《包山楚簡文字編》，文物出版社 1996 年版，第 121 頁。

彙補・宀部》："竆，《韻會》古宜字。""竆""竆""竑""竆"筆畫微異，屬異寫關係，均从二宀（宜），即"宜"的古文異體字。

"宧"即"宜"古文宜的隸定字，來源於"宜"古文字作宜、宜、金等形①變異。《龍龕手鏡・宀部》："宧，古；宜，今，魚奇反，人姓。"《四聲篇海・宀部》："宧，音宜，義同。"《正字通・宀部》："宧，古文宜。""宧""宧"筆畫微異，屬異寫關係，均為"宜"的古文異體字。又《廣韻》始錄"宜"古文作"宐"。《五音集韵》承錄之。《字彙補・勹部》："宐，古文宜字。見孫愐《唐韻》。""宜"楚簡文字作宜、宜等形②，與"宐"同構，當其演變所本。"宐"之"宜"為"宀（宜）"異寫。"宐"从二宜（宜），與"竆"屬異寫關係，亦即"宜"的古文異體字。該組辨析重文圖示如下：

宜 ——→ 宧宐（隸定異寫）
——→ 宐（部件異寫）
——→ 竆宧宐（古文異體）

[011] 坻：汦 澨 坋 坘 沴

《五音集韵・脂韻》："坻、汦、澨、坋、沴，小渚。俗从互，餘同。"又"坘，小渚。"（P10 上）

按：《說文・土部》："坻，小渚也。《詩》曰：'宛在水中坻。'从土氏聲。汦，坻或从水从夂；澨，或从水从者。""坻"从土氏聲，本義表水中的高地。"汦"即"坻"或體汦的隸定字。《集韵・脂韻》："坻、汦、澨、坋、沴，《說文》：'小渚。引〈詩〉宛在水中坻。'或作汦、澨、坋、沴。"《正字通・土部》："坻，或从夂作汦，篆作汦。""坻"表水中高地義，與水相關，故字可取"水"作為義符，且"夂""氏"同屬端紐脂部。"汦"从水夂聲，即"坻"換聲義符的異構字。

"澨"即"坻"或體澨的隸定字。《類篇・水部》："汦、澨、陳尼

① 高明：《古文字類篇》，台灣大通書局 1986 年版，第 385 頁。
② 張守中、張小滄、郝建文：《郭店楚簡文字編》，文物出版社 2000 年版，第 110 頁。

切，小陼。或作渚。”《字彙·水部》：“渚，與坻同，陳知切，小渚也。”《正字通·水部》：“渚，同坻。”“渚”之“者”與“氏”同屬舌音脂部，古音相近。“渚”從水者聲，即“坻”換聲義符的異構字。又《玉篇·土部》：“坻，直飢切，水中可居。俗作坭。坜同上。”《類篇·土部》：“坻、坜，陳尼切，《說文》：‘小渚。’或作坜。”“坜”之“示”與“氏”同屬舌音脂部。“坜”從土示聲，即“坻”換聲符的異構字。

《廣韻·脂韻》：“坻，小渚。俗從互。餘同。”《龍龕手鑒·土部》：“坘，通；坘，正，直尼反，《切韻》亦小渚也。”《四聲篇海·土部》：“坻，直飢切，水中可居曰坻。俗作坘。”《字彙補·土部》：“坘，與坭同。”“坘”“坭”“坘”筆畫微異，屬同字異寫，所從“亙”“互”“亙”均為“氏”俗寫變異。敦煌寫本俗字中的“抵（抵）”“邸（邸）”“舷（舷）”諸字，其“氏”部皆作以上諸形，是為證①。“坘”從土亙（氏）聲，即“坻”的部件異寫字。

《玉篇·水部》：“洔，亦之切，水名。”《廣韻·之韻》：“洔，水名。”酈道元《水經注·沔水》：“夷水又東南流，與零水合，零水即洔水也。”《集韻·至韻》：“洔，洔鄉，縣名。”“洔”從水示聲，表水名，古縣名等義，與“坻”屬不同的字。“坻”“洔”同屬舌音脂部，二字音近通假。《楚辭·王褒〈九懷·陶壅〉》：“浮溺水兮舒光，淹低佪兮京洔。”王逸注：“小渚為洔。京洔，即高洲也。”“洔”通作“坻”。是其例。該組重文辨析圖示如下：

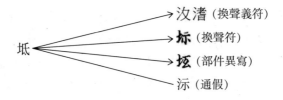

[012] 吚：屎 訨 欥 歔 朕 屎

《五音集韻·脂韻》：“屎，呻吟聲。屎、吚、訨、朕、欥、歔並上同。”（P15上）

---

① 黃徵：《敦煌俗字典》，上海教育出版社2005年版，第82頁。

　　按：《說文·口部》："吚，念吚，呻也。从口尸聲。""吚"从口尸聲，表念吚，呻吟之聲。《原本玉篇·欠部》："䶊，許脂反，《廣蒼》：'䶊，呻吟也。'字書或尿字也，在《尸部》。或為吚字，在《口部》。或為脤字，在《肉部》。"《玉篇·欠部》："欨，許脂切，呻吟也。"《四聲篇海·欠部》："尿、欨，二喜夷切，呻吟聲。""口""欠"二旁意義相關古通。"尿""欨"从欠尸聲，即"吚"換義符的異構字。又《集韻·脂韻》："吚、欨、訵、脤、尿、欿、欹，《说文》：'念吚，呻也。'或作欨、訵、脤、尿、欿、欹。"《類篇·言部》："訵，馨夷切，念吚，呻也。吚或作訵。"《字彙·言部》："訵，喜夷切，音希，笑聲，又呻吟聲。亦作吚；又作欿。"《正字通·言部》："訵，同吚。""口""言"二旁義近古通。"訵"从言尸聲，即"吚"換義符的異構字。

　　《類篇·欠部》："欨、欿、欹，聲夷切，《說文》：'念吚，呻也。'吚或作欨、欿、欹。"《字彙·欠部》："欿、欹，並同吚。"《正字通·欠部》："欹，舊注同吚，按《集韻》吚或作欿、欹、訵，从吚為正。""欿""欹"之"今""氏"古音均屬支韻，與脂韻的"尸"通轉合韻，古音相近，且"口""欠"二旁古通。"欿"从欠今聲，即"吚"換聲義符的異構字。又"欹"从欠氏聲，亦即"吚"換聲義符的異構字。

　　《玉篇·口部》："吚，許黎切，念吚，呻也。亦作尿。"《廣韻·脂韻》："尿，呻吟聲。尿上同。"《五音集韻》承錄之，但"尿"非"吚"異體。《廣韻·旨韻》："薗，《說文》曰：'糞也。'俗作屎。""屎"从尸（尾省）从米，本義表糞，也假借為呻吟義，如《玉篇·尸部》："屎，許夷切，呻也。"《集韻·脂韻》："屎，殿屎，呻吟也。""殿屎"為聯綿詞，表呻吟，蓋描摹愁苦呻吟之情狀，詞形多樣，又作"念吚""念呬"等形。如《詩·大雅·板》："民之方殿屎，則莫我敢葵。"《毛傳》云："殿屎，呻吟也。"馬瑞辰《毛詩箋注通釋》："《說文》引《詩》作'念呬'者，正字；《詩》及《爾雅》作'殿屎'者，假借字也。"其說甚是。"吚""屎"同屬宵紐脂部，古音相同，單用時亦見通假。元王惲《送成耀卿尹溫縣》："邑古仍卿采，民屎待尹蘇。""屎"通作"吚"。是其例。

　　《類篇·肉部》："脤，聲夷切，念吚，呻也。"《四聲篇海·肉部》引《餘文》："脤，呻吟聲。"《正字通·肉部》："脤，俗字吚，呻吟也。

《詩》作殿屎，俗又作⿰月屎，並非。”“⿰月屎”構形不明，溯源頗費周折。《原本玉篇·肉部》有“⿰月⿸尸殳”从肉从⿸尸矢，始見衍生“肉”部，應是受構件“尸”的意義同化而累增。竊疑“⿰月屎”从“肉”來源“⿰月⿸尸殳”，同時又受“吚”通假字“屎”類化，遂變成一個形體糅合字，即截取了“⿰月⿸尸殳”之“肉”和通假字“屎”糅合而成。嬗變路徑大致是：吚→⿸尸矢→⿰月⿸尸殳（+屎）→⿰月屎。“⿰月屎”从肉从屎，可視為“吚”構形特殊的異體字。該組重文辨析圖示如下：

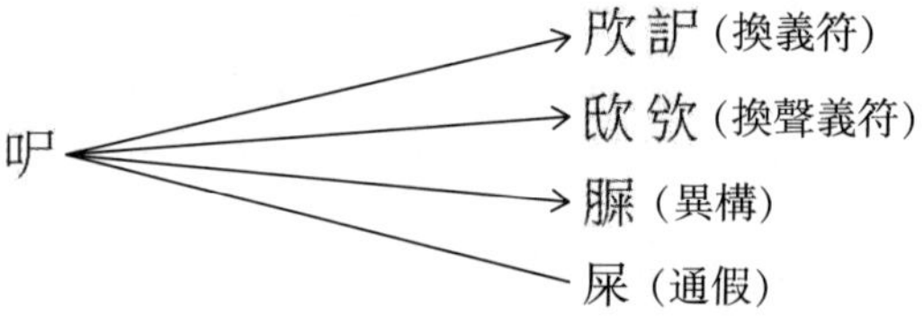

［013］噫：譩 意 ⿺辶意 嘻 譆 億 懿

《五音集韻·脂韻》：“噫，恨聲。億、意、嘻、譆、懿、譩並同上義；⿺辶意古文。”（P15下）

按：《說文·口部》：“噫，飽食息也。从口意聲。”《玉篇·口部》：“噫，乙匕、乙介二切，飽出息也。又於其切，痛傷聲也。”“噫”从口意聲，本義表飽食後打嗝發出的聲響，也表悲哀、傷痛及歎息等語氣。《集韵·之韵》：“噫、億、意、嘻、譆、懿、譩、⿺辶意，恨声。或作億、意、嘻、譆、懿、譩；古作⿺辶意。”《類篇·言部》：“譩，於其切，恨聲。又於希切，哀痛聲。”《字彙·言部》：“譩，於其切，音醫，恨聲。”“口”“言”二旁意義相關古通，且“譩”之“醫”與“噫”同屬影紐之部。“譩”从言醫聲，即“噫”換聲義符的異構字。

《說文·心部》：“意，志也。从心察言而知意也。”“意”从心音聲，表願望、志向、見解義，與“噫”屬不同的字。“噫”从意得聲，與“意”同屬影紐，職之對轉，二字音近通假。《韓詩外傳》六：“噫！朕之政教有不得尔者邪。”《後漢書·百官志》五劉注引“噫”作“意”。《莊子·在宥》：“意！治人之過也。”陸德明釋文：“意，本又作噫。”皆其例。又《說文·心部》：“𢡱（㦤），滿也。一曰十萬曰㦤。从心啻聲”。

"𢢽""𢡵"筆畫微異，即"𢡵"篆文𢡵之隸定，為"𢡵"隸定異寫字。"𢡵"從心𠶷聲，本義表滿，也假借為十萬義，與"噫"分屬異字。"𢡵""噫"同屬影紐，職之對轉，古音相近，但未見二字文獻通假字例，是為音近字。

"嘻"非"噫"異體，字見《廣韻·志韻》："嘻，噫嘻，歎也。"《龍龕手鏡·口部》："嘻，許之切，意嘻，傷歎也。""嘻"為嘆詞，常表示讚美、歎息及驚訝的語氣，也見"噫嘻"連語。《詩·周頌·噫嘻》："噫嘻成王! 既昭假爾。"孔穎達正義："噫、嘻皆為歎聲。謂作者有所哀多美大而為聲以歎之。""噫""嘻"同屬喉音之部，古音相近，且均表歎聲。二字音義相近，古籍亦見訓詁，當為同源字。[1] 又《說文·言部》："譆，痛也。從言喜聲"。《玉篇·言部》："譆，懼聲也; 悲恨之聲也。""譆"從言喜聲，表悲痛或驚懼的語氣，與"嘻"古通。如《文選·曹植〈七啟八首·序〉》："玄微子俯而應之曰:'譆，有是言乎?'"李善注:"鄭玄《禮記》注曰:'譆，悲恨之聲也。'譆與嘻古字通也。"是其例。"譆""嘻"屬一字分化，與"噫"音義相近，亦當為同源字。

《說文·人部》："億，安也。從人意聲。""億"從人意聲，表安寧、數目字等義，與"噫"屬不同的字。"億""噫"同屬影紐，職之對轉，二字音近通假。如《易·震》："億喪貝。"王弼注:"億，辭也。貝，資貨糧用之屬也。"陸德明釋文:"億，本作噫。"《集韻·職韻》:"噫，語辭。通作億。"皆其例。又《說文·壹部》:"懿，專久而美也。從壹從恣省聲。""懿"本義表專久而美，與"噫"同屬影紐，古音相近，二字雙聲通假。《書·金縢》:"噫! 公命我勿敢言。"陸德明釋文:"噫，馬本作懿。"《詩·大雅·瞻卬》:"懿厥哲婦，為梟為鴟。"鄭玄注:"懿，有所傷痛之聲也。"孔穎達疏:"噫與懿，字雖異音義同。"皆其例。該組重文辨析圖示如下:

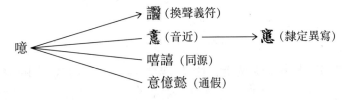

---

[1] 王力認為"噫""嘻"聲母影曉鄰紐，疊韻，均表歎聲，有贊歎、慨歎、哀歎之聲，二字音近義同，屬於同源字。參見王力《同源字典》，中華書局 2014 年版，第 75 頁。

卷 二

[014] 菹：蘁 齏 葅 葅 葅 蒩 葅

《五音集韻·魚韻》："菹，側魚切，《說文》曰：'酢菜也。'亦作**葅**。**葅、蘁、齏、葅、蒩、葅、葅**並同上義。"（P21 上）

按：《說文·艸部》："菹，酢菜也。从艸沮聲。**齏**，或从皿；**蘁**，或从缶。"徐鍇繫傳："以米粒和酢以浸菜也。""菹"从艸沮聲，本義指酢菜，也引申為肉醬、草多沼澤等義。"蘁"即"菹"或體**齏**的隸定字。《集韻·魚韻》："菹、蘁、齏、**葅**、葅、葅、葅，臻魚切，《說文》：'酢菜也。'一曰麋鹿為菹，蘁菹之稱，菜肉通。或作蘁、齏、**葅**、葅、葅、葅。"《四聲篇海·艸部》："蘁，側魚切，酢菜也。"《字彙·艸部》："蘁，同菹。""菹"表酢菜，醃制酢菜需用器皿盛之，故字可取"皿"作為義符。"蘁"从艸从皿、沮聲，即"菹"增義符的異構字。

"齏"即"菹"或體**蘁**的隸定字。《玉篇·血部》："齏，俎於切，《禮》：'醢人掌供七菹。'齏酢清菜。蘁同上。"《正字通·艸部》："齏，菹、蘁並同。"《字彙補·艸部》："齏，《說文》與菹同，調醢也。《集韻》亦作蘁。""齏"从"缶"與从"皿"構意同，段玉裁注"从缶者，謂郁諸器中乃成也"甚是。"齏"之"且"與"沮"同屬齒音魚部，古音相近。"齏"从艸从皿从缶、且聲，即"菹"製字創意不同的異構字。

《玉篇·艸部》："葅，側於切，俺菜為葅也。葅同上。"《廣韻·微韻》："葅，《說文》曰：'酢菜也。'亦作葅。蒩上同。"《類篇·艸部》："菹、葅、葅，臻魚切，酢菜也。或作葅、葅。""葅""葅"筆畫微異，屬同字異寫，所從“爼”與“沮”同屬齒音魚部。“蒩”從艸爼聲，即“菹”換聲符的異構字。又《四聲篇海·艸部》：“葅，側於切，酢菜也。”“蘁，側魚切，酢菜也。”“阻”“租”“沮”均從且得聲字，同屬齒音魚部。“葅”從艸阻聲，即“菹”換聲符的異構字。又“蘁”從艸從皿、租聲，蓋為“蒩”變換聲符，亦即“菹”的異構字。

《龍龕手鏡·艸部》：“蒩、薀，側魚反，菜和醋也。”“薀”“薀”筆畫微異，屬同字異寫。竊疑“薀”蓋由“蘁”俗寫訛變，將“皿”部移至“且”的上方訛並作“置”，可視為“蘁”俗寫訛變形成的異寫字①，亦即“菹”的異體字。又《說文·艸部》：“苴，履中艸。從艸且聲。”“苴”表鞋中草墊、大麻籽實等義，與“菹”分屬異字。“苴”“菹”同屬精紐魚部，二字同音通假。《管子·七臣七主》：“苴多臘蓏，山多蟲蝥，”戴望《管子校正》：“苴，古通菹。趙歧《孟子》注：‘菹，澤生草者也，今青州謂澤有草者為菹。’”是其例。該組重文辨析圖示如下：

[015] 無：无 蕪 橆 武 亾

《五音集韻·虞韻》：“無，武夫切，《說文》：‘亡也。’本作橆，橆本古文蕃橆字，篆文借為有無字，李斯變隸，變林為四點，非撤火也。古作无。无、亾、武、蕪注見上。”（P23下）

按：《說文·亡部》：“𣠣（蕪），亡也。從亡無聲。无，奇字。无通於元者。王育說：‘天屈西北為无。’”《林部》：“橆（無），豐也。從林㸚聲。”“無”甲骨文作爽、𣎴，像人兩邊持物舞蹈形，金文作𣎴、爽②，

①　周祖謨校云：“案薀字偽。《說文》菹或作蒩，或作蘁。此薀乃蘁字之誤。”其說可參。參見周祖謨《廣韻校本·廣韻校勘記》（下冊），中華書局 2011 年版，第 71 頁。

②　徐中舒：《漢語古文字字形表》，四川人民出版社 1981 年版，第 229 頁。

所持之物訛變為上"口"下"木"，《說文》篆文變作 🔲、🔲二形。"無"為"舞"初文，本義表舞蹈，後主要假借為沒有、荒蕪等義，一般不再表本義。"无"即"無"奇字🔲之隸定，蓋源於"無"戰國文字作🔲①、🔲②、🔲③等形省變。《玉篇·亡部》："無，武于切，不有也。古文作無。无同上，虛无也。"《四聲篇海·亡部》："无，音無，虛无。"《正字通·无部》："无，古文無。《周易》無皆作无。""无"即"無"的古文省體字。今簡化字作"无"。

"🔲"即"無"篆文🔲的隸定字。《集韻·虞韻》："無、无、亡、武、🔲，微夫切，《說文》：'亡也。'奇字作无；或作亡、武、🔲。"《類篇·亡部》："🔲、無、无，武夫切，亡也。从亡無聲。或作無；奇字作无。"《四聲篇海·木部》："🔲，無夫切，有無也。""🔲""🔲""🔲"筆畫微異，屬同字異寫，為"無"加注"亡"部而成。"亡""無"同屬明紐，陽魚對轉，古音相近。"🔲"从無亡聲，即"無"增聲符的異構字。

"🔲"即"無"篆文🔲的隸定字，隸變作"無"。《玉篇·木部》："🔲（'🔲'異寫），文甫切，繁🔲，豐盛也。今作無，為有無字。"《廣韻·虞韻》："🔲，蕃滋生長，《說文》：'豐也。'隸省作無，今借為有無字。"《集韻·噳韻》："🔲、蕪，《說文》：'豐也。'或作蕪。"《爾雅·釋詁下》："蕪，茂，豐也。"陸德明釋文："古本作無。"《說文·林部》"🔲"記錄的豐茂、豐盛義，乃是"無"的假借義，後專門為這個假借義另造分化字"蕪"記錄。《字學三正·體製上》："🔲、無，以上《說文》。"清黃生《義府》卷下："故🔲魂構。""🔲"即"無"。"🔲"為"無"的隸定異寫字。

《說文·止部》："武，楚莊王曰：'夫武，定功戢兵。故止戈為武。'""武"表戰鬥、暴力義，和"文"相對，與"無"屬不同的字。"無""武"同屬明紐魚部，二字同音通假。《禮記·樂記》："夫武之備戒之已久，何也？"鄭玄注："武，謂周舞也。"《呂氏春秋·大樂》："溺

---

① 徐中舒：《漢語古文字字形表》，四川人民出版社 1981 年版，第 229 頁。

② 高明：《古文字類編》，台灣大通書局 1986 年版，第 94 頁。

③ 《漢語大字典》字形組：《秦漢魏晉篆隸字形表》，四川辭書出版社 1986 年版，第 904 頁。

者，非不笑也；罪人，非不歌也；狂者，非不武也。”“武”通作“舞”。皆其例。又《說文·亡部》：“亡，逃也”。“亡”本義表逃跑、逃亡義，與“無”分屬二字。“無”“亡”古音相近，且均含有失去、沒有義。二字音近義通，當為同源字①，古籍亦通用。如段玉裁“亡”下注曰：“亡，亦假借為有無之無。”《漢書·賈誼傳》：“萬物變化，固亡休息。”“亡”通作“無”。皆其例。該組重文辨析圖示如下：

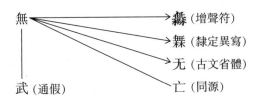

[016] 殂：殊 𣥂 殔 俎 𣦙

《五音集韻·模韻》：“殂，《說文》曰：‘往死也。’引《虞書》‘放勳乃殂落。’古作俎、殊、𣦙、𣥂。俎、殊、殔、𣥂並同上義；𣦙古文。”（P27上）

按：《說文·歺部》：“俎（殂），往死也。从歺且聲。《虞書》曰：‘勳乃殂。’𣳁，古文殂从歺从作。”桂馥義證：“（𣳁）从歺者誤也，𣳁古文死字。从作者亦誤也，當从乍。”“死”楚簡文字作𣦵②，與𣳁形合，可證其是。“殂”即篆文俎之隸變，隸定作“殂”，从歺且聲，本義表死亡。“殊”即“殂”古文𣳁的隸定變體，將“𣳁”訛作“列”。《廣韻·模韻》：“殂，死也。殊古文。”《集韻·模韻》：“殂、俎、殊、𣦙、𣥂，《說文》：‘往死也。’引《虞書》‘放勳乃殂’。古作俎、殊、𣦙、𣥂。”《四聲篇海·歹部》：“殊，音殂，義同。”《字彙補·歹部》：“殊，古殂字，見《集韻》。”“殊”“殔”筆畫微異，屬同字異寫。“歺”“死”二

① 蔣紹愚指出“亡”“無”二字意義相通，如《論語·述而》：“亡而為有。”疏：“亡，無也。”但一般詞典也把它們看作假借（如《辭源》：“亡⑦通無”），“亡”為明母陽部字，“無”明母魚部字，二字聲母相同，韻部魚陽對轉，二字音近義同，應為同源字。參見蔣紹愚《古漢語詞彙綱要》，商務印書館 2005 年版，第 211—212 頁。

② 張守中、張小滄、郝建文：《郭店楚簡文字編》，文物出版社 2000 年版，第 74 頁。

旁義近古通，且"乍""且"同屬齒音，魚鐸對轉，古音相近。"殂"從
列（死）乍聲，即"殂"換聲義符的異構字。

　　《玉篇·歹部》："殂，在乎切，死也。今作徂。𧖻古文；𣨛古文。"
《四聲篇海·歹部》："𣨛，在乎切，死也。"《字彙補·口部》："𣨛，古文
殂字。""𧖻""𣨛""𣨛"形體微異，均為"殂"古文𧖻的隸定變體，將
"𧖻"之"𠂔"分別訛作"口""月"。"𣨛"從𠂔（死）乍聲，與"殂"
屬異寫關係，亦即"殂"換聲義符的異構字。又《類篇·歹部》："殂、
岨、殂、𣨛、殂，叢租切，《說文》：'往死也。'古作岨、殂、𣨛、殂。"
《四聲篇海·歹部》："殂，音殂，義同。"《字彙·歹部》："殂，同殂。"
"殂""殂"筆畫微異，均從歹乍聲，即"殂"換聲符的異構字。

　　《四聲篇海·歹部》："殂，在乎切，死也。今作徂。岨同上。""岨"
"殂"筆畫微異，所從"尸（尸）"見於《說文·歹部》："歹，列骨之
殘也。尸古文歹。""尸"為"歹"古文尸的隸定變體。"岨"從尸
（歹）且聲，即"殂"的部件異寫字。又《字彙·歹部》："殂，同殂。"
《正字通·歹部》："殂，俗殂字。""殂""殂"筆畫微異，屬同字異寫，
但構意不明。竊疑"殂"可視為理據重構的後起俗字，"徂"為聲符，兼
表意（"徂"表往、去義），蓋取《說文》"殂，往死也"的構意。"殂"
從歹從徂、徂亦聲，即"殂"換聲符的異構字。[①] 該組古文辨析圖示
如下：

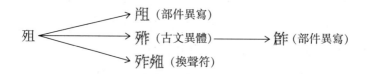

　　[017] 潳： 瀘 潭 㵒 㵳 惡

　　《五音集韻·魚韻》："潳，潳池，水名。《周禮》作虖池。或作
瀘、潭、惡、㵳、㵒字。瀘、潭、惡、㵳、㵒並同上義。"（P27
上）

---

　　① 徐在國疑"殂"之"歹"為"𧖻（死）"偽變，從其說，"殂"從歹（死）且聲，則為
"殂"換義符異構。參見徐在國《隸定古文疏證》，安徽大學出版社 2002 年版，第 90 頁。

　　按："滹"不見《說文》。《廣韻·模韻》："滹，滹池，水名。""滹"
從水虖聲，本義指滹池，河川名，即今天的滹沱河，發源於山西省五臺山
北麓繁峙縣泰戲山，流經山西省東部，入河北省，至天津匯合北運河後入
海。《集韻·模韻》："滹、瀘、澕、惡、滹、浮，滹池，水名。或作瀘、
澕、惡、滹、浮。"《類篇·水部》："滹，荒胡切，滹池，水名。或作
瀘、澕、滹、浮。"《字彙補·水部》："瀘，荒烏切，與滹同。""瀘"之
"盧"與"虖"同屬曉紐魚部。"瀘"從水盧聲，即"滹"換聲符的異
構字。

　　《字彙·水部》："澕，同滹。"《正字通·水部》："澕，俗滹字。"
"澕"之"零"為"虖"俗訛，其"虍"部訛作"雨"。"虍"作"雨"
始見漢魏六朝碑文，如《景君碑》"虛"、《赫連子悅墓誌》"盧"的
"虍"部均作"雨"，是其例。① "澕"從水零（虖）聲，即"滹"的部
件異寫字。又《龍龕手鏡·水部》："浮、滹，音呼。二同。"《四聲篇海
·水部》："浮，虎孤切，浮池，水名。"《字彙·水部》："浮，與滹同。
滹沱，水名。"《正字通·水部》："浮，同滹省。""浮"之"乎"與
"虖"同屬喉音魚部，古音相近。"浮"從水乎聲，即"滹"換聲符的異
構字。

　　《字彙補·水部》："滹，《韻會》與滹沱之滹同。"《重訂直音篇·水
部》："滹，音呼，滹沱，水名。滹亦同上。""滹"之"虎"與"虖"同
屬曉紐魚部。"滹"從水虎聲，亦即"滹"的換聲符字。又《說文·心
部》："惡，過也。從心亞聲。烏各切。"《玉篇·心部》："惡，於各切，
不善也。又烏路切，憎惡也。""惡"表罪過、憎惡等義，與"滹"屬不
同的字。"滹"與讀烏路切的"惡"同屬喉音魚部，古音相近，二字音近
通假。如《禮記·禮器》："晉人將有事於河，必先有事於惡池。""惡
池"即"滹池"。是其例。該組重文辨析圖示如下：

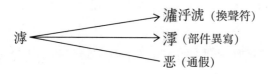

滹　　　　　→　瀘浮滹（換聲符）
　　　　　　→　澕（部件異寫）
　　　　　　　　惡（通假）

① 　毛遠明：《漢魏六朝碑刻異體字研究》，商務印書館 2012 年版，第 314 頁。

[018] 黏：粘 籽 糊 黐 黐 麪 䵐

《五音集韻·魚韻》：“黏，黏也。又曰煮米及麵為粥。或作粘、䵐、麪、糊、黐、籽、黐。粘、䵐、麪、糊、黐、籽、黐並同上義。”（P27 下）

按：《說文·黍部》：“黏，黏也。从黍古聲。粘，黏或从米。”“黏”从黍古聲，表黏、稠粥等義。“粘”即“黏”或體粘的隸定字。《廣韻·模韻》：“黏，黏也。粘上同；麪、糊並俗。”《字彙補·米部》：“粘，戶吳切，黏也。”“黏”表稠粥，就是用米麥粉和水調成的稠狀物，故字可取“米”“麥”作為義符。“粘”从米古聲，即“黏”換義符的異構字。又《集韻·模韻》：“黏、粘、䵐、麪、糊、黐、籽、黐，《說文》：‘黏也。’一曰煮米及麵為饘。或作粘、䵐、麪、糊、黐、籽、黐。”《類篇·米部》：“粘、糊、籽，洪孤切，煮米及麵為饘。或作糊、籽。”“籽”之“乎”與“黏”同屬匣紐魚部。“籽”从米乎聲，為“粘”變換聲符，亦即“黏”換聲義符的異構字。

《龍龕手鏡·米部》：“粘，正；糊，今，音胡，黏也。與麪亦同。”《四聲篇海·米部》：“糊，戶吳切，黏也。煮米及麵為粥。”《字學三正·體制上》：“黏、糊，古文異體。”“糊”之“胡”與“黏”同屬匣紐魚部。“糊”从米胡聲，為“粘”變換聲符，亦即“黏”的異構字。另《字彙·米部》：“糊，洪孤切，音乎，黏也。又煮米及麵為粥。又模糊漫貌。”“糊”除了表黏、稠粥義外，還引申為模糊、看不清義，而“黏”沒有此義項。“糊”為“黏”的寬式異體字。後世多通行“糊”，“黏”淪為異體。今簡化字作“糊”。

《玉篇·麥部》：“麪，戶姑切，俗黏字。”《龍龕手鏡·麥部》：“麪，音胡，黏也。古作黏。”“麪”“麪”筆畫微異，均从麥胡聲，為“糊”變換義符，亦即“黏”換聲義符的異構字。又《四聲篇海·米部》：“黐、黐，二戶吳切，與黏義同”。《字彙·黍部》：“黐，與乎同音，與黏同義。此俗字也，本作糊。”《正字通·黍部》：“黐，俗字，本作黏。”“黐”从黍乎聲，即“黏”換聲符的異構字。又《字彙·黍部》：“黐，同糊。”《正字通·黍部》：“黐，俗黏字。”“黐”从黍胡聲，亦即“黏”

的換聲符字。

"黇"非"黏"或體，乃"𩇨"之異體。《說文·弼部》："𩇨，鍵也。從弼古聲。""𩇨"從弼古聲，本義指粥類食物，所從"弼"為"鬲"的古文異體字（參"鬲"字條）。《字彙·鬲部》："𩇨，同黇。"《正字通·鬲部》："𩇨，舊注同黇。按《說文》：'鍵也。'俗省作黇。""黇""黇"筆畫微異，屬異寫關係，從鬲古聲，即"𩇨"的部件異寫字。"𩇨""黏"均從古得聲，同屬匣紐魚部，且均可表粥義。二字音同義近，蓋為同源通用。桂馥《劄樸·糔糊》："沂州南境，以大豆大麥細屑為𩇨，謂之糔糊。案字當作𩇨𩇨。顧愷之有一廚畫，糊題其前，亦當作𩇨。"是其例。該組重文辨析圖示如下：

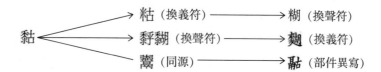

黏 ⟶ 粘（換義符）⟶ 糊（換聲符）
黏 ⟶ 䊯（換聲符）⟶ 麹（換義符）
黏 ⟶ 𩇨（同源）⟶ 黇（部件異寫）

[019] 啼：嗁 嗁 嗁 渧 諦

《五音集韻·齊韻》："嗁，杜奚切，泣也。《說文》曰：'號也。'嗁、啼、嗁、渧、諦並同上。"（P28下）。

按：《說文·口部》："嗁，號也。從口虒聲。"段玉裁注："嗁，俗作啼。""嗁"從口虒聲，表號叫義。《玉篇·口部》："嗁，達奚切，號也。《左傳》：'人立而嗁。'啼同上。"《四聲篇海·口部》："啼，達奚切，與嗁同。"《正字通·口部》："嗁，啼本字。"又云："啼，俗嗁字。""啼"之"帝"與"虒"同屬舌音，脂支通轉，古音相近。"啼"從口帝聲，即"嗁"聲符不同的異構字。今以"啼"為正字，"嗁"淪為異體。

《廣韻·齊韻》："嗁，泣也。《說文》曰：'號也。'杜奚切。啼、嗁並上同。"《集韻·齊韻》："嗁、啼、嗁、嗁、渧、諦，《說文》：'號也。'或作啼、嗁、嗁、渧、諦。"《類篇·口部》："嗁，田黎切，《說文》：'號也。'或作啼、嗁。"《重訂直音篇·口部》："啼，音提，號也，泣也，鳴也。嗁、嗁同上。""嗁"之"弟"與"虒"同屬定紐，脂支通轉，古音相近。"嗁"從口弟聲，為"嗁"變換聲符，亦即"啼"換聲符的異構字。又《字彙·口部》：“啼，杜兮切，音題。號也，泣也，鳴也。嗁同上，《顏氏家訓》：‘子生咳嗁。’”“嗁”之“是”與“虒”同屬舌音支紐，古音相近。“嗁”從口是聲，為“嗁”變換聲符，亦即“啼”的換聲符字。

“渧”非“啼”異體，字見《說文·水部》：“渧，水柱也。從水啻聲。”“渧”從水啻聲，表水柱、水滴義。“渧”“啼”均從帝得聲，古音相近，二字音近通假。如《漢將王陵變文》：“三三五五暗中渧，各各思家總擬歸。”“渧”通作“啼”。是其例。又《說文·言部》：“諦，審也。從言帝聲。”“諦”從言帝聲，本義指詳審、細察義，今簡化字作“谛”，與“啼”屬不同的字。“諦”“啼”均從帝得聲，古音相近，二字亦音近通假。《荀子·禮論》：“歌謠謸笑，哭泣諦號，是吉凶憂愉之情發於聲音者也。”楊倞注：“諦讀為啼，古字通用。”段玉裁注“嗁”云：“嗁，俗作啼。《士喪禮》作諦，古多假借為嗁。”皆其例。該組重文辨析圖示如下：

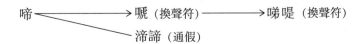

啼 ────────→ 嗁（換聲符）────────→ 啼嗁（換聲符）
　 ＼────────→ 渧諦（通假）

[020] 薕：虉 䅹 稴 穖

《五音集韻·齊韻》：“薕，《爾雅》曰：‘薕，芙也。’郭璞云：‘薕似稗，布地生，穢草也。’或作䅹、虉、穖、稴字。䅹、虉、穖、稴並同上義。”（P28 下）

按：《說文·艸部》：“薕，薕芙也。從艸稊聲。”《爾雅·釋草》：“薕，芙。”郭璞注：“薕似稗，布地生，穢草。”“薕”從艸稊聲，本義指一種形體嬌小似稗實如小米的草。《集韻·齊韻》：“薕、稊、䅹、虉、穖、稴，艸名。《說文》：‘薕芙也。’郭璞曰：‘薕似稗，布地生。’或作稊、䅹、虉、穖、稴。”《類篇·艸部》：“薕、虉，田黎切，艸名。《說文》：‘薕芙也。’郭璞曰：‘薕似稗，布地生。’或作虉。”《四聲篇海·艸部》：“虉，杜奚切，與薕義同。”《字彙補·艸部》：“虉，《集韻》與薕同。”“虉”之“雨”構意不顯，蓋取穢草生長需雨水滋潤的構意。

“虆”從艸從雨、弟聲，即“藬”製字創意不同的異構字。

　　《類篇·禾部》：“稊、稦、穊，田黎切，艸名，藬芺也。藬或作稊、稦、穊。”《正字通·禾部》：“穊，同稊。”《重訂直音篇·禾部》：“稊，音提，草名。稦同上。”從字形上看，“稦”“穊”非“藬”或體，實乃“稊”之異體。“稊”不見《說文》。《五經文字·禾部》：“稊，音題。秀也。見《易》。”“秀”本義指稻麥等穀類吐穗開花，《毛傳》有“不榮而實曰秀”。“稊”從禾從弟、弟亦聲，本義應與“秀”相近，蓋指幼禾或是新生嫩葉之義。《易·大過》：“枯楊生稊。”王弼注：“稊者，楊之秀也。”用的正是此義。“藬”“稊”從弟得聲，且所表詞義中均含有幼、小的義素，二字音同義通，是一組同聲符的同源字，屬於同源通用。如《爾雅·釋草》：“藬，芺。”陸德明釋文：“藬，本又作稊。”元曾瑞《哨遍·村居》：“把閑花野草鋤淨，尚又怕稊稗交生。”“稊”通作“藬”。皆其例。“稦”之“是”與“弟”同屬舌音，支脂通轉，古音相近。“稦”從禾是聲，即“稊”換聲符的異構字。又“穊”之“夷”與“弟”同屬舌音脂韻。“穊”從禾夷聲，亦即“稊”的換聲符字。

　　“稺”為“稺”之異體，字見《五經文字·禾部》：“稺、稺，並丈利反，幼禾也。上《說文》，下《字林》。”《說文·禾部》：“稺，幼禾也。從禾犀聲。”《集韻·脂韻》：“稺，幼也。”“稺”從禾犀聲，為“稺”換聲符異構，表幼禾、幼小等義，與“藬”屬不同的字。“藬”“稺”同屬定紐，脂質對轉，古音相近，且所表詞義中均含有幼小的義素。另“稊”與“稺”音近義同，古籍亦見訓詁，如《易·大過》：“枯楊生稊。”虞翻注：“稊，稺也。楊葉未舒稱稊。”“藬”“稊”“稺”音近義通，當為一組同源字。該組重文辨析圖示如下：

［021］齊：𪏮 𪗉 齊 齐 亝

　　《五音集韻·齊韻》：“齊，徂奚切，整也，中也，莊也，好也，疾也，等也。或作𪗉、𪏮；俗作齐字（原作‘齊’，此據甯忌浮校

正）。坴、𠫼同上。齐同上義，在注中隱，定昌黎子改作大字。亓，與齐義同，今之俗用字。"（P29下）

按：《說文·齊部》："齊（小徐本作'𩫚'），禾麥吐穗上平也。象形。坴，徐鍇曰：'生而齊者莫若禾麥。二，地也。兩傍在低處也。'""齊"為大徐本𪗚的隸變字，本義表禾麥吐穗平整貌，也引申為平整、平等、整齊等義。"𠫼"即"齊"小徐本篆文𩫚之隸定，像禾麥吐穗上平形。《正字通·二部》："坴，按《說文》本作𠫼，篆作𩫚。"《重訂直音篇·厽部》："坴，古文齊字。𠫼同上。""𠫼"即"齊"的隸定異寫字。

《玉篇·齊部》："齊，在兮切，齊整也。坴古文。"《二部》："坴，祖兮切，古文齊。"《龍龕手鏡·二部》："坴，古文。音齊。"《四聲篇海·厶部》："坴，古文齐字。""坴"來源於"齊"金文作𡬝①，楚簡文字作𡫳、𡬝等形②演變，即"齊"的古文異體字。又《集韻·齊韻》："坴、齊，前西切，《說文》：'禾麥吐穗上平也。象形。'或作齐。俗作𩂩。"《四聲篇海·文部》："𩂩，音齊，等也，中也，疾也。"《字彙·文部》："𩂩，前西切，音齊，等也，中也，疾也。""齊"六朝隋唐碑刻文字或作𪗧、𪗝、𩂩等形③，"耳"部已基本成形，上下部件尚粘連筆畫。敦煌寫本《正名要錄》"齊"或作𩂩、《願文等範本·亡兄弟》作𩂩，④已完全訛變成一個從文從耳的新字形。"𩂩"可視為"齊"俗寫訛變並積訛成俗的異體字。

《重訂直音篇·文部》："𩂩、齐，並俗齊字。""齐"六朝碑文《齊天保□定殘造像》"齊"作斉⑤，宋元刻本《古列女傳》《古今雜劇》《三國志平話》等錄"齊"作斉。⑥"齐"與"𩂩"屬異寫關係，亦即"齊"俗寫變異形成的異體字。又《四聲篇海·文部》："亓，音齊，義同，俗用。"《字彙補·夂部》："亓，同齊。"《重訂直音篇·夂部》："亓，俗齊

---

①　容庚：《金文編》，中華書局1985年版，第488頁。
②　張守中、張小滄、郝建文：《郭店楚簡文字編》，文物出版社2000年版，第106頁。
③　秦公、劉大新：《廣碑別字》，國際文化出版公司1995年版，第508頁。
④　黃徵：《敦煌俗字典》，上海教育出版社2005年版，第312頁。
⑤　秦公、劉大新：《廣碑別字》，國際文化出版公司1995年版，第509頁。
⑥　劉複、李家瑞：《宋元以來俗字譜》，台北商務印書館1992年版，第129頁。

字。"㓐"即"齊"俗寫變異。敦煌寫本《渠人轉帖》"齊"作**㐫**①，若將第一筆楷化作撇筆，就成"㓐"；若將第一筆楷化作點筆，則作"斉"。"㓐""斉"一筆之變，均為"齊"草書楷化形成的異體字。今簡化字作"齐"。該組重文辨析圖示如下：

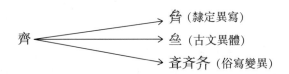

[022] 躋：隮 蹝 隵 倈 齊 䠲

《五音集韻·齊韻》："**躋、隮、齊、蹝、隵、倈、䠲**（甯忌浮校作'䠲'），登也，升也。又音霽。"（P29 下）

按：《說文·足部》："躋，登也。從足齊聲。""躋"從足齊聲，表登上，升上義。今簡化字作"跻"。《廣韻·齊韻》："躋、登也，升也。又音霽。隮上同。"《霽韻》："隮，升也。躋上同。"《干祿字書·平聲》："隮、躋，並正。"《集韻·霽韻》："躋、隮、蹝，《方言》：'登也。'一曰墜也。或從昌；古作蹝"。《書·顧命》："王麻冕黼裳，由賓階隮。"孫星衍疏："隮當為躋，《釋詁》云：'陞也。'""隮"之"阜"本義指土地高大，也引申為高義，與"躋"表登、升義相近，故字可從"阜"。"隮"從阜齊聲，即"躋"換義符的異構字。另《原本玉篇·阜部》："隮，子詣反，《周禮·視祲》：'掌十煇之法，九曰隮。'鄭玄曰'隮，氣也。'鄭玄曰'隮，謂虹。'""隮"除了表登義，還引申為上升的雲氣、彩虹義，而"躋"沒有此義項。"隮"為"躋"的寬式異體字。

《集韻·齊韻》："躋、隮、齊、蹝、隵、倈、䠲，《說文》：'登也。'引《商書》'予顛躋。'或作隮、齊、蹝、隵、倈、䠲。"《類篇·足部》："躋、蹝，牋西切，《說文》：'登也。'或作蹝。"《四聲篇海·足部》："蹝，子計、祖稽二切，登也，升也。"《字彙·足部》："蹝，同躋。"《正字通·足部》："蹝，同躋，亦作隵。""蹝"之"㐫"為"齊"古文

①　黃徵：《敦煌俗字典》，上海教育出版社 2005 年版，第 312 頁。

異體（參"齊"字條）。"跻"從足厽（齊）聲，即"躋"的部件異寫字。又《類篇·阜部》："隮、陸，牋西切，登也。或作陸。"《四聲篇海·阜部》："陸、隮，祖稽切，登也，升也。"《字彙·阜部》："隮、陸，並同躋。""隮"從阜厽（齊）聲，為"隮"部件異寫，亦即"躋"的異構字。又"陸"之"妻"與"齊"同屬齒音脂部，古音相近。"陸"從阜妻聲，為"隮"變換聲符，亦即"躋"的異構字。

"躋""齊"同屬齒音脂部，古音相近，二字音近通假。《禮記·孔子閒居》："至於湯齊。"鄭玄注："《詩》讀湯齊為湯躋。"《禮記·樂記》："地氣上齊，天氣下降。"鄭玄注："齊，讀為躋。躋，升也。"朱駿聲《說文通訓定聲·履部》："齊，叚借為躋。"皆其例。又"𡺸"為"𡺸"訛誤，甯忌浮所校可參，其形源不明，待考。該組重文辨析圖示如下：

[023] 齋：𥚫　𥜸　𥜼　𪗇　𧮫　㑔

《五音集韻·皆韻》："𥚫，莊皆切。《說文》：'戒潔也。'隸作齋；齋古作𧮫；籀作𥜸；或作𥜼。齋、齋、𧮫、𥜸、𥜼並同上義。"又"㑔，與齋義同"。（P31上）

按：《說文·示部》："𥚫（齋），戒潔也。從示齊省聲。𥜸，籀文齋。""𥚫"即"齋"篆文𥚫的隸定字，隸變作"齋"，本義指古人于祭祀或舉行重要典禮前，沐浴素食以示虔敬，也引申為素食、恭敬、莊重義。今簡化字作"斋"。《類篇·示部》："𥚫、齋、𥜸，莊皆切，《說文》：'戒潔也。'隸作齋；籀作𥜸。"《字彙補·示部》："𥚫，《說文》齋本字。""𥚫""𥚫"筆畫微異，屬異寫關係，從示齊省聲，即"齋"的隸定異寫字。

"𥜸"即"齋"籀文𥜸的隸定字。《玉篇·示部》："齋，側皆切，《易》：'聖人以此齋戒。'注：'洗心曰齋。'又敬也。𥜸籀文。"《集韻·

皆韻》："龠、齋、齊、𠫼、鬚、鬠，莊皆切，《說文》：'戒潔也。'隸作齋、齊；古作𠫼；籀作鬚；或作鬠。"《四聲篇海·示部》："鬠，籀文。音齋，義同。"《正字通·示部》："鬚，籀文齋。""鬚""鬚""鬠"筆畫微異，屬同字異寫，所从"憂"構意不明。①"鬚"从龠（齋）从憂，蓋即"齋"增部件的異構字。又《玉篇·鬲部》："鬠，側皆切，敬也"。《類篇·鬶部》："鬠，莊皆切，《說文》：'戒潔也。'齋或作鬠"。《字彙補·鬲部》："鬠，支皆切，音齋。與齋同。""鬠""齋"音義俱同，屬同字異構。"鬠"之"鬶"為"鬲"古文異體（參"鬲"字條）。"鬠"从鬶（鬲）齊聲，蓋取古人祭祀行齋使用鬲器的構意，即"齋"換義符的異構字。

"齊"見於《說文》，表齊平、平整等義，今簡化字作"齐"，與"齋"屬不同的字。《廣韻·皆韻》："齋，齋潔也，亦莊也，敬也。經典通用齊也。""齋""齊"同屬齒音脂紐，古音相近，二字音近通假。《詩·召南·采蘋》："有齊季女。"陸德明釋文："齊本亦作齋。"《漢書·高帝紀》："漢王齊戒。"顏師古注："齊讀曰齋。"《太玄·交·初一》："齊不以其貞。"司馬光集注："齊與齋同。"皆其例。又《四聲篇海·厶部》："𠫼（'𠫼'異寫），莊皆切，戒潔也。"《字彙補·厶部》："𠫼，同齋。""𠫼"非"齋"古文，乃"齊"古文異體，來源於"齊"甲骨文作𠱠、𠱟②，金文作𠱠、帝等形③演變。《類篇·壵部》："壵，禾麥吐穗上平也。象形。壵或作齊、𠫼。"是其證。

《四聲篇海·米部》："粢，古文。音齋。"《字彙補·文部》："粢，古文齋字。見《篇韻》。《攵部》："𣥴，與齋義同。見《五音集韻》。"《重訂直音篇·米部》："粢，古文齋字。""𣥴""粢"一筆之變，均為"齋"俗體。"齋"之"𧘇"草書楷化作"夂""文"，故"齊"俗體作"齐""齐""㪌"諸形（參"齊"字條）。"齋"宋元刻本《取經詩話》或作斎，《通俗小說》作斎④，其"𧘇"部均變作"文"。同時"齋"的

---

① 徐在國引王國維說，認為"鬠"上首下止，實似人形，與"示"構成"禭"，像人事神之形，疑為古"禱"字，可參。參見徐在國《隸定古文疏證》，安徽大學出版社2002年版，第18頁。

② 中國社會科學院考古研究所編輯：《甲骨文編》，中華書局1965年版，第302—303頁。

③ 容庚：《金文編》，中華書局1985年版，第487頁。

④ 劉複、李家瑞：《宋元以來俗字譜》，台北商務印書館1992年版，第132頁。

下半 "冊" 或作 "冊" "米" 形，如六朝隋唐碑文 "齋" 或作齋、齋、齋①，敦煌寫本《願文等範本》 "齋" 作齋，其 "冊" 部均變作 "冊"，已將中間構件 "示" 訛作 "米"；又《雙恩記》 "齋" 作㣺、《妙法蓮華經講經文》作㣺、《願文等範本·公》作㣺等②， "亦" 部作 "夂" "文"， "冊（冊）" 部已省訛成 "米"。它們的嬗變路徑大致是：齋→齋、齋、齋、齋→㣺、㣺、㣺→㣺、㣺。 "㣺" 即 "齋" 俗寫訛變、積訛成俗的異體字。該組重文圖示如下：

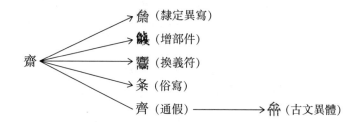

[024] 杯：栚 匜 匜 盃 㭍 㭪

《五音集韻·灰韻》： "栚、㭍、㭪、匜、匜，布回切，《說文》曰：'匜也。'杯同上；盃俗。"（P32 下）

　　按：《說文·木部》： "栚，匜也。从木否聲。匜（小徐本作匜），籀文。"徐鍇繫傳： "匜，音貢，小栚之別名也。"段玉裁注： "古以栚盛羹，栚圈是也。俗作杯。"朱駿聲通訓定聲： "栚，古盛羹若注酒之器，通名為杯也。" "栚" 从木否聲，本義指古代盛羹、酒等液體的器皿。《玉篇·木部》： "栚，博回切，匜也，栚棬也。杯同上。"《廣韻·灰韻》： "栚，《說文》曰：'匜也。'杯上同；盃俗。"《類篇·木部》： "栚、杯，晡枚切，《說文》：'匜也。'蓋今飲器。或作杯。"《莊子·逍遙遊》： "覆杯水於坳堂之上，則芥為之舟。" "杯" 即 "栚"。 "杯" 从木不聲，即 "栚" 換聲符的異構字。後世多通行 "杯"， "栚" 淪為異體。今簡化字作 "杯"。

────────────

①　秦公：《碑別字新編》，文物出版社 1985 年版，第 404 頁。
②　黃徵：《敦煌俗字典》，上海教育出版社 2005 年版，第 538—539 頁。

"匰"即小徐本籀文匰的隸定字。《玉篇·匸部》："匰，布回切，籀文桮字。匹古文。"《集韻·灰韻》："桮、舐、杯、盃、缻、匹、匰，晡枚切，《說文》：'䰲也。'蓋今飲器。或作舐、杯、盃、缻、匹、匰。"《字彙·匸部》："匧（'匰'異寫），籀文桮字。""匹""匰"之"匸"本義表盛物的器皿，與"杯"義近，故字可取"匸"作為義符。"匰"從匸否聲，為"桮"變換義符，亦即"杯"換聲義符的異構字。

"匹"即"桮"籀文匹的隸定字。《類篇·匸部》："匹、匰，晡枚切，䰲也。或作匰。"《龍龕手鏡·匸部》："匹，音盃。"《重訂直音篇·匸部》："匹，古文杯字。匰籀文同上。""否""不"一字分化，古音同屬唇音之部。"匹"從匸不聲，為"匰"變換聲符，亦即"杯"換義符的異構字。又《龍龕手鏡·木部》："杯，布回反，與盃同。又䰲也"。《干祿字書·平聲》："盃、杯，上通下正。"《字彙·皿部》："盃，俗杯字。"《漢書·項籍傳》："必欲亨乃翁，幸分我一盃羹。"嵇康《與山巨源絕交書》："濁酒一盃，彈琴一曲，志願畢矣！""盃"即"杯"。"杯"表器皿義，故字可從"皿"。"盃"從皿不聲，即"杯"的換義符字。

《類篇·缶部》："舐、缻，晡枚切，䰲也，蓋今飲器。或作缻。"《四聲篇海·缶部》："缻，布回切，《說文》曰：'䰲也。'"《字彙·缶部》："缻，布回切，音杯，䰲也。"《正字通·缶部》："缻，杯、盃同。""缶"指古代盛酒漿的瓦器，故"杯"字可從"缶"。"缻"從缶不聲，即"杯"換義符的異構字。又《重訂直音篇·缶部》："舐，與杯同。""舐"從缶否聲，為"桮"變換義符，亦即"杯"的異構字。該組重文辨析圖示如下：

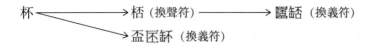

杯 ——————→ 桮（換聲符）——————→ 匰舐（換義符）
　　　　＼——→ 盃匹缻（換義符）

[025] 回：囘 囬 遠 韋 迴

《五音集韻·灰韻》："回、囘、囬、遠、韋，戶恢切，違也，轉也，邪也。又回中，地名。亦姓，古賢者方回之後。古作囘；或作遠、韋；俗作迴。"（P33上）

按：《說文·口部》：“回，轉也。从口，中象回轉形。🔄，古文。”段玉裁注：“古文象一氣回轉之形。”“回”為象形字，商周文字均像回環旋轉之形，本義表回轉，也引申為掉轉、轉變等義。“𡇌”即“回”古文🔄的隸定字，來源於“回”甲骨文作𠃉、𠃊①，金文作𠃊②等形演變。《玉篇·口部》：“回，胡瑰切，回轉也，又邪也。𡇌古文。”《類篇·口部》：“回、回，胡隈切，《說文》：‘轉也。’古作回。”“𡇌”“回”筆畫微異，屬異寫關係，即“回”的古文異寫字。又《干祿字書·平聲》：“囬、回，上俗下正。”《字學三正》：“囬（‘回’異寫），俗作囬。”《龍龕手鏡·口部》：“圁（‘囬’異寫），舊藏作回字。”《字彙補·口部》：“圁，《藏經》回字。”“囬”即“回”俗寫變異形成的異體字。

《集韻·灰韻》：“回、遧、韋，胡隈切，《說文》：‘轉也。’，一曰邪也。或作遧、韋。俗作迴，非是。”“**遧**”“遧”筆畫微異，為“遧”之異寫。《說文·辵部》：“遧，離也。从辵韋聲。”“遧”从辵韋聲，本義表離別、離去，今簡化字作“违”，與“回”屬不同的字。“回”“遧”同屬匣紐微部，二字同音通假。《書·堯典》：“靜言庸違。”《論衡·恢國》引作“靖言庸回”。《晏子春秋·外篇上》：“君無違德。”《論衡·變虛》“違”作“回”。段玉裁“回”下注云：“回，違也。亦謂假借也。”皆其例。

《說文·辵部》：“韋，相背也。从舛口聲。”“韋”从口从二止會意，表圍、背離、熟皮等義，今簡化字走“韦”，與“回”分屬二字。“遧”“韋”二字古通，如《漢書·禮樂志》：“五音六律，依韋饗昭。”王先謙補注：“周壽昌曰：‘依韋，即依違也。韋、違通用。’”朱駿聲《說文通訓定聲·微部》：“韋，經傳多以違為之。”皆其例。蓋因“韋”通假“違”，故《集韻》一併將“違”“韋”列為“回”字或體。《五音集韻》均轉錄之。“回”“韋”同屬匣紐微部，但未見文獻通假字例。二字為同音字。

《集韻·隊韻》：“回、迴，曲也。《漢書》：‘多陂回遠。’顏師古：‘讀或作迴。’”《類篇·辵部》：“迴，胡隈切，轉也。回俗作迴。”《重訂直音篇·辵部》：“迴，迴同。”“迴”“迴”筆畫微異，為“迴”部件異

---

① 中國社會科學院考古研究所編輯：《甲骨文編》，中華書局1965年版，第517頁。

② 容庚：《金文編》，中華書局1985年版，第425頁。

寫。《玉篇·辵部》："迴，胡雷切，轉也，回避也。""迴"從辵回聲，表旋轉、返回、曲折義，與"回"屬不同的字。"回""迴"同屬匣紐微部，且都含有返回、掉轉義，二字音同義通，是一組同聲符的同源字，古籍亦通用。如《史記·孔子世家》："餘祇回留之不能去雲。"司馬貞索引："有本作低迴。"《淮南子·原道》："夫日回而月周。"《文子·道原》"回"作"迴"。皆其例。該組重文辨析圖示如下：

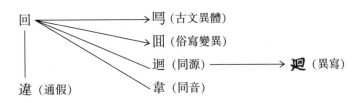

[026] 雷：𩆜 𩇓 𤳳 𤳵 𩇄 𩇊 𩆷

《五音集韻·灰韻》："𩆜、𩇄、𤳵、𩇓、𤳳、𩆷、𩇊、雷，盧回切，《說文》：'陰陽薄動，雷雨生物者也。'亦姓。籀文𩆜間有回。回，𩆜聲也。古作𤳵、𩇓、𤳳、雷，又古作𩆷（甯忌浮校作'𩇄'）。"（P33 上）

按：《說文·雨部》："𩆜（𩆜），陰陽薄動𩆜雨，生物者也。從雨；畾，象回轉形。𤳵，古文𩆜；𤳳，亦古文𩆜；𩆜，籀文𩆜間有回，回，𩆜聲也。""𩆜"即篆文𩆜的隸定字，本義表𩆜聲，就是大氣放電時激蕩空氣所發出的巨響。《五經文字·雨部》："𩆜、雷，上《說文》，見《詩風》；下《字林》。"《廣韻·灰韻》："雷，《說文》作𩆜，云：'陰陽薄動𩆜雨，生物者也。'𩇓古文。""雷"即篆文𩆜的隸變字，與"𩆜"屬異寫關係。後世多通行"雷"，"𩆜"淪為異體。今簡化字作"雷"。

"𩇓"即"𩆜"古文𤳵的隸定字。"𩆜"甲骨文作𩆛、𩇓[1]，像閃電擦出火花形，是𤳵的字形源頭，其中𦀖像火花形，"雨"是後起義符，蓋取閃電𩆜聲過後下雨的構意。《玉篇·雨部》："𩆜，力回切，陰陽薄動𩆜雨，生物者也。雷同上；𤳳古文𩆜；𩇓亦古文；𩆜籀文。"《四聲篇海·

雨部》："䨓，古文。音靁，義同。"《字彙·雨部》："䨓，古文靁字。"《正字通·雨部》："䨓，古文雷。从〇〇，回字變體，非从二口。""䨓"从雨从〇〇，即"雷"的古文異體字。

"畾"即"靁"古文䨔之隸定，當源於"靁"金文作、、、等形①變異，將䨔中間像閃電狀的橫折線條訛成兩個""，隸定作"回"，"田"部應是由古文字、等形體中像火花狀的"〇""田"形隸定訛變所致。《集韻·灰韻》："靁、䨔（'䨔'異寫）、畾、䨓、䨔、靁、靁、雷，盧回切，《說文》：'陰陽薄動靁雨，生物者也。'古作畾、䨓、䨔、靁；古作靁。"《類篇·雨部》同。"䨔"即"雷"的古文異構字。又《龍龕手鏡·田部》："畾，古文。郎廻切。"《字彙·田部》《正字通·田部》亦云："畾，同雷。""畾"為"䨔"省體，當源於金文、諸形省變，略去了中間的像閃電狀的橫折線條，亦即"雷"的古文異體字。

"靁"始見《五音集韻》，甯忌浮據《玉篇》校作"靁"可參。"靁"即"雷"籀文䨔的隸定字，來源於"靁"金文作形②演變。"靁"為"靁"省體，在戰國文字中已經成形。信陽楚簡"靁"作、包山楚簡作形③，从雨从畾，與"靁"同構，正其所本。《字學三正·體制上》亦錄"雷"古文異體作"靁"，是其例。"靁"即"雷"的古文異寫字。又《四聲篇海·雨部》："靁，音雷，義同。"《字彙補·雨部》："靁，同雷。""靁"為"靁"省體，亦即"雷"的古文異寫字。又《四聲篇海·雨部》："靁，音靁，義同。"《字彙·雨部》："靁，盧回切，音贏。又作靁，以畾為聲，俗作雷。"《正字通·雨部》："靁，雷本字。""靁"之"回"當源於古文字䨔中間像閃電狀的橫折線條訛變而來，先訛成""，再隸定作"回"。"靁"从雨从回，亦為"雷"的古文異寫字。該組重文辨析圖示如下：

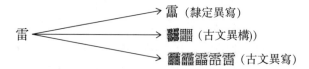

①　容庚：《金文編》，中華書局 1985 年版，第 751 頁。

②　高明：《古文字類篇》，台灣大通書局 1986 年版，第 485 頁。

③　滕壬生：《楚系簡帛文字編》（增訂本），湖北教育出版社 2008 年版，第 958 頁。

[027] 灾：裁 烖 扏 燌 灭 菑

《五音集韻·哈韻》："裁、灾、灭、菑、燌，祖才切，天火曰裁。烖籀文；扏古文。"（P34 上）

按：《說文·火部》："裁，天火曰裁。从火𢧜聲。灭，或从宀火；扏，古文从才；烖，籀文从𡿧。"商承祚《福考》："甲骨文从水，从戈，从火。以其義言之，水災曰𡿧，兵災曰𢧜，火災曰灭。後孳乳為裁、灾、烖、扏、菑、甾、燌。結構任意，體多誤合矣。"林義光《文源》："灾，裁或从火。按象屋下火。""裁"从火𢧜聲，表水、火、刀兵、荒旱等自然或人為禍害的通稱。"灾"即"裁"或體灭的隸定字。《廣韻·哈韻》："裁，天火曰裁。祖才切。灾上同；烖籀文；扏古文。"《玉篇·火部》："灾，子來切，天火害也。裁同上；烖籀文；扏古文灾。""灾"从宀、火會意，表屋下起火成災的構意，即"裁"製字方法不同的異構字。今以"灾"為正字，"裁"淪為異體。

"烖"即"裁"籀文烖的隸定字。《五經文字·𡿧部》："灾、烖、裁，三同，下見《周禮》。"《集韻·哈韻》："裁、灾、扏、烖、灭、菑、燌，《說文》：'天火曰灾。'或从宀、从手、从𡿧、从乃；亦作菑、燌。"《字彙·火部》："烖，將來切，音哉，禍害。《左傳》：'天火曰烖。'"又"裁，與烖同"。"烖""灾"筆畫微異，屬同字異寫，从火从𡿧。"𡿧"為"灾"古體，甲骨文作𝌆、𝌇，像洪水橫流成災之形①。"烖"从火、𡿧會意，蓋取水火橫行成災的構意，屬"裁"之異構，亦即"灾"換義符的異構字。又"扏"即"裁"古文扏的隸定字。《集韻》"裁"作"扏"誤將聲符"才"變作"扌"。《字彙·火部》"扏，古文災字，从才"不誤。"扏"从火才聲，為"裁"變換聲符，亦即"灾"的異構字。

《類篇·火部》："裁、灾、扏、烖、灭、燌，將來切，《說文》：'天火曰灾。'或从宀、从手、从𡿧、从乃；亦作燌。"《四聲篇海·火部》："燌，子來切，天火曰裁。"《字彙·火部》："燌，同灾。"《正字通·火部》："燌，同灾。《嶧山碑》'燌害滅除'，本作燌。"《字彙補·火部》：

---

① 中國社會科學院考古研究所編輯：《甲骨文編》，中華書局 1965 年版，第 448 頁。

"爉，《六書統》灾字。《字彙》作爉。""爉""爉"筆畫微異，均从火从㶾从田會意，蓋取田裡水火橫行成災的構意，即"灾"的異構字。又"夾"構形不明，竊疑為"灾"俗寫訛變，將"冂（宀）"部訛變作"乃"（"乃"篆隸作𠃌、𠄎①，與冂形近訛混）。《敦煌俗字譜·火部》引《秘2.005.右5》"灾"作"夾"，是其例。"夾"从火从乃（宀），即"灾"的部件異寫字。

　　"菑"為"菑"異寫。《說文·艸部》："菑，不耕田也。从艸、𱼈。""菑（菑）"从艸从㶾从田，蓋會田裡水患、長滿雜草為災之意，與"灾"古本一字，就是為同詞而造的同字異構。後"菑"逐漸從"灾"分化出來，主要表初開墾一年的田地、開荒等引申義，一般不再表禍患本義。"灾""菑"屬一字分化，但在歷史上很長時期還保持著異體關係，古籍亦通用。《禮記·祭法》："能禦大菑，則祀之。"陸德明釋文："菑或作栽。"《荀子·修身》："不善在身，菑然必以自惡也。"楊倞注："菑讀為災。"《太玄·上·上九》："棲于菑，初亡後得基。"司馬光集注："菑與灾同。"皆其例。該組重文辨析圖示如下：

---

　　① 《漢語大字典》字形組：《秦漢魏晉篆隸字形表》，四川辭書出版社1986年版，第310頁。

卷 三

[028] 珉：瑉 硱 磭 玟 砇

《五音集韻·真韻》："**珉**、**瑉**、**硱**、**磭**、**玟**、**砇**，武巾切，美石次玉也。亦作**玟**、**瑉**、**磭**。"（P35下）

按：《說文·玉部》："珉，石之美者。从玉民聲。""珉"从玉民聲，本義指似玉的美石。《玉篇·玉部》："珉，靡鄰切，石似玉。本亦作瑉。"《龍龕手鏡·玉部》："瑉，或作；珉，正，武巾反，美石次玉。"《四聲篇海·玉部》："瑉，音珉，義同。"《周禮·夏官·弁師》："諸侯之繅斿九就，瑉玉三采。"陸德明釋文："瑉，本又作珉。""瑉"之"昬"為"昏"異體。《玉篇·日部》："昏，日冥也。昬同上。"《廣韻·真韻》："昏，《說文》曰：'日冥也。'亦作昬。"皆其證。"民""昏"真元旁轉，古音相近。"瑉"从玉昬（昏）聲，為"瑉"部件異寫，亦即"珉"換聲符的異構字。

《集韻·真韻》："珉、瑉、硱、磭、玟、砇，眉貧切，《說文》：'石之美者。'或作瑉、硱、磭、玟、砇"。《四聲篇海·石部》："硱，武巾切，美石次玉也。"《正字通·石部》："硱，同珉。从玉从石義通。""珉"表美石義，故字可从"石"，《正字通》所說甚是。"硱"从石民聲，即"珉"換義符的異構字。又《類篇·石部》："硱、磭、砇，眉貧切，石之美者。或作磭、砇。"《四聲篇海·石部》："磭，音硱，義同。"《字彙·石部》："磭，與硱同。"《管子·揆度》："陰山之礝磭，一筴也。""磭"即"珉"。"磭"从石昏聲，為"硱"變換聲符，亦即"珉"換聲義符的異構字。

《說文·玉部》："玫，火齊、玫瑰也；一曰石之美者。从玉文聲。莫栝切。"徐鍇繫傳："火齊象珠赤色起之，層層各異也。《符瑞圖》曰：'《孝經援神器》曰神靈滋液百珍寶，則用玫瑰齊。'注曰：'玫瑰，玉名。'"《玉篇·玉部》："玫，莫杯切，火齊珠，又石之美者。"竊疑"玫"本義表玫瑰，一種美玉的名稱，也泛指似玉的美石。後專為本義玫瑰另造了分化字"玫"來記錄，並引申出珍珠、植物名等義。"玫"主要表美石義，與"珉"古通，後世字書多將二字混同。如《廣韻·真韻》："珉，美石次玉。亦作玫。"《字彙·玉部》："玫，與珉同。"皆是。"玫""珉"同屬明紐，微真旁對轉，古音相近。二字音近義同，本質上是為兩個詞造的異字，記錄了一對同源詞，古籍亦通用。如《禮記·玉藻》："士佩瑞玫而縕組綬。"《白虎通·衣裳》引"玫"作"珉"，是其例。又《禮記·玉藻》："士佩瑞玫而縕組綬。"陸德明釋文："玫，字又作砇，同。""砇"从石文聲，即"玫"換義符的異構字。該組重文辨析圖示如下：

[029] 賓：賓 寅 賓 窫 寕 寕

《五音集韻·真韻》："賓，必鄰切，敬也，迎也，列也，遵也，服也。《說文》作賓，所敬也。又姓。寅、賓、寕、賓、窫並古文。"（P35 下）

《五音集韻·震韻》："賓，會賓客也。寕古文。"（P160 下）

按：《說文·貝部》："賓（賓），所敬也。从貝宀聲。賔，古文。""賓"从貝宀聲，表尊敬、歸順、客人等義。"賓"為"賓"俗寫。《五經文字·宀部》："賓，經典相承作賓已久，不可改正。"《字彙·貝部》："賓，俗賓字。"漢《西狹頌》"賓"作賓，隋《羊瑋墓誌》作賓，皆其例。① "賓" "賓" 均為 "賓" 篆文𥩟的隸定字，因隸定取法不同而形體微別。《玉篇·貝部》："賓，卑民切，敬也，客也，服也，從也。賓《說文》賓；賓古文。"《廣韻·真韻》："賓，敬也，迎也。《說文》作賓。賓古文。"《四聲篇海·貝部》："賓、賓，二《說文》作賓，義同。" "賓" "賓" 形體微異，屬異寫關係，從貝㝵聲，即 "賓" 的隸定異寫字。後世多通行 "賓"，"賓" "賓" 淪為異體。今簡化字作 "宾"。

"賓" 即 "賓" 古文𥩟的隸定字，當源於 "賓" 金文作𥧩、𥧫、𥧪等形②演變。《集韻·真韻》："賓、賓、㝵、賓、賓，卑民切，《說文》：'所敬也。'一曰導也，服也。古作賓、㝵、賓、賓。"《類篇·貝部》同。《四聲篇海·貝部》："賓，古文。音賓，義同。"《字彙·貝部》："賓，古文賓字。" "賓" 之 "完" 為 "宀（㝵）" 部訛變。"賓" 從貝完（㝵）聲，即 "賓" 的古文異寫字。又《字彙·火部》："賓，古賓字。"《字彙補·火部》："賓，古文賓字，見《韻會》。" "賓" 構形不明。"賓" 鄭井吊鐘作𥧩，伯賓父簠作𥧪③，《訂正六書通》卷二真韻引古文作𥧫，均與此形近，當其訛變所本。"賓" 下方 "火" 部蓋由古文字𥧫、𥧪下端近似 "火" 的形體訛變所致，變異路徑大致是：𥧫、𥧪→𥩟→賓。"賓" 即 "賓" 古文隸定訛變形成的異寫字。

《玉篇·宀部》："㝵，卑民切，古文賓。"《集韻·稕韻》："賓、㝵，會賓客也。古作㝵。"《四聲篇海·宀部》："㝵，卑民切，古文賓。" "㝵" "㝵" "㝵" 筆畫微異，屬同字異寫，其形源也可上溯至甲骨文。"賓" 甲骨文作𠖔、𠖓、𠖕形④，表示客人自外而來，會引導、迎賓之意，金文在甲骨文所從 "万" 上多一飾筆作㝵（賓所從），也有 "賓" 直接作𥧩、𥧪形⑤，小篆作𥩟，其中 "宀" 在中間衍一曲筆，隸定作 "㝵"。"㝵" 為 "賓" 初文，"賓" 是由 "㝵" 加注義符 "貝"（從貝蓋取以財物饋贈的構意）而成，變成從貝㝵聲的形聲字。後世多通行

---

① 秦公：《碑別字新編》，文物出版社 1985 年版，第 305 頁。

② 容庚：《金文編》，中華書局 1985 年版，第 434 頁。

③ 同上。

④ 中國社會科學院考古研究所編輯：《甲骨文編》，中華書局 1965 年版，第 279 頁。

⑤ 張守中、張小滄、郝建文：《郭店楚簡文字編》，文物出版社 2000 年版，第 110 頁。

“賓”，“宨” 漸淪為異體。**“宨”“宨”“宨”** 均可視為 “賓” 的古文異構字。① 該組古文辨析圖示如下：

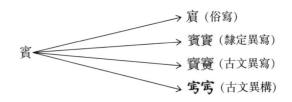

　　賓
　　　　→ 賓（俗寫）
　　　　→ **賓賓**（隸定異寫）
　　　　→ **賓賓**（古文異寫）
　　　　→ **宨宨**（古文異構）

[030] 瞋：眒 眹 嗔 謓 愼

　　　《五音集韻·真韻》：“瞋、眒、眹，昌真切，怒也。《說文》曰：‘張目也。’又作嗔；或从戌、从辰。嗔上同，本又音填。謓、愼亦同上，《說文》：‘恚也。’”（P36 下）

　　按：《說文·目部》：“瞋，張目也。从目真聲。眒，《祕書》瞋从戌。”《廣韻·真韻》：“瞋，怒也。”《集韻·震韻》：“瞋，恚也。”“瞋” 从目真聲，本義表瞪大眼睛，也引申為發怒、生氣義。**“眒”** 即 “瞋” 或體眒的隸定變體，“戌” 部變作 “戌”。《玉篇·目部》：“瞋，昌真切，張目也。眒同上。”《正字通·目部》：“眒，舊注同瞋。按《說文》‘瞋，从目真聲。’又云：‘《祕書》瞋从戌作眒。’此《說文》之可疑者，以眒與瞋音義相抵牾也。”“眒” 从 “戌” 構意不明，《正字通》所疑甚是。王玉樹《說文拈字》：“《祕書》瞋从成。按許書原本如此，从目是形，从成是聲也。”“真” “成” 同屬舌音，真耕通轉，古音相近。依王說，**“眒”** 之 “戌” 為 “成” 訛誤，字本作 “眒”。“眒” 从目成聲，即 “瞋” 換聲符的異構字。

　　《集韻·真韻》：“瞋、眒、眹，稱人切，《說文》：‘張目也。’《祕書》瞋从戌、从辰。”《字彙·目部》：“眹，又與瞋同。”《正字通·目部》：“眹，俗瞋字。舊注與瞋同，不誤。”“眹” 之 “辰” 與 “真” 同屬舌音，文真旁轉，古音相近。**“眹”** 从目辰聲，為 “眹” 部件異寫，亦

<hr />

　　① 又《說文·宀部》：“宨，冥合也。从宀丐聲。”段玉裁注：“冥合者，合之泯然無跡。今俗云吻合者當用此字。”此 “宨” 音莫甸切，表吻合義，與 “賓” 異體 “宨” 屬同形字。

即"瞋"換聲符的異構字。又《說文·口部》:"嗔,盛氣也。从口真聲。《詩》曰:'振旅嗔嗔'"。《干祿字書·平聲》:"瞋、嗔,上瞋目,下嗔怒。""嗔"从口真聲,本義指生氣,與"瞋"屬不同的字。"瞋""嗔"同屬舌音真部,古音相近,且均表怒義(發怒則瞪眼睛)。二字音近義通,蓋為同源字,古籍亦通用。《正字通·口部》:"嗔,與瞋通。"是其例。

《說文·言部》:"謓,恚也。从言真聲。賈侍中說'謓笑'。"段玉裁注:"謓,恚也。今人用嗔,古人用謓。"又注"嗔"云:"嗔,今俗以為謓恚字。"《玉篇·言部》:"謓,昌仁切,怒也。今作嗔。"《集韻·真韻》:"謓、嗔、憅,《說文》:'恚也。'或从口;亦作憅。"《正字通·口部》:"韓愈《剝啄行》:'我不出應,客去而嗔。從者語我,子胡為然。'注:'嗔,怒也,亦作謓。'""口""言"二旁義近古通。"謓"从言真聲,即"嗔"換義符異構。"謓"除了表發怒義外,還引申為冷笑,而"嗔"沒有此義項。"謓"屬"嗔"寬式異體,與"瞋"亦屬同源字。

《龍龕手鏡·心部》:"憅,時忍反,古文。今作慎,廉謹也。"《四聲篇海·心部》:"憅,時忍切,古文作慎,廉謹也。"《字彙補·心部》:"憅,古文慎字。"《正字通·心部》:"憅,俗慎字。""憅""憅"筆畫微異,均从心真聲,為"慎"部件移位的異寫字。《說文·心部》:"慎,謹也。从心真聲。"《方言》卷一:"慎,憂也。宋衛或謂之慎。""慎"从心真聲,本義表謹慎,也引申為憂慮義,與"瞋"分屬二字。"慎""瞋""嗔"均从真得聲,同屬舌音真部,且所表詞義中均含有盛多的義素。[①]"瞋"發怒時氣盛,睜大眼睛;"嗔"發怒時語氣盛;"慎"謹慎時心思盛。三字音近義通,亦當為一組同聲符的同源字。該組重文辨析圖示

---

① 殷寄明指出"稹、縝、鬒、顛、滇、嗔、瞋、闐"均从真得聲,所記錄的詞義都含有稠密、盛多的義素,是為一組同聲符的同源字,並云:"清朱駿聲《小學識餘·形聲多兼會意之字》:'凡从真聲者多充實意。'段玉裁《說文解字注·匕部》'真'字注:'凡稹、鎮、瞋、謓、膜、填、窴、闐、嗔、滇、鬒、瑱、䐜、慎字,皆以為聲,取充實之意。其顛、槙以頂為義者,亦充實上升之意也。'今按,段氏以聲說義,不無以偏概全之嫌,且將同一聲符所記錄的不同語源相混。真聲字表示的詞,有頂巔義者反映的是一個語源,但與其他真聲字所記錄語詞之義不相貫;所謂'充實'者,當析為填塞和稠密、盛多二條,可視為同一語源。蓋填塞則使稠密、盛多,二者之間有因果關聯。"參見殷寄明《漢語同源字詞叢考》,東方出版中心 2007 年版,第 461—463 頁。

如下：

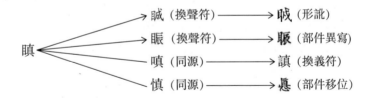

[031] 寅：寅 𡨄 𡨄 𡨄 寅 𡨄

《五音集韻·真韻》："寅，翼真切，辰名。《說文》作寅。又以之切。𡨄、𡨄、寅、𡨄、寅、𡨄並古文。"（P37 上）

按：《說文·寅部》："寅（寅），髕也。正月陽氣動，去黃泉欲上出，陰尚彊，象宀不達，髕寅於下也。𡨄，古文寅。""寅"甲骨文作𡨄、𡨄①，像箭矢形，本義當為箭矢，也表恭敬、地支的第三位、時辰名等義。"寅"即"寅"篆文𡨄的隸定字，隸變作"寅"，來源於"寅"古文字作𡨄、𡨄、𡨄等形②演變。《廣韻·真韻》："寅，辰名，《說文》作寅。"《四聲篇海·寅部》："寅，亦真切，辰名。"《字彙·宀部》："寅，古寅字。"《正字通·宀部》："寅，寅本字。""寅"即"寅"的隸定異寫字。

"𡨄""𡨄"均為"寅"古文𡨄的隸定變體。"寅"陳猷釜作𡨄形③，與𡨄上方的𡨄形同構，正其所本，"土"為後加注的義符。《玉篇·寅部》："寅，弋咨、以真二切，演也，敬也，強也。𡨄古文。"《集韻·脂韻》："寅、𡨄、𡨄，東方之辰。古作𡨄、𡨄。""𡨄""𡨄"筆畫微異，均從𡨄（寅）從土，即"寅"增義符的異構字。又《四聲篇海·寅部》："𡨄，音寅。""𡨄"為"𡨄"省體，略去了中間豎筆，亦即"寅"的古文異體字。

《集韻·諄韻》："寅、𡨄、寅、𡨄，夷真切，《說文》：'髕也。'古

① 高明：《古文字類篇》，台灣大通書局 1986 年版，第 388 頁。
② 同上。
③ 同上。

作鼞、寋、畾。"《類篇·寅部》:"寅,髕也。古作鼞、寋、畾。"《四聲篇海·宀部》:"寋,音寅,義同。"《字彙補·宀部》:"寋,同寅。""寋""寅"筆畫微異,屬異寫關係,即"寅"俗寫省變形成的異體字。又《四聲篇海·已部》:"畾,翼真切,辰名。"《正字通·已部》:"畾,舊注音寅,辰名。按《集韻》寅古作畾,迂僻無義,宜刪。""畾"構形不明,待考。該組重文辨析圖示如下:

[032] 𡎶:𡎶 𡋯 𡊄 糞 𡋽 𡋩 墓 壞 撲 𢿍 𢷼 𡋪

《五音集韻·文韻》:"𡋯、壞、𡊄、𢷼、𡋽、糞(甯忌浮校作'𡋽'),掃棄之也。或从糞。又方問切。𡋯古文。"(P38下)

《五音集韻·問韻》:"𡎶,《說文》:'棄除也。'《曲禮》注:'埽席前曰𡎶。'《詩》:'於粲洒埽。'注:'粲然已洒撲矣。'𢷼、墓(甯忌浮校作'墓')、撲、𡋪、壞、𢿍、𡋩、撲並同上,見《禮記》。"(P162上)

按:《說文·言部》:"𡏟(𡎶),掃除也。从土弁聲。讀若糞。""𡎶"即"𡎶"篆文"𡏟"的隸定字,隸變作"𡎶",从土弁聲,本義表掃除。《字彙·土部》:"𡎶,方問切,音奮,掃除也。𡎶同上。"《正字通·土部》:"𡎶,同𡎶。""𡎶"从土弁聲,即"𡎶"的隸定異寫字。又《集韻·文韻》:"𡎶、壞、𡊄、𢷼、𡋽、𡋽、𡋯,掃除也。或从糞;亦作𡊄、𢷼、𡋽、𡋽;古作𡋯。"《類篇·厶部》:"𡎶、壞、𡊄、𡋯,方文切,掃除也。或从糞;亦作𡊄;古作𡋯。"《四聲篇海·厶部》:"𡋯,甫文切,又音糞字。"《字彙補·厶部》:"𡋯,《篇海》與𡎶同。""𡋯"為"𡎶"篆文𡏟的隸定變體,與"𡎶"屬異寫關係,从土𠬝(弁)聲,亦即"𡎶"的部件異寫字。"𡋯""𡋯""𡋯"筆畫微異,均為"𡎶"訛字，其“𠙽”部作“𠬞”，抑或受到上方構件“厶”影響。又《字彙補·土部》：“𡋯，同坌。”“𡋯”構形不明，竊疑上方的“土”為累增義符。“𡑅”从二土弁聲，即“𡋯”增義符的異構字。

“龚”為“糞”訛字，甯忌浮所校可从。“糞”即“糞”篆文𦍐的隸定字，隸變作“糞”。《說文·華部》：“𦍐（糞），棄除也。”段玉裁注“坌”云：“坌字，《曲禮》作糞……糞即《華部》之𦍐字，與坌音同義略同。”《正字通·手部》：“攢，舊注音奮，掃除也。亦作拚。按《說文》本作𦍐，棄除也。別从土作坌，義同，《禮·少儀》作拚，後人加手作攢……舊注不考《說文》𦍐重文作坌。凡言亦作拚，分糞、攢為二非。”其說甚是。楊樹達《積微居小學述林·〈說文〉讀若探原二》亦云：“許君知坌為掃除義之本字，經傳既借糞為坌，知二字音必同，故云‘坌，讀若糞’也。但掃除、棄除義同無異，疑坌、糞本一字，而許君誤分為二也。”“糞”“坌”同屬幫紐文部，且均表棄除、掃除義。二字音義俱同，實屬同字異構。另《正字通·米部》：“糞者，屎之別名。”“糞”由本義掃除還引申出污穢、糞便義，而“坌”沒有此義項。“糞”為“坌”的寬式異體字。

“𡑅”為“𡐝”訛字，當校。“𡐝”構形不顯，疑為一個形體糅合字，即截取“坌”異體“糞”上方的“米”部和“𡋯（坌）”上方的構件“弃”糅合而成。“𡐝”从米（糞省）从土、弁声，即“坌”構形特殊的異體字。又《集韻·問韻》：“坌、𡐝、拚、𢱧、坋、㙺、𢿢、𡐠，《說文》：‘埽除也。’或作𡐝、拚、𢱧、坋、㙺、𢿢、𡐠。”《四聲篇海·土部》：“𡐠，音糞，埽除也。”《字彙·土部》：“𡐠，方問切，音糞，掃除也。”“𡐠”从米（糞省）从土、弁聲，為“𡐝”部件移位，亦即“坌”的異構字。又“𡑅”為“𡐝”訛誤，甯忌浮所校可參。但“𡐝”構形不明，應該也是訛寫字形，蓋由“坌”書寫訛誤，當校。

《玉篇·土部》：“坌，甫問切，除掃也。㙺古文。”《四聲篇海·土部》：“㙺，古文。音糞，義同。”《字彙·土部》：“㙺，古文坌字。”“㙺”从土糞聲，為“糞”累增義符，亦即“坌”換聲符的異構字。又《玉篇·手部》：“攢，方問切，掃除也。”《類篇·手部》：“𢱧，方問切，《說文》：‘掃除也。’”《四聲篇海·手部》：“攢，掃除也。”《字彙·手部》：“攢，方問切，音奮，掃除也。”“坌”表掃除，掃除需用手為之，故字可取"扌"作為義符。"攈""攈""攈"筆畫微異,均从手糞聲,為"糞"累增義符,亦即"坌"換聲義符的異構字。又《類篇·支部》:"斁,方問切,埽除也。""斁""斁""斁"筆畫微異,屬同字異寫,所从"攴"與"扌"意義相關古通。"斁"从攴糞聲,為"攈"變換義符,亦即"坌"的異構字。

《說文·手部》:"拚,拊手也。从手弁聲。""拚"从手弁聲,本義表拊手、拍手,與"坌"屬不同的字。"坌""拚"同屬唇音文部,二字音近通假。《儀禮·聘儀》:"至於朝,主人曰:'不腆先君之祧,既拚以俟矣。'"賈公彥疏:"拚者,埽除之名。"段玉裁注"坌"云:"《少儀》作拚。拚其假借字也。"《管子·弟子職》:"既拚盥漱。""拚"通作"坌"。皆其例。又《說文·土部》:"坋,塵也。从土分聲。一曰大防也。""坋"从土分聲,表塵土、大堤義,與"坌"分屬異字。"坌""坋"同屬唇音文部,讀音相近,但未見文獻通假字例。二字為音近字。該組重文圖示如下:

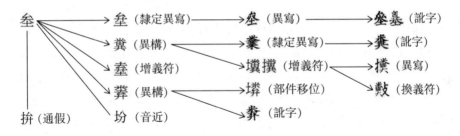

[033] 筋:筋 笏 肕 腱 笏 腜

《五音集韻·文韻》:"筋,筋骨也。《說文》曰:'肉之力也。从力、肉、竹。竹物之多筋者。'筋俗;腱、腜、肕並同上;笏古文。"(P39 下)

《五音集韻·元韻》:"腱、腜、笏(甯忌浮校作'笏'),筋也。一曰筋頭。"(P41 下)

按:《說文·竹部》:"筋,肉之力也。从力,从肉,从竹。竹,物之多筋者。""筋"从力从肉从竹,本義表骨頭上的韌帶。《玉篇·竹部》:"筋,居勤切,俗筋字。"《廣韻·欣韻》:"筋,筋骨也。筋俗。"《干祿字書·平聲》："筋、筋，上通下正。"《九經字樣·肉部》："筋，音斤。筋，訛。"《集韻·欣韻》："筋、笂、腱、腒、肋，《說文》：'肉之力也。'古作笂；或作腱、腒；亦省；俗作筋。"《類篇·筋部》："筋，肉之力也。从肉从力从竹。""筋""筋"筆畫微異，為"筋"部件異寫，从竹从力从角（肉），即"筋"俗寫訛變形成的異寫字。

　　"笂"非"筋"異體，字見《玉篇·竹部》："笂，盧得切，竹根也。"《廣韻·德韻》："笂，竹根。"《正字通·竹部》："笂，舊注古文筋字。按从肉為筋力字。笂，竹名也。""笂"从竹从力，本義表竹根，也指竹上的刺，兩廣一帶把長刺的竹叫"笂竹"。"笂""筋"職文通轉，古音相近，但未見文獻通假字例，二字為音近字。又《說文·肉部》："肋，脅骨也。从肉力聲。"《玉篇·肉部》："肋，魯得切，脅骨也。""肋"从肉力聲，本義指肋骨，與"筋"屬不同的字。"筋""肋"文職通轉，古音相近，二字亦未見文獻通假字例，是為音近字。

　　"笏"為"笂"訛誤，甯忌浮所校可从。《說文·肉部》："笂，筋之本也。从筋夗省聲。腱，筋或从肉建。""笂"从筋夗省聲，本義表連接肌肉和骨頭之間極富韌性的結締組織。"腱"即"笂"或體腱的隸定字。《玉篇·筋部》："笂，渠建、居言二切，筋也。本亦作腱。"《集韻·願韻》："笂、腱，《說文》：'筋之本也。'或从建。""腱"从肉建聲，即"笂"換聲義符的異構字。今以"腱"為正字，"笂"淪為異體。"筋""腱"同屬牙音，文元旁轉，古音相近，且均表筋義。二字音義相近，古籍亦見訓詁，蓋為同源字。又《玉篇·肉部》："腱，渠言、渠建二切，筋本也。腒同上。"《龍龕手鏡·肉部》："腒，俗；腱，正，居言、居偃二反，筋也，一曰筋頭。""腒""腒""腒"筆畫微異，屬同字異寫，所从"虔"與"腱"同屬群紐元部。"腒"从肉虔聲，即"腱"換聲符的異構字。該組重文辨析圖示如下：

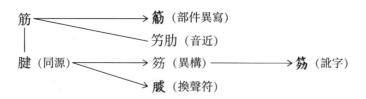

[034] 尊：**𢍜　樽　罇　甋　墫**

《五音集韻·魂韻》："**尊、𢍜、罇、墫、甋**，祖昆切，尊卑，又重也，高也，貴也，敬也。《說文》曰：'酒器也。'從缶、從木後人所加。或從廾、從土、從瓦。**樽**見上注。"（P41 上）

按：《說文·酋部》："**𢍜**，酒器也。從酋，廾以奉之。《周禮》六尊：'犧尊、象尊、著尊、壺尊、太尊、山尊，以待祭祀賓客之禮。'**𧛍**，尊或從寸。臣鉉按云：'今俗以尊作尊卑之尊，別作罇，非是。'"段玉裁注："廾，竦手也。奉者，承也。設尊者必竦手以承之。""**𢍜**"從酋（"酋"本義為酒）從廾，會雙手捧酒意，本義指酒器，也引申為尊敬、敬重等義。"尊"即"**𢍜**"或體**𧛍**的隸定字。《玉篇·酋部》："尊，子昆切，敬也，重也，亦酒器。或作樽。𢍜同上。""尊"之"寸"本義表寸口，即距人手一寸的經脉部位，與手相關，故"**𢍜**"可取"寸"作為義符。"尊"從酋從寸，即"**𢍜**"換義符的異構字。後世多通行"尊"，"**𢍜**"淪為異體。

《廣韻·魂韻》："尊，尊卑。《說文》曰：'酒器也。'本又作𢍜。從缶、從木後人所加。罇（'罇'異寫）、樽並見上注。""尊"本指酒器，亦引申為尊卑，後在使用中意義逐漸分化，"尊"只表尊卑及相關引申義，表酒器的本義則分化出"樽""罇"等新字。段玉裁注："凡酌酒者必資於尊……故引申以為尊卑字……自專用為尊卑字，而別制罇、樽為酒尊字矣。"其說甚是。"樽"從木尊聲，為"尊"加注義符而成，專指酒器義，是"尊"的後起分化字。又《干祿字書·平聲》："罇、樽，上通下正。"《玉篇·木部》："樽，子昆切，酒器。亦作罇。"缶是古代一種盛酒漿的瓦器，腹大口小，有蓋，屬器皿類，故"樽"可取"缶"作為義符。"罇"從缶尊聲，即"樽"換義符的異構字。

《集韻·魂韻》："𢍜、尊、罇、墫、**甋**，祖昆切，《說文》：'酒器也。'或從寸、從缶、從土、從瓦。通作樽。"《類篇·瓦部》："**甋**，祖昆切，酒器也。"《字彙·缶部》："罇，《說文》酒器字。本作尊。後加缶、加木、加瓦、加土者，隨俗所見也。"《瓦部》："甋，俗酒尊字。"《土部》："墫，與樽同，酒器。"《正字通·土部》："墫，甋、樽、罇並同，酒器。"古代酒樽最初使用土、瓦等材質製造，後來有木制和銅制的，故"尊"又可取"土""瓦""木"作為義符。"甎""甒"筆畫微異，均從瓦尊聲，即"樽"換義符的異構字。又"墫"從土尊聲，亦即"樽"的換義符字。該組重文辨析圖示如下：

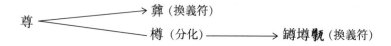

[035] 键：鬻 鬻 䭔 餰 䭈 飱 糒 饘 饘 飦 䬣 䬣

《五音集韻·元韻》："键、䭔、䭈、餰、糒、鬻，粥也。亦作餰；鬻籀文。"（P41 下）

《五音集韻·仙韻》："飱、鬻、饘、餰、键、䬣、鬻、糒、䬣、饘、飦，諸延切，厚粥也。"（P50 下）

按：《說文·鬲部》："鬻（鬻），鬻也。從鬲侃聲。鬻，鬻或從食衍聲；餰，或干聲；鬻，或從建聲。""鬻"從鬲侃聲，本表粥義，所從"鬲"為"鬲"古文異體（參"鬲"字條），蓋取以鬲器煮粥的構意。"键"即"鬻"或體鬻的隸定字。《廣韻·元韻》："键，粥也，亦作餰。鬻同上；鬻籀文。"《龍龕手鏡·食部》："餰，或作；键，正，居言反，粥也。""鬻"表粥，一種黏稠的米制食物，故字可取"食"作為義符，且"侃""建"同屬牙音元部，古音相近。"键"從食建聲，即"鬻"換聲義符的異構字。後世多通行"键"，"鬻"淪為異體。今簡化字作"键"。

《集韻·元韻》："鬻、鬻、䭔、餰、键、餰、糒，鬻也。或作鬻、䭔、餰、键、餰、糒。"《玉篇·鬲部》："鬻，居言切，粥也。或為键。"《四聲篇海·鬲部》："鬻，諸言切，粥也。或作键。"《正字通·鬲部》："鬻，键、餰並同。""鬻"從鬲（鬲）建聲，為"鬻"變換聲符，亦即"键"換義符的異構字。又《類編·鬲部》："䭔，居言切，鬻也。"《正字通·鬲部》："䭔，同键。""䭔""䭔"筆畫微異，均從鬲建聲，為"鬻"部件異寫，亦即"键"換義符的異構字。又"餰"即"鬻"

或體![字]{.char}的隸定字。《玉篇·食部》：“健，記言切，粥也。飦同上。”《重訂直音篇·食部》：“健，音堅，粥也。飦同上。”“飦”之“干”與“建”同屬見紐元部。“飦”從食干聲，即“健”換聲符的異構字。

“餰”即“鬻”或體![字]{.char}的隸定字。《類篇·食部》：“餰、健、飦，居言切，粥也。鬻或作餰、健、飦。”《四聲篇海·食部》：“餰，居言切，粥也。”《新序·節士》：“（太子）哭泣，啜餰粥，嗌不容粒。”“餰”即“健”。“餰”之“衍”與“建”同屬元部，古音相近。“餰”從食衍聲，即“健”換聲符的異構字。又《字彙補·食部》：“餐，與餰同。”唐柳宗元《乞巧文》：“餐餌馨香，蔬果交羅。”《資治通鑒·隋文帝仁壽三年》：“（王）通有先人之弊廬，足以蔽風雨，薄田足以具餐粥。”“餐”即“餰（健）”。“餐”從食衍聲，為“餰”部件移位，亦即“健”的換聲符字。又《類篇·米部》：“糒，居言切，鬻也。”《字彙·米部》《正字通·米部》：“糒，同健。”“食”“米”二旁意義相關古通。“糒”從米建聲，即“健”換義符的異構字。

《說文·食部》：“饘，糜也。從食亶聲。周謂之饘，宋謂之䭈。”段玉裁注：“《米部》曰：‘糜，糁也，糁以米和羹也。”《集韻·仙韻》：“饘，厚粥也。”《禮記·檀弓上》：“饘粥之食。”孔穎達疏：“厚曰饘，希曰粥。”“饘”從食亶聲，本義指稠粥，和普通的粥不同。“饘”與“健”並非同字，但後世字書多將二者混同。如大徐本“鬻”下按云：“臣鍇曰：‘此今饘字’。”《集韻·仙韻》亦錄“饘”或體作“健”“鬻”。皆是。段玉裁曾斥其謬：“（鬻）淺人謂即饘字不分，故同切諸延耳。”又注“饘”云：“一人妄謂鬻、饘同字。”“饘”“健”均表粥義，但義有小別，段說可從。“饘”“健”同屬章紐元部，二字音同義近，蓋為同源字，古籍亦通用。《禮記·檀弓上》：“饘粥之食。”陸德明釋文：“饘本又作飦。”《荀子·禮論》：“芻豢稻粱酒醴餰鬻，魚肉菽藿酒漿。”“餰”通作“饘”。皆其例。

《原本玉篇·食部》：“饘，之延反，《左氏傳》：‘納橐饘焉。’杜預曰：‘饘，糜也。’或為糫。”《集韻·仙韻》：“饘，諸延切，《說文》：‘糜也。’或作糫、鬻（‘鬻’異寫）。”《類篇·米部》：“糫，諸延切，糜也。周謂之饘，宋謂之䭈。”“糫”“糫”筆畫微異，與“糫”屬異寫關係，從米亶聲，即“饘”換聲符的異構字。又《字彙·米部》：“鬻，同饘。"《正字通・米部》："糫，偽字。舊注同饘，附《弓部》，非。""糫"非偽字，所从"弜"應是"鬻"部省形。"糫"从弜（鬻省）宣聲，即"饘"換義符的異構字。

《原本玉篇・食部》："餐，字書古文饋（'饋'異寫）字也。"《玉篇・食部》："饋，子旦切，以羹澆飯。屘古文。"《集韻・換韻》："饋、屘、屘，《說文》：'以羹澆飯。'一曰以膏煎稻為飳也。古作屘、屘。"《說文・食部》："饋，以羹澆飯也。从食贊聲。"段玉裁注："此飯用引申之義，謂以羹澆飯而食之也。《考工記》注曰：'瓚，讀餐屘之屘。'屘即饋字也。《玉篇》：'屘者，饋之古文。'然則本作屘，後輾轉寫作屘耳。"東漢《耿勳碑》錄有"屘"作疊應是較古字形，"餐""屘"蓋為"屘"省形所致，段注所說不確。窃疑"屘"之"屍"為"尾"古體，來源於"尾"漢簡文字作屍、屍諸形[1]演變。"尾""饋"微元旁對轉，古音相近。"屘"从食屍（尾）聲，蓋即"饋"換聲符的異構字。"餐""屘"从食尾省聲，為"屘"省體，亦即"饋"的異體字。"饋"表以羹澆飯、膏煎稻為飳（一種用油和稻米粉製成的粥狀食品）等義，與"餳"屬不同的字。"饋""餳"同屬元部，古音相近，且"饋"指粥狀食品與"餳"表粥義相近，二字為音義相近字。該組重文辨析圖示如下：

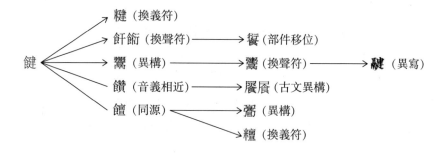

---

① 《漢語大字典》字形組：《秦漢魏晉篆隸字形表》，四川辭書出版社 1986 年版，第 610 頁。

卷 四

[036] 難：鶏 鸏 難 難 雖 雛 離

《五音集韻·寒韻》："難，那干切，艱也，不易稱也。《說文》作
鸏，鳥也。又作鶏。鶏見上注；難、難、雖、雛、離並古文。"（P44
下）

《五音集韻·翰韻》："難，患也。又奴丹切。難、鶏並古文。"
（P164 下）

按：《說文·鳥部》："鸏（鶏），鳥也。从鳥堇聲。雖，鶏或从隹；
難，古文鶏；難，古文鶏；雛，古文鶏。""難"即"鶏"或體雖之隸變，
來源於"鶏"古文字作難①、難、難等形②演變。"難"从隹堇聲，本義指
鳥名；也假借為艱難、不容易、患難等義。今簡化字作"难"。"鶏"即
"鶏"篆文鸏的隸定字，隸變作"鶏"。《玉篇·隹部》："難，奴丹切，不
易之稱，《說文》亦作鶏，鳥也。雖、雛並古文；離古文。"《鳥部》：
"鶏，奴丹切，《說文》：'鳥也。'與難同。"《廣韻·寒韻》："難，艱也，
不易稱也。《說文》作鶏。鶏見上注；難、雛並古文。"《字彙·鳥部》：
"鶏，古文難字。""鳥""隹"二旁義近古通。"鶏""鶏"形體微異，屬
異寫關係，从鳥堇聲，即"難"換義符的異構字。

"難"即"鶏"或體雖的隸定字。《玉篇·堇部》："難，奴安切，不
易之稱。難同上。"《集韻·寒韻》："鶏、難、難、雛、雛、離，那肝切，

---

① 徐中舒：《漢語古文字字形表》，四川人民出版社 1981 年版，第 149 頁。
② 張守中：《睡虎地秦簡文字編》，文物出版社 1994 年版，第 55 頁。

《說文》：‘鳥也。’一曰艱也。又姓。或从隹；古作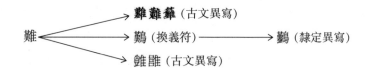難、雜、雖、雎。”
“難”“雜”“難”筆畫微異，與“難”屬異寫關係，从隹堇聲，即“難”
的古文異寫字。又“難”即“鸛”古文鸛之隸定，蓋源於“難”战国文字
作等形②變異。“難”“雜”“難”筆畫微異，均从隹堇聲，
亦為“難”的古文異寫字。又“難”即“鸛”古文鸛的隸定字，亦當源於
古文字、諸形變異。《類篇·隹部》：“難、雜、雖、雎，那肝切，鳥
也。一曰艱也。又姓。古作雜、雖、雎。”“難”“雜”“雜”筆畫微異，
均从隹堇聲，亦即“難”的古文異寫字。

　　“雛”即“鸛”古文鸛的隸定字，蓋源於“難”楚簡文字作形③演
變。《四聲篇海·隹部》：“雛，古文，音難，義同。”《重訂直音篇·隹
部》：“難，那壇切，艱難，不易也。雎《說文》同上；雛古文同上。”
“雛”之“堂”為“堇”異寫。“雛”从隹堂（堇）聲，即“難”的古文
異寫字。又《四聲篇海·隹部》：“雎，音難，義同。”《古文四聲韻》卷一
寒韻引《王庶子碑》“難”古文作雎，與此形同，蓋其隸定所本，溯其形
源，也應該是由古文字訛變所致。“雎”从隹昌（堇）聲，亦即“難”
的古文異寫字。該組重文辨析圖示如下：

$$
難
\begin{cases}
\longrightarrow 難難難（古文異寫）\\
\longrightarrow 鸛（換義符）\longrightarrow 鸛（隸定異寫）\\
\longrightarrow 雛雎（古文異寫）
\end{cases}
$$

[037] 愆：寒 諐 僁 㥶 㥶 㥶 𠎆 㐄

　　《五音集韻·仙韻》：“愆、寒、㥶，去乾切，過也。𠎆、諐籀文；
㐄古文；僁亦古文；㥶俗；㥶，過也，又咎也。”（P48上）

　　按：《說文·心部》：“愆，過也。从心衍聲。𢝕，或从寒省；𠎆，籀
文。”“愆”从心衍聲，表過失、罪過、耽擱等義。“寒”即“愆”或體𢝕

①　張守中：《包山楚簡文字編》，文物出版社1996年版，第57頁。
②　張守中、張小滄、郝建文：《郭店楚簡文字編》，文物出版社2000年版，第70頁。
③　同上。

的隸定字。《玉篇·心部》:“愆,去乹切,過也,失也。寒《說文》同上;僁同上俗。”《集韻·仙韻》:“愆、寒、僁、𢓡、僁,丘虔切,《說文》:‘過也。’或作寒(寒)省;籀作僁;亦作𢓡、僁。”“愆”“寒”同屬元部,古音相近。“寒”从心寒省聲,即“愆”換聲符的異構字。①

《玉篇·言部》:“𧬄,祛言切,過失也。籀文愆字。”《廣韻·仙韻》:“愆,過也。去乹切。辛古文;諐籀文;僁俗。”《類篇·人部》:“𧬄,丘虔切,過也。”“𧬄”“僁”“𧬄”筆畫微異,均為“愆”古文𧬄的隸定字,隸變作“諐”,當源於“愆”侯馬盟書作𢓡、𢓡、𢓡,包山楚簡作𢓡等形②變異,其中“心”部變作“言”。“諐”从“言”蓋取段玉裁云“(諐)過在多言,故从言”的構意,且“愆”“侃”同屬溪紐元部。“諐”从言𠈌(侃)聲,為“諐”部件異寫,亦即“愆”換聲義符的異構字。又《龍龕手鏡·人部》:“僁、僁、僁三俗;僁古;僁正,去乹反,過也,咎也。”唐《五品亡宮誌文》“諐”俗作“𧬄”③,是其例。“𧬄”之“侃”為“侃”異寫,右下二“口”當受上方“口”部的類化所致。《玉篇·人部》:“侃,樂也,強直也。偘同上。”《廣韻·翰韻》:“侃,正也。偘上同。”皆其證。“𧬄”从言偘(侃)聲,為“諐”部件異寫,亦即“愆”的異構字。

《干祿字書·平聲》:“僁、愆,上俗下正。”“僁”“僁”“僁”均為“愆”俗寫變異,在漢魏六朝碑刻俗字中常見相近字形。如《隸辨》卷二平聲引《白石神君碑》“愆”作𢓡、《桐柏廟碑》作𢓡、《李翊夫人碑》作𢓡,《廣碑別字》錄“愆”俗體作𢓡、𢓡、𢓡、𢓡、𢓡等形④,可資比勘。“愆”作“𢓡、𢓡”,已將中間構件“氵”橫置作“三”,“心”隸作“小”“山”,里面衍生出豎筆。“僁”之“𢓡”當由“𢓡”右邊的“𢓡”訛變,“彳”則形近訛混作“亻”。變異的路徑大致是:𢓡→𢓡、𢓡→𢓡→僁。“僁”進一步訛變,就變成“僁”“僁”,蓋先由中間的“干”訛作“天”“无”,同時還同化了相鄰“干(亍)”部,再將“天”撇筆向上延伸訛作“夫”。訛變的路徑大致是:𢓡、僁→𢓡、𢓡→僁、僁→僁。“僁”

① 又《說文·心部》:“寒,實也。从心塞省聲。《虞書》:‘剛而寒。’先則切。”此“寒”音先則切,表充實義,與“愆”異體“寒”蓋屬同形字。

② 湯餘惠:《戰國文字編》,福建人民出版社2001年版,第711頁。

③ 秦公、劉大新:《廣碑別字》,國際文化出版公司1995年版,第555頁。

④ 同上書,第387頁。

"愆""愆"即"愆"俗寫訛變形成的異體字。唐李白《早春于江夏送蔡十還家雲夢序》："秋七月，結遊鏡湖，無愆我期。"漢武帝《策封齊王閎》："厥有愆不臧。""愆""愆"即"愆"也，是其例。

《字彙補·辵部》："遷，同遷。""遷"從辵侃聲，為"遷"部件異寫。《說文·辵部》："遷，過也。從辵侃聲。"李富孫《辨字正俗》："遷為行之過。""遷"從辵侃聲，本義表經過，與"愆"屬不同的字。"遷"表經過，行之過也；"諐（愆）"表過失，心言之過也。二字均從侃得聲，同屬溪紐元部，且意義相通。"遷""諐（愆）"音同義通，是一組同聲符的同源字，古籍亦通用。如《正字通·辵部》："遷，經史皆作愆。"段玉裁注"遷"云："遷，本義此為經過之過。《心部》'愆'、'諐'、'諐'為有過之過，然其義相引申也。故《漢書·劉輔傳》云：'元首無失道之遷。'"按今本《漢書》"遷"作"諐"。皆其例。

《說文·䇂部》："䇂（辛），辠也。從干、二。二，古文上字。讀若愆。"段玉裁注："辠，犯法也。""辛"甲骨文作 ∀、∀、∀、∀ 等形[1]，下部有從"刀"的異體，當是一種刀形器具，篆文變作 辛，下方的彎曲筆畫變作一豎筆。"辛"為象形字，本義可能指像刀具一類的器具或用刀具類器具割裂、殺戮義[2]，也引申為罪過、犯法等義，與"愆"屬不同的字。"愆""辛"同屬溪紐元部，雖均表過義，但語源明顯不同。二字為音義相近字。該組重文辨析圖示如下：

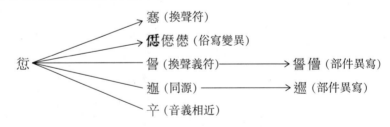

---

①　中國社會科學院考古研究所編輯：《甲骨文編》，中華書局 1965 年版，第 98 頁。

②　李守奎認為"辛"甲骨文下部從"刀"的異體，是一種刀形器具，與"辛"的區別在於"辛"下部彎曲，"辛"為一直筆，"辟""辠""辝""辤"等字皆從"辛"，《說文》均訛從"辛"。並引裘錫圭說，認為"辛"也可能是"乂（刈）"初文，本義表鐮，"辛"與"乂（刈）"本為一字，後來異體分化為兩個字。參見李學勤主編《字源》，天津古籍出版社、遼寧人民出版社 2012 年版，第 198 頁。

[038] 廛：壥 墥 鄽 郾 厘

《五音集韻·仙韻》：“廛，居也。《說文》：‘一畞半，一家居之也。’壥、厘、郾、墥、鄽並同上。”（P49 上）

按：《說文·广部》：“廛，一畞半，一家之居。从广、里、八、土。”段玉裁注：“里者，居也。八土，猶分土也，亦謂八夫同井也。以四字會意。”《玉篇·广部》：“廛，直連切，居也，市邸也，百畞也。”“廛”本義指古代城市中可供平民居住的房地，也引申為城邑房屋、市中儲藏、出售貨物地等義。《廣韻·仙韻》：“廛，居也。壥上同。”《玉篇·土部》：“壥，遲連切，居也。與廛同。”《正字通·土部》：“壥，俗廛字。”《管子·小匡》：“使關市幾而不正，壥而不稅。”唐韓愈《鄆州溪堂詩》：“帝奠九壥，有葉有年。”“壥”即“廛”。“廛”表房地，故字可從“土”。“壥”从土从廛，即“廛”增義符的異構字。

《集韻·仙韻》：“廛、壥、墥、厘、鄽，《說文》曰：‘一畞半，一家之居。’一曰廛，市物，邸舍。或从土；亦作墥、厘、鄽。”《類篇·土部》：“壥、墥（‘墥’異構），澄延切，亦作墥。”《字彙補·土部》：“墥，《集韻》與廛同。”《詩·魏風·伐檀》：“不稼不穡，胡取禾三百廛兮。”陸德明釋文：“本亦作墥。”“墥”从广从里从土，為“廛”省去“八”部且“土”部移位形成的省體字。又《玉篇·邑部》：“鄽，直連切，市也。俗作郾。”《字彙·邑部》《正字通·邑部》亦云：“鄽，同廛。”《管子·五輔》：“市鄽而不稅。”尹知章注：“鄽，市中置物處。”唐李白《南都行》：“白水真人居，萬商羅鄽闤。”“鄽”即“廛”。“廛”表城邑房屋義，故字可取“邑”作為義符。“鄽”从廛从邑，即“廛”增義符的異構字。

《字彙補·邑部》：“郾，鄽字省文。”《重訂直音篇·邑部》：“鄽、郾，並廛同。”“郾”从厂从里从邑，即“廛”換義符的異構字。又《龍龕手鏡·厂部》：“厘、厘二俗，音纏，居也。正从广。”《集韻考正·仙韻》：“廛，注亦作厘，案宋本及《類篇》皆作厘，《類篇》入《厂部》。”《正字通·厂部》：“厘，俗廛字。”“厂”“广”均含有簡易房屋的構義，二旁義近古通。“厘”从厂从里，為

"厘"變換義符，亦即"廛"的異構字。① 該組重文辨析圖示如下：

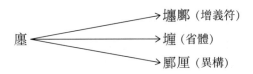

[039] 璿：璿 軽 叡 瓊 璚 瑀 璚 琁 璇

《五音集韻·仙韻》："璿、叡、瓊、瑀、璿，玉名。軽籀文。"又"琁、璇，美石次玉"。(P50 下)

《五音集韻·清韻》："瓊、璚、璚（甯忌浮校作'瑀'）、琁，渠營切，玉名也。"(P72 下)

按："璿"為"璿"異寫。《說文·玉部》："璿，美玉也。從玉睿聲。《春秋傳》曰：'璿弁玉纓。' 琁，古文璿；叡，籀文璿。"小徐本、段注本又云："軽，籀文璿。""璿"從玉睿聲，本義表美玉。"璿"即"璿"古文琁的隸定字。《玉篇·玉部》："璿，似緣切，《虞書》曰：'璿璣玉衡。'孔傳云：'璿，美玉。'餐籀文；璿古文。"《廣韻·仙韻》："璿，玉名。璿上同；餐籀文。"《類篇·玉部》："璿、璿、餐、叡、璇、瑀，旬宣切，《說文》：'美玉也。'引《春秋傳》'璿弁玉纓'。古作璿；籀作餐、叡；或作璇、瑀。"《正字通·魚部》："璿，古文璿。""璿""璿"筆畫微異，屬同字異寫，所從"容"為"睿"省體。《字彙補·谷部》："容，古文睿。"《漢五行志》："思心之不容，是謂不聖。""容"即"睿"，皆其證。"璿"從玉容（睿省）聲，即"璿"的部件異寫字。

"軽"即"璿"小徐本籀文軽的隸定字。《集韻·仙韻》："璿、璿、軽、叡、琁、璇、瓊、瑀（'瑀'異寫），《說文》：'美玉也。'引《春秋傳》'璿弁玉纓'。古作璿；籀作軽、叡；或作琁、璇、瓊、瑀。"《字彙·玉部》："餐，籀文璿字。"《四聲篇海·玉部》："餐，籀文。音璿，義同。""軽""餐""餐""餐""餐"筆畫微異，屬同字異寫，所從

---

① 又《篇海類篇·厂部》："厘，俗作釐省。"此"厘"為"釐"的現行簡化字，表計量單位，與"廛"異體"厘"屬同形字。

"又"蓋取手持玉的構意。"䃪"從玉從又、睿聲，即"璿"增義符的異構字。又"叡"即"璿"籀文𡧛的隸定字。籀文𡧛當為小徐本籀文𡨎之省形，省去了義符"玉"，以致構意不明。"叡""叡"筆畫微異，均從又睿聲，為"叡"省體，亦即"璿"的異構字。

"瓊"為"瓊"異寫。《說文·玉部》："瓊，赤玉也。從玉夐聲。璚，瓊或從矞；瓗，瓊或從巂；琁，瓊或從旋省（臣鉉等曰：'今與璿同'）。"段玉裁注"璿"云："郭注：'璿瑰，玉名。'引《左傳》'贈我以璿瑰。'按《左傳·成公十八年》今本作'瓊瑰'，《僖公廿八年》'璿弁'今本作'瓊弁'，張守節《史記》'璿璣'作'瓊璣'。璿與瓊，古書多相亂。""瓊"從玉夐聲，本義指赤色玉，也引申為光彩似玉、美好等義，今簡化字作"琼"，與"璿"屬不同的字。"璿""瓊"同屬牙音，元耕旁對轉，古音相近，且均可表玉。二字音近義同，在《左傳》《史記》等古書中通用，是為同源通用。

"璚"即"瓊"或體璚的隸定字。《廣韻·清韻》："瓊，玉名，渠營切。璚上同。"《集韻·清韻》："瓊、璚、瓗、琁，葵營切，《說文》：'赤玉也。'亦從矞、從巂；或從旋省。"《類篇·玉部》："瓊、璚、琁，渠營切，赤玉也。或從矞；或從旋省。"《矛山志》載《矛君九錫玉冊文》："可以壽同三光，刻簡丹璚也。"明湯顯祖《紫簫記·審音》："璚樓麗彩，春色回雲海，閒院無人翠罽。""璚"即"瓊"。"璚"之"矞"與"瓊"質耕通轉，古音相近。"璚"從玉矞聲，即"瓊"換聲符的異構字。[1]

《字彙·玉部》："瓗，同瓊。""瓗，俗瓗字。"《正字通·玉部》："瓗，又與琁同。按《說文》瓊或作璚、瓗、琁。舊本瓗注俗瓗字，本注同琁。不知瓗、瓗皆瓊字偽省。"其說可從。"瓗""瓗"筆畫微異，均為"瓊"或體瓗的隸定字。"巂""瓊"支耕對轉，古音相近。"瓗"從玉巂聲，即"瓊"換聲符的異構字。"瓗"為"瓗"省體，從玉雟（巂省）聲，亦即"瓊"換聲符的異構字。又"瓗"為"瓗"形訛，甯忌浮所校可從。

"琁"為"瓊"字下或體琁之隸定，從玉旋省聲。徐鉉按曰："（琁）

① 又《集韻·屑韻》古穴切："玦，《說文》：'玉佩也。'或作璚。"此"璚"為"玦"異體，音古穴切，表一種環形有缺口的佩玉，與"瓊"異體"璚"蓋屬同形字。

今與璿同"。《正字通·玉部》注"瓗"云："又徐鉉曰：'琁今與璿同。'據鉉說琁、璿聲義近。《說文》琁同瓊、《集韻》瓗同璿，並非。"其說甚是。段玉裁進一步將或體**琁**改置於"璿"字下，並注："**琁**，璿或从旋省。各本廁瓊、瑢、瓗三字之下，解云：'瓊或从旋省。'考《文選〈陶徵士誄〉》：'璿玉致美。'李善注曰：'《說文》云琁亦璿字。'李氏以琁注璿，以《說文》為證。然則李所據《說文》不同今本。"徐鉉、《正字通》及段注本所說可從。"琁"非"瓊"或體，實乃"璿"異體。"琁"聲符"旋"與"璿"同屬邪紐元部，古音完全相同，與"瓊"只是音近。蓋因"璿""瓊"音義相近，古書又多混同，後人便將"璿"或體**琁**誤置於今本《說文》"瓊"字下。李善當時所依據的《說文》版本應當不同於今本。《荀子·賦》："琁玉瑤珠，不知佩也。""琁"即"璿"。"琁"从玉旋省聲，即"璿"換聲符的異構字。又《玉篇·玉部》："璇，似宣切，美石次玉，亦作琁。又徐宣切。"《廣韻·仙韻》："琁，美石次玉。璇上同。""璇"从玉旋聲，不省，為"琁"部件異寫，亦即"璿"的異構字。該組重文辨析圖示如下：

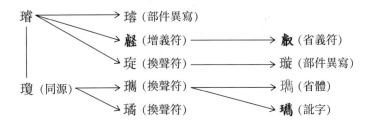

[040] 涎：**次 㳄 㳄 㳄 㵪**

《五音集韻·仙韻》："**次**、**㳄**（甯忌浮校作'㳄'）、**涎**、**㳄**、**㵪**（甯忌浮校作'㵪'），夕連切，口液也。**㳄**，口液也。"（P50下）

按：《說文·水部》："次，慕欲口液也。从欠从水。**㳄**，次或从侃；**㳄**，籀文次。"段玉裁注："次，从欠、水會意。俗作涎。""次"从欠从水，本義表口水，也引申為羨慕、貪求義。《廣韻·仙韻》："次，口液也。夕連切。涎上同。"《龍龕手鏡·水部》："次，正，似延切，口液也。

涎，今。”《正字通·次部》：“涎，同次。本作次，今作涎。”“涎”之
“延”與“次”同屬元部，古音相近。“涎”从水延聲，為“次”製字方
法不同的異構字。今以“涎”為正字，“次”淪為異體。

　　“㳄”即“次”籀文𣴑的隸定字。《玉篇·次部》：“涎，徐仙切，
《說文》：‘慕欲口液也。’亦作涎。㳄籀文。”《集韻·仙韻》：“次、俕
（顧氏補刊本作‘㑩’）、涎、㳄、漾，徐連切，《說文》：‘次，慕欲口
液也。’或作俕、涎、㳄、漾，亦書作㳄。”《字彙補·水部》：“㳄，籀
文次字。”“㳄”“㳄”形體微異，屬隸定取法不同的異寫，从二水从欠，
為“次”累增義符，亦即“涎”的異構字。又《玉篇·水部》：“涎，似
連切，口液也。㳄同上，亦作次。”《類篇·次部》：“次，慕欲口液也。
从欠从水。或作俕、涎、㳄、漾。徐連切。亦書作㳄。”《四聲篇海·水
部》：“㳄，似連切，口㳄也。與涎義同。”“㳄”“㳄”筆畫微異，均為
“次”或體𣴑的隸定字。“㳄”之“㑩”與“次”同屬元部，古音相近。
“㳄”从水㑩（侃）聲，為“㳄”部件異寫，亦即“涎”換聲符的異
構字。

　　“俕”為“㑩”形訛，甯忌浮所校可从。“次”顧氏補刊本《集韻》
作“㑩”，《類篇·次部》作“俕”，字均不誤。“俕”从水㑩（侃）聲，
為“㳄”部件移位，亦即“涎”換聲符的異構字。又《四聲篇海·水
部》：“漾，音次，口液也。”《字彙·水部》：“漾，與涎同。”《正字通·
水部》：“漾，俗涎字。”《新書·匈奴》：“一國聞之者，見之者，垂漾而
相告。”“漾”即“涎”。“漾”之“羨”為“羨”異體。《干祿字書·去
聲》：“羨、羨，上俗下正。”《龍龕手鏡·羊部》：“羨，今；羨，正。”
皆其證。“羨”“次”同屬邪紐元部。“漾”从水从羨、羨亦聲，為“漾”
部件異寫，亦即“涎”換聲符的異構字。另《集韻·線韻》：“漾，水益
皃。”“漾”除表口液義之外，還表水溢貌義，而“涎”沒有此義項。
“漾”為“涎”的寬式異體字。該組重文辨析圖示如下：

[041] 鍫：鎺 喿 橾 銚 魁 魁 魁 斬 斬

《五音集韻·宵韻》："鍫、鎺、魁、魁、斬、銚、喿、橾，七遙切，臿也。亦作魁。"（P54 下）又"斬、銚、魁，田器。或作魁、銚。通作魁"。（P53 下）

按："鍫"不見《說文》。《玉篇·金部》："鍫，七消切，臿也。"慧琳《一切經音義》卷四十二："鍬，亦作鍫。"《字彙·金部》："鍫，此遙切，悄平聲，臿也。鍬同上。""鍫"從金秋聲，本義指開溝掘土、鏟取什物的手工農具，亦作"鍬"。今簡化字作"锹"。《廣韻·宵韻》："鍫，臿也。七消切。鎺上同。"《龍龕手鏡·金部》："鍬、鎺，二或作；鍫，正，七遙反，臿也。"《類篇·金部》："鎺、鍫，千遙切，《爾雅》：'魁謂之疀。'或作鎺、鍫。"《正字通·金部》："鎺，俗鍫字。""鎺"之"喿"與"鍫"同屬齒音宵部，古音相近。"鎺"從金喿聲，即"鍫"換聲符的異構字。

《集韻·宵韻》："魁、魁、斬、銚、鎺、喿、鍫、橾，千遙切，《爾雅》：'斬謂之疀。'或作魁、斬、銚、鎺、喿、鍫、橾。亦書作鍬。"《五音集韻》承錄之。"喿"非"鍫"異體，字見《說文·品部》："喿，鳥群鳴也。從品在木上。蘇到切。"段玉裁注："喿，此與喿同意，俗作噪。《方言》假喿為鍬臿字。"《方言》卷五："臿，趙魏之間謂之喿。"郭注："喿亦作鍫也。""鍫""喿"同屬齒音宵部，二字疊韻通假。"鍬"異體"鎺"從喿得聲，應是受方言假"喿"為"鍫"影響，直接將通假字"喿"作為聲符。又《篇海類篇·木部》："橾，臿也。"鍫為手工農具，手柄部分用木製成，故"鍫"又可取"木"作為義符。"橾"從木喿聲，為"鎺"變換義符，亦即"鍫"換聲義符的異構字。[1]

"銚"非"鍫"異體，字見《說文·金部》："銚，溫器也。一曰田器。從金兆聲。"《廣韻·蕭韻》："銚，田器。"《管子·海王》："耕者必有一耒、一耜、一銚，若其事立。"尹知章注："大鋤謂之銚。""銚"從金兆聲，表古田器，就是大鋤頭一類的農具，與表臿義的"鍫"意義相

---

① 又《說文·木部》："橾，車轂中空也。從木喿聲。山樞切。"此"橾"音山樞切，表車轂中貫軸的空腔，與"鍫"異體"橾"屬同形字。

近。“銚”“鍫”同屬清紐，宵幽旁轉，古音相近。二字音義相近，蓋為同源通用。《莊子·外物》：“春雨日時，草木怒生，銚鎒於是乎始脩。”陸德明釋文：“銚，七遙反，削也，能有所穿削也。”“銚”讀七遙切，通作“鍫”。《正字通·金部》：“鍫，田器。通作銚。”皆其例。

《說文·斗部》：“斛，斛旁有庣。从斗庀聲。一曰突也。一曰利也。《爾雅》曰：‘斛謂之疀，古田器也。’臣鉉等曰：‘《說文》無庀字，疑厂象形，兆聲。今俗別作鍬，非是。’”徐鉉所說可从。“庀”从字形上看，是一個形聲字。“厂”為義符，蓋表石塊、石器義，古人以石器為田器，故“庀”可从“厂”①；“兆”表音。“庀”从厂兆聲，本義表鋤草一類的古田器。竊疑《說文》所云“斛，斛旁有庣”之“斛”从斗庀聲，表古量器義，與《爾雅》所云“斛謂之疀，古田器也”的“斛”並非一字，二字同形。表古田器義的“斛”从斗得聲（“斗”“兆”同屬舌音，侯宵旁轉，古音相近）。“斛”从庀斗聲，為“庀”增聲符的異構字。王廷鼎《說文佚字輯說》：“厂與广古本可通，作庀、庀實皆斛之本字。”其說甚是。又“庀”蓋為“銚”初文。“銚”从金兆聲，屬“庀”變換義符，與“斛”互為異體，同為“庀”的後起異構字。《集韻》錄“斛”或體作“銚”。段玉裁注“銚”云：“銚，《釋文》《方言》皆作斛（‘斛’異寫）。”皆可證其是。清光緒年修《畿輔通志·方言三十二》：“今保定人猶謂鍤地起土物為鐵鍬，鍬音亦如喬。斛，通作銚。”“斛”即“銚”，是為例。

《集韻》“斛”或體作“䎱”，《五音集韻》轉錄之，異寫作“䎱”。《字彙補·广部》：“䎱，《集韻》與銚同。田器也。”“䎱”“䎱”“䎱”形體微異，屬同字異寫，但構形不明。“庀”之“厂”本義表山崖，人可

---

① 《說文·厂部》：“厂，山石之厓巖，人可居。象形。”“厂”本義表山崖。山崖陡峭，故“厂”引申為鋒利的石塊、石器義。“厎”“厲”“庀”所从“厂”皆表此義。《說文·厂部》：“厎，柔石也。从厂氏聲。”“厎”本義表細的磨刀石。《漢書·梅福傳》：“天下之厎石，高祖所以厲世摩鈍。”“厎”用其本義。《說文·厂部》：“厲，旱石也。从厂蠆省聲。”徐鍇繫傳：“旱石，麤悍石也。”《玉篇·厂部》：“厲，磨石也。”“厲”本義表粗的磨刀石。古代鋒利的石塊既可用來打磨工具，製作成質地粗細不等的磨刀石，也可製造成除草的田器。1956年在浙江省吳興縣錢山漾出土的新石器時代的石耘田器，就是用石塊磨制而成，用來稻田除草的農具，其背部正中有一圓孔，表明使用時需要安裝木柄或竹柄，是為實證。故“庀”之“厂”可指鋒利的石塊或石器義。

居，所以也引申出簡易的房屋或建築義。"厂"與"广""戶"用作義符古通，均含有簡易房屋的構義。故"厢"異構作"庞""庞"，"斛"又作"斞"等。"觎""觎"所從"庞""庞"均為"厢"之變，所從"句"與"斗"同屬侯韻，古音相近。"觎""觎"從厢句聲，為"觎"部件異寫，亦即"斛"換聲符的異構字。"銚（厢）"異體"斛（斞）"與"鏊"亦屬同源字。《爾雅·釋器》："斛謂之疀，古田器也。"郭注："皆古鏊鍤字。"是其例。

《玉篇·斤部》："斱，他雕切，斫也。"《五經文字·斗部》："斞，他么反，古鍬字，見《爾雅釋文》云：'從斤'。"《集韻·蕭韻》："斱、銚、觎（'觎'異寫），田器。或作銚；通作斛。"《字彙·斤部》："斱，與斱同，刈削田草者。"《正字通·斤部》："斱，舊注與斛同，俗字。""斱"表斫義，也就是指大鋤頭，與"銚"音義俱同，屬同字異構。"斱""斱"筆畫微異，均從斤從厢、厢亦聲，為"厢"累增義符，亦即"銚"換聲義符的異構字。該組重文辨析圖示如下：

[042] 詨：謞 誟 嚆 呼 謼 嘮

《五音集韻·肴韻》："**詨、謼、呼、謞、嚆、誟、嘮**，吳人為叫呼為詨。"（P57 上）

按："詨"不見《說文》。《玉篇·言部》："詨，許教切，大叫嘷。又呼交切。"《廣韻·肴韻》："詨，誇語也。"《集韻·爻韻》："詨，詨矜，誇也。""詨"從言交聲，本義表大聲呼叫，也引申為誇語、說大話等義。今簡化字作"詨"。《廣韻·效韻》："謞，大嘷。又呼各切。詨上同。"《集韻·效韻》："謞、詨，大嘷也，或作詨。"《類篇·言部》："詨、謞、誟，虛交切，吳人謂叫呼為詨。或作謞、誟。""謞"之"高"與"交"同屬見紐宵部。"謞"從言高（高）聲，即"詨"

換聲符的異構字。

《集韻·爻韻》："詨、謼、呼、謞、嚆、詨、嘮，吳人謂叫呼為詨。或作謼、呼、謞、嚆、詨、嘮。"《玉篇·言部》："詨，許交切，聲也。"《四聲篇海·言部》："詨，許交切，吳人謂叫呼為詨。"《字彙·言部》："詨，同詨。""詨"之"孝"與"詨"同屬匣紐宵部。"詨"從言孝聲，即"詨"換聲符的異構字。又《類篇·言部》："嚆，虛交切，吳人謂叫呼為詨。詨或作嚆。"《字彙·口部》："嚆，虛交切，孝平聲，大呼也。""嚆"為"嚆"異寫，所從"蒿"與"詨"同屬喉音宵部，古音相近，且"口""言"二旁意義相關古通。"嚆"從口嵩聲，即"詨"換聲義符的異構字。

《說文·口部》："呼，外息也。從口乎聲。""呼"從口乎聲，本義為吐氣，也引申為大聲叫喊義，與"詨"屬不同的字。"呼""詨"同屬喉音，魚宵旁轉，古音相近，且均表大聲叫喊義。二字音近義同，古籍亦見訓詁，是一組因為方言差異產生的同源字。如《玉篇·言部》："詨，大嘷也，呼也，喚也。"《山海經·北山經》："（太行之山）有鳥焉……其名曰鶹，是善驚，其鳴自詨。"郭璞注："今吳人謂呼為詨。"是其例。

《說文·言部》："謼，訏謼也。從言虖聲。"《玉篇·言部》："謼，荒烏切，大叫也。""謼"從言虖聲，表大聲叫號、驚嚇等義，與"詨"分屬異字。"謼""詨"同屬喉音，魚宵旁轉，古音相近，且都可表呼叫義，二字音近義同。另"謼""呼"均從乎得聲，二字音近義通，屬於同源通用。如《詩·大雅·蕩》："式號式呼。"陸德明釋文："呼，崔本作謼。"《漢書·賈山傳》："一夫大謼。"顏師古注："謼字與呼同。謼，叫也。"皆是。"詨""呼""謼"音近義同，亦為同源字也。又"嘮"非"詨"異體，字見《說文·口部》："嘮，嘮呶，讙也。從口勞聲。"《玉篇·口部》："嘮，醜加切，嘮呶，讙也。""嘮"從口勞聲，本義表歡樂喧嘩聲，今簡化字作"唠"。"嘮""詨"同屬宵部，古音相近，且均有呼叫義，二字為音義相近字。該組重文辨析圖示如下：

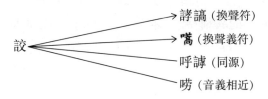

詨 → 詨謞（換聲符）
→ 嚆（換聲義符）
呼謼（同源）
嘮（音義相近）

［043］薅：⿱艹⿰女辰 茠 ⿱艹搞 ⿰扌休 鎒

《五音集韻·豪韻》："薅，除田艸也。茠、⿰扌休（甯忌浮校作'㧅'）、鎒、⿱艹搞並上同。⿱艹⿰女辰籀文亦上同。"（P59 上）

按：《說文·艸部》："薅，拔去田草也。从蓐好省聲。⿱艹⿰女辰，籀文薅省；茠，薅或从休。《詩》曰：'既茠荼蓼。'""薅"从蓐好省聲，本義表拔去田草。"⿱艹⿰女辰"即"薅"籀文⿱艹⿰女辰的隸定字。《玉篇·蓐部》："薅，呼勞切，拔田草也。或作茠；⿰女⿱艹辰籀文。"《類篇·艸部》："薅、⿱艹⿰女辰，呼高切，《說文》：'拔去田艸也。从蓐好省聲，籀文省。'"《正字通·艸部》："⿱艹⿰女辰，籀文薅。""⿰女⿱艹辰""⿱艹⿰女辰""⿱艹⿰女辰""⿱艹⿰女辰"筆畫微異，屬異寫關係，从莀（蓐省）好省聲，即"薅"的省體字。

"茠"即"薅"或體茠的隸定字。《玉篇·艸部》："茠，呼豪切，除田草也。薅同上，出《說文》。"《龍龕手鏡·艸部》："薅、茠，二正，呼毛反，耘也，去田草也。"《集韻·豪韻》："薅、⿱艹⿰女辰、茠、㧅、鎒、⿱艹搞，《說文》：'拔去田艸也。'籀作⿱艹⿰女辰；或作茠、㧅、鎒、⿱艹搞。""薅"表除田草義，故字可取"艸"作為義符，且"休"與"好"同屬曉紐幽部。"茠"从艸休聲，即"薅"換聲義符的異構字。又《類篇·艸部》："茠、⿱艹搞，呼高切，拔去田艸也。薅或作茠、⿱艹搞。"《四聲篇海·艸部》："⿱艹搞，呼毛切，除田草也。"《字彙·艸部》："薅，呼高切，音蒿，拔去田草也。⿱艹搞（'⿱艹搞'異寫）同上。""⿱艹搞"之"搞"與"薅"同屬牙喉音，宵幽旁轉，古音相近。"⿱艹搞"从艸搞聲，即"薅"換聲義符的異構字。

《廣韻·豪韻》："薅，除田草也。茠、㭊並上同。"《字彙補·木部》："㭊，《集韻》與薅同。"另《龍龕手鏡·手部》："㧅，正，呼毛反，除田草。"《四聲篇海·手部》："㧅，呼高切，除也。亦扱田草，或作薅。""㧅"从手休聲，蓋取古人手持農具除草的構意，為"茠"變換義符，亦即"薅"的異構字。"木""扌"二旁形近混同，如《元尴墓誌》《山徽墓誌》"持"作"椅"、《傳孝德造像記》"捨"作"㮇"

等。①“槬”从木（扌）休聲，蓋為“揪”部件異寫，亦即“薅”的異構字。

《說文·木部》：“槈，薅器也。从木辱聲。鎒，或从金。”段玉裁注：“从木者主柄，从金者主刃。”《玉篇·金部》：“鎒，呼高切，除草也。”“鎒”从金辱聲，為“槈”換義符異構，本義表除草的田器，也引申為除草義。如《淮南子·說山》：“治國者若鎒田，去害苗者而已。”“鎒”除田草也。“薅”“鎒”均从辱（“辱”从辰从寸，會手持農器除穢草意）得聲，古音相近，且都可表除田草義。二字音近義同，是一組同聲符的同源字。該組重文辨析圖示如下：

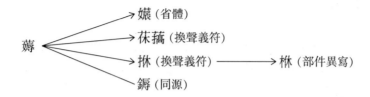

① 毛遠明：《漢魏六朝碑刻異體字研究》，商務印書館 2012 年版，第 259、305 頁。

卷　五

[044] 長：長　夫　尢　兂　兵　髟

《五音集韻·陽韻》：“長，直良切，久也，遠也，常也，永也。又直向、丁丈二切。長、兵、夫、尢、兂並古文同上。”（P65 下）

《五音集韻·養韻》：“長，知丈切，大也。又漢複姓。髟、夫並古文。”（P125 上）

按：《說文·長部》：“長（長），久遠也。从兀从匕。兀者，高遠意也。久則變化。亾聲。丌者，倒亾也。尢，古文長；兂，古文長。”余永梁《殷虛文字考續考》：“長，實象人髮長兒，引申為長久之義。”“長”古文字作長、長①、兵、長等形②，像人長發而柱杖之形，或像省去杖形。“長”音直良切，表長久、永久、深遠等義；又知丈切，表年長、長大等義。今簡化字作“长”。“兵”即“長”篆文長的隸定變體，來源於“長”金文作長、長、長等形③演變。《集韻·陽韻》：“長、兵、尢，仲良切，《說文》：‘久遠也。’古作兵、尢。”《類篇·長部》：“長，久遠也。古作兵、尢。”“兵”即“長”篆文隸定變異形成的異寫字。

“夫”“尢”均為“長”古文尢之隸定，且形體微異，來源於“長”金文作長，包山楚簡作夫、兵等形④演變。《玉篇·長部》：“長，直良

---

① 中國社會科學院考古研究所編輯：《甲骨文編》，中華書局 1965 年，第 386 頁。

② 容庚：《金文編》，中華書局 1985 年版，第 665 頁。

③ 同上。

④ 湯餘惠：《戰國文字編》，福建人民出版社 2001 年版，第 639 頁。

切，永也，久也，常也。夫、兏並古文。”《四聲篇海·人部》：“夫，古文長字。”《儿部》：“尣，古文長字。”“夫”“尣”筆畫微異，屬異寫關係，即“長”的古文異構字。又《四聲篇海·長部》：“镸、兂，二古文長字。”《字彙·長部》：“兂，古文長字。”《字彙補·匕部》：“兂，《集韻》古長字。亦作镸、镸。”“兂”“尣”形體微殊，屬同字異寫，亦源於古文字镸、镸諸形變異，亦即“長”的古文異構字。

《四聲篇海·人部》：“兏，古文長字。”“兏”即“長”古文镸的隸變字，來源於“長”金文作镸、镸，楚簡作镸、镸等形①演變，即“長”的古文異構字。又《集韻·養韻》：“長、镸、夫，展兩切，孟也，進也。古作髟、夫。”《四聲篇海·夂部》：“髟，知丈切，大也。又直張切。”《字彙補·夂部》：“髟，知兩切，古文長字，見《五音集韻》。”“髟”非古文，蓋為“長”俗寫訛變，將下半“兦”形訛作“夂”。漢魏六朝碑文“長”作長②，敦煌寫本作長③，下半形體與“夂”相近，可參證。“髟”即“長”俗寫變異形成的異體字。該組古文辨析圖示如下：

[045] 創：刅 刅 戧 荊 荊 瘡

《五音集韻·陽韻》：“創、刅、荊、荊、刅，初良切，《說文》曰：‘傷也。’《禮》曰：‘頭有創則沐。’今作瘡。又初亮切。戧古文。”又“瘡，痏也”。（P66 下）

按：《說文·刃部》：“刅，傷也。从刃从一。剏，或从刀倉聲。臣鉉

---

①　張守中、張小滄、郝建文：《郭店楚簡文字編》，文物出版社 2000 年版，第 132 頁。

②　毛遠明：《漢魏六朝碑刻異體字典》，中華書局 2014 年版，第 78 頁。

③　黃徵：《敦煌俗字典》，上海教育出版社 2005 年版，第 43 頁。

等曰：'今俗別作瘡，非是也。'""創"金文作🔹、🔹①，在"刃"上加
註一點以示傷人之意，本義指傷口，也表損傷、始造等義。"創"即
"刅"或體剏的隸定字。《集韻·陽韻》："刅、創、刱、剏、刅、戧，初
良切，《說文》：'傷也。从刃从一。'或作創、刱、剏、刅；古作戧。"
《正字通·刃部》："創，同刅。《說文》刅重文作創。徐［鍇］曰：'此
正刀創字'，言刃所傷也。""創"从刀倉聲，即"刅"製字方法不同的
異構字。後世多通行"創"，"刅"淪為異體。今簡化字作"创"。

　　《類篇·刃部》："刅、剏、刅，楚良切，傷也。从刃从一。或作剏、
刅。"《字彙補·刀部》："刅，與刅同，傷也。""刅"从刅从刀、刅亦
聲，為"刅"累增義符，亦即"創"換聲符的異構字。又《龍龕手鏡·
戈部》："戧，七良反，傷也。"《玉篇·戈部》："戧，楚良切，傷也。古
創字。"《類篇·戈部》："戧，初良切，傷也。創或作戧。"《四聲篇海·
戈部》："戧，初良切，古創字。"《正字通·戈部》："戧，同創。""刀"
"戈"二旁義近古通。"戧"从戈倉聲，即"創"換義符的異構字。

　　《說文·井部》："剏，造法剏業也。从井刅聲。讀若創。""剏"从
井刅聲，本義表始造、創業，與"創"本屬不同的字。"剏""創"同屬
初紐陽部，二字在歷史上互為通假。如《集韻·樣韻》："剏（'剏'異
寫），《說文》：'造法剏業也。'通作創。"後世字書大多將二字合併一
字。《廣韻·樣韻》："剏，初也。《說文》曰：'造法剏業也。'初亮切。
創上同。"《正字通·刀部》："創，創業。《說文》本作剏，今作創。"皆
是。今現代漢語"剏"併入"創"。又《集韻》始錄"刅"或體作
"刱"，《五音集韻》承錄之，且訛作"**荆**"。"**荆**"為"刱"訛字，
當校。

　　《玉篇·疒部》："瘡，楚陽切，瘡痍也。古作創。"《廣韻·陽韻》：
"創，《說文》曰：'傷也。'《禮》曰：'頭有創則沐。'今作瘡。瘡上
同。""瘡"从疒倉聲，為"創"變換義符而成，與"創"古本一字。
"創"由傷口義引申指皮膚或黏膜上的潰瘍，這個引申義主要用"瘡"來
記錄。後"瘡"專表潰瘍義，而"創"主要表本義傷口及其他引申義。
"瘡"也逐漸從"創"分化出來，但分化過程比較漫長，至少在宋明時期
還可見二字通用。如《正字通·刀部》："創，又瘍也。通作瘡。"宋曾慥

---

　　①　容庚：《金文編》，中華書局 1985 年版，第 291 頁。

《類說》卷二十九引《靈性集》：“姚康成夜宿廢宅，遇見三人入廊房内賦詩……一人細長，面多創孔。”“創”即“瘡”。今現代漢語“瘡”完全從“創”分化出來，簡化字作“疮”。該組重文辨析圖示如下：

[046] 旁：𣃟 𣃠 𣃡 㫄 𣃢

《五音集韻·唐韻》：“旁，《爾雅》曰：‘二達謂之岐，旁謂岐道。’旁，出也。《說文》曰：‘溥也。’𣃟、𣃠、𣃡並古文；𣃢、㫄並籀文。”（P68 下）

按：《說文·二部》：“𣃢（旁），溥也。从二，闕。方聲。𣃠，古文旁；𣃡，亦古文旁；𣃢，籀文。”“旁”甲骨文作𣃡、𣃠形①，从凡方聲，西周金文作𣃟、𣃢②，在“方”上衍一横畫飾筆，篆文進一步訛變作“𣃢”。“𣃟”即“旁”篆文𣃢的隸定字，隸變作“旁”，表廣泛、側邊、別的等義。《集韻·唐韻》：“𣃟、旁、𣃠、𣃡、𣃢、㫄，蒲光切，《說文》：‘溥也。’隸作旁；古作𣃠、𣃡；籀作𣃢；或作㫄。”《字彙·方部》：“𣃟，旁本字。”《正字通·方部》：“旁，俗𣃟字。”東漢《校官碑》：“𣃟夫口德之絕掾。”“𣃟”即“旁”。“𣃟”“𣃟”筆畫微異，即“旁”的隸定異寫字。

“𣃠”即“旁”古文𣃠的隸定字，當源於“旁”甲骨文𣃡、𣃠，金文𣃟、𣃢諸形演變。《玉篇·上部》：“旁，步郎切，旁猶側也，邊也，非一方也。㫄籀文；𣃟古文。”《類篇·上部》：“𣃟、旁、𣃠、𣃡、𣃢、㫄，蒲光切，《說文》：‘溥也。’隸作旁；古作𣃠、𣃡；籀作𣃢；或作㫄。”《四聲篇海·旁部》：“旁，步郎切，猶側也，邊也，非一方也。

---

① 中國社會科學院考古研究所編輯：《甲骨文編》，中華書局 1965 年版，第 4 頁。
② 容庚：《金文編》，中華書局 1985 年版，第 7 頁。

《說文》作㫄。雱、雩、穷並古文上同。"𣃦""𣃟""雩"筆畫微異，屬異寫關係，即"旁"的古文異寫字。

"𣃟"即"旁"古文𣃟的隸定字，隸變訛作"穷"，蓋源於"旁"甲骨文作𠙶、𠙶、𠙶等形①變異。《玉篇·宀部》："穷，步忙切，古文旁。"《字彙·宀部》："穷，古文旁字。"《正字通·宀部》："穷，古文㫄。""𣃟""穷"形體微異，屬異寫關係，均為"旁"的古文異體字。又"𣃦"即"旁"籀文𣃦的隸定字，且還殘留圓筆，蓋源於"旁"金文作𣃦、𣃦等形②訛變。"𣃦""雱""𣃦"筆畫微異，屬異寫關係，亦即"旁"的古文異體字。該組重文辨析圖示如下：

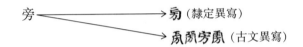

旁 ——→ 㫄（隸定異寫）
旁 ——→ 𣃦𣃟穷𣃦（古文異寫）

［047］喪：𠷎 𡃤 𡂤 𡅃 𡄹 𡃏

《五音集韻·唐韻》："𠷎、喪，亡也，死喪也，又姓。𡃤、𡅃、𡃏、𡄹並古文同上。𡂤，亡也。亦古喪字。"（P69 上）

按：《說文·哭部》："𠷎（喪），亡也。从哭从亡會意、亡亦聲。""喪"甲骨文作𠷎、𠷎、𠷎、𠷎等③，構形甚繁，有从一口、二口、三口、四口者，金文作𠷎、𠷎、𠷎形④，加注"亡"表聲兼義，篆文进一步訛作从哭从亡。"𠷎"即"喪"篆文𠷎的隸定字，隸變作"喪"，从哭从亡、亡亦聲，表逃亡、死亡等義。今簡化字作"丧"。《玉篇·吅部》："喪，思浪、思唐切，亡也，歿也。𠷎《說文》同上。"《干祿字書·平聲》："喪、𠷎，上通下正。"《五經文字·口部》："𠷎、喪，上《說文》，下經典相承隸變。"《廣韻·唐韻》："𠷎，亡也，死也，喪也。喪上同。"《集韻·宕韻》："喪、𠷎，四浪切，亡也。古作𠷎。""𠷎""𠷎""𠷎"

① 中國社會科學院考古研究所編輯：《甲骨文編》，中華書局 1965 年版，第 4 頁。
② 湯餘惠：《戰國文字編》，福建人民出版社 2001 年版，第 4 頁。
③ 中國社會科學院考古研究所編輯：《甲骨文編》，中華書局 1965 年版，第 54 頁。
④ 容庚：《金文編》，中華書局 1985 年版，第 79 頁。

“㠩”“㠨”筆畫微異，均從哭從亡、亡亦聲，即“喪”的隸定異寫字。

《集韻·唐韻》：“㠩、喪、㐭、㙦、㙑、㙇，《說文》：‘亡也。’從哭從亡會意，隸作喪；古作㐭、㙦、㙑、㙇。”《類篇·哭部》：“㠩、喪、㐭、㙦、㙑、㙇，息郎切，亡也，從哭從亡會意。隸作喪；古作㐭、㙦、㙑、㙇、㠩。”《字彙補·艸部》：“㐭，古文喪字，見《集韻》。”“㐭”“㙦”筆畫微異，屬同字異寫，蓋源於“喪”金文作①，戰國文字作②等形演變。“㐭”即“喪”的古文異體字。又《玉篇·㗊部》：“㙑，思唐切，亡也。古喪字。”“㙑”“㙇”筆畫微異，屬同字異寫，蓋源於“喪”金文、等諸形變異。“㙑”亦即“喪”的古文異體字。

《四聲篇海·亡部》：“㐭、㙇、㙑、㙇，四郎切，亡也，死喪也。”《字彙補·口部》：“㙦，《集韻》古喪字。”“㙦”“㙦”“㙑”筆畫微異，與“㙑”屬異寫關係，亦即“喪”的古文異體字。又《字彙補·大部》：“㙇，古喪字。”“㙇”“㙇”形體微異，蓋源於“喪”金文作、，戰国文字作③等形訛變，為“喪”的古文異體字。該組重文辨析圖示如下：

喪 ————————→ 㠩（隸定異寫）
　　　　　　　————→ 㐭㙑㙦㙇㙇（古文異體）

[048]　瞠：瞠　憆　瞪　瞠　盯　睲

《五音集韻·庚韻》：“瞠、瞠、盯、憆、睲，丑庚切，直視皃。”又“瞪，直視”。（P70下）

《五音集韻·諍韻》：“瞠、瞠，直視皃。”又“瞠、瞠、瞠，住視”。（P179上）

按：“瞠”不見《說文》。《廣韻·庚韻》：“瞠，直視皃。”“瞠”從目堂聲，本義表瞠着眼睛看，也引申為吃驚地看。《玉篇·目部》：“瞠，丑庚、丑郎二切，直視也。瞠同上。”《龍龕手鏡·目部》：“瞠，

①　容庚：《金文編》，中華書局 1985 年版，第 79 頁。

②　湯餘惠：《戰國文字編》，福建人民出版社 2001 年版，第 79 頁。

③　張守中、張小滄、郝建文：《郭店楚簡文字編》，文物出版社 2000 年版，第 19 頁。

丑庚反，直視也。瞠同上。”《集韻・庚韻》：“瞠、𥌛，直視皃。或作𥌛。”《字彙・目部》：“𥌛，同瞠。”《文選・馬融〈長笛賦〉》：“留眎𥌛眙，累稱屢讚。”李善注引《字林》曰：“𥌛，直視貌。”“𥌛”之“棠”與“堂”同屬定紐陽部。“𥌛”从目棠聲，即“瞠”換聲符的異構字。

《集韻・庚韻》：“瞠、𥌛、盯、憆、䁎，抽庚切，直视也。或作𥌛、盯、憆、䁎。”《四聲篇海・心部》：“憆，丑庚切，直視皃。”《漢書・孝成趙皇后傳》：“武因問客：‘陛下得武書，意何如？’曰：‘憆也。’”顏師古注：“服虔曰：‘憆，直視貌也。’師古曰：‘憆，音丑庚反，字本作瞠。’”“瞠”表吃驚地看，與人的心理活動相關，故字可从“心”。“憆”从心堂聲，即“瞠”換義符的異構字。

《類篇・目部》：“𥊼，中庚切，直視。”《正字通・目部》：“𥊼，俗瞠字。舊注訓同瞠。改音爭非。”清范寅《越諺》卷上：“豰豰窩腡，老鼠盤窠，大貓𥊼見，小貓來𠲍。”“𥊼”即“瞠”。“𥊼”之“𡧍”與“瞠”同屬透紐陽部。“𥊼”从目𡧍聲，即“瞠”換聲符的異構字。又《集韻・映韻》：“𥍆、𥌛、瞠，定視也。或从棠、从堂。”《類篇・目部》：“𥍆，除庚切，定視也。”《正字通・目部》：“𥍆，俗瞠字。”“𥍆”之“掌”與“瞠”同屬透紐陽部。“𥍆”从目掌聲，亦即“瞠”的換聲符字。

《玉篇・目部》：“盯，直庚切，矖盯，視皃。”《集韻・梗韻》：“盯，矖盯，直視。”“盯”从目丁聲，表直視義，與“瞠”屬不同的字。“瞠”“盯”同屬舌音陽部，古音相近，且均表直視義，二字為音義相近字。又《玉篇・目部》：“䁎，丈莖切，安審視也。”《廣韻・耕韻》：“䁎，安審視也。”“䁎”為“䁎”異寫，从目亭聲，表審視義，與“瞠”分屬異字。“瞠”“䁎”同屬舌音，陽耕對轉，聲韻相近，且均含有看視義，二字亦音義相近。該組重文辨析圖示如下：

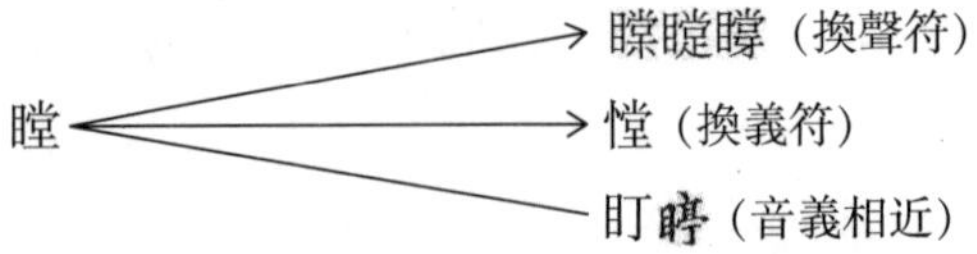

[049] 拼：抨 伻 迸 平 苹

《五音集韻·庚韻》："拼、抨、伻、迸、平、苹，《爾雅》云：
'使也。'又從也。"又"伻、拼、迸、平、苹，使人"。（P70下）

按："拼"不見《說文》。《廣韻·耕韻》："拼，《爾雅》云：'使
也。'又從也。"《龍龕手鏡·手部》："拼，伯耕反，又從也，改也。"
"拼"從手并聲，表使令、隨從等義。《玉篇·手部》："抨，普耕切，撣
也。拼同上。"《集韻·耕韻》："拼、抨、伻、迸、平、苹，《爾雅》：
'使也。'或作抨、伻、迸；古作平、苹。"《字彙·手部》："拼，同伻。"
"抨""伻""迸""平""苹"均非"拼"異體，與"拼"或互為通假，
或讀音相近，或音義相近。

《說文·手部》："抨，撣也。從手平聲。"鈕樹玉校錄："《繫傳》
《韻會》及《一切經音義》卷九引竝作'彈也'。""抨"從手平聲，本義
指彈、開弓射丸，也假借為使令義。如《爾雅·釋詁下》："俾、拼、抨，
使也。"郭璞注："皆謂使令。"《漢書·楊雄傳上》："抨雄鳩以作媒兮，
何百離而曾不壹耦。"顏師古注："抨，使也。"皆是。"拼""抨"同屬
唇音耕部，二字音近通假。唐玄應《一切經音義》卷十二："拼，古文抨
同，謂彈繩墨為拼也。"《集韻·耕韻》："拼，使也。通作抨。"皆其例。

《說文新附·辵部》："迸，散走也。從辵並聲。"《玉篇·辵部》：
"迸，彼諍切，散也。""迸"從辵並聲，表散走、涌出等義，與"拼"
屬不同的字。"拼""迸"同屬唇音耕部，古音相近，二字音近通假。如
《搜神記》卷十八："迸從者還外，唯持一大刀，獨處亭中。""迸"通作
"拼"。是其例。又《玉篇·人部》："伻，普萌切，使人也，急也。"《廣
韻·耕韻》："伻，使人。"《爾雅·釋詁下》："抨，使也。"陸德明釋文：
"抨，字又作伻，音同，使人也。""伻"從人平聲，表使者、使令等義，
與"拼"分屬異字。二字同屬唇音耕部，古音相近，且均表使義，是為
音義相近字。

《說文·亏部》："平，語平舒也。從亏從八，八，分也。""平"表
寧靜、平坦、太平等義，與"拼"分屬二字。"拼""平"同屬唇音耕
部，古音相近，但未見文獻通假字例，二字為音近字。另"平"與"抨"
音近古通，如《書·君奭》："天壽平格，保乂有殷。"孫星衍疏："平與

抨通。《釋詁》云：‘使也。’”蓋因“平”通假“抨”，“抨”又通假“拼”，故《集韻》一併將“抨”“平”錄為“拼”重文。《五音集韻》均轉錄之。又《說文·艸部》：“苹，蓱也，無根浮水而生者。从艸平聲。”“苹”从艸平聲，本義指浮萍，與“拼”分屬異字。“苹”“拼”同屬唇音耕部，古音相近，二字亦未見文獻通假字例，是為音近字。該組重文辨析圖示如下：

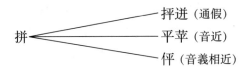

拼 —— 抨迸 （通假）
　　　 平苹 （音近）
　　　 伻 （音義相近）

卷　六

[050] 丘：𠂹 𠀉 坥 𡉀 𨸚 𡊂

《五音集韻・尤韻》："丘，去鳩切，聚也，空也，大也，又丘陵。《說文》作𠂹。亦姓。𠂹、𠀉、坥、𡉀並古文；𨸚、𡊂同上。"（P78 上）

按：《說文・丘部》："𠤏（丘），土之高也，非人所爲也。今隸變作丘。坥，古文从土。""丘"甲骨文作𠂹、𠂤、𠃲[1]，像地面凸起的小土山形，西周金文作𠃲、𠃲[2]，原來的小土山狀訛成"北"形，篆文进一步訛作𠤏。"丘"為象形字，本義表土山，也引申為大、空、聚等義。"北""𠀉"即"丘"篆文𠤏的隸定變體，來源於"丘"金文𠃲、𠃲諸形變異。《玉篇・北部》："北，去留切，虛也，聚也，塚也，土高曰丘。𠀉同上；丘同上。"《廣韻・尤韻》："丘，《說文》作北。北古文。"《穆天子傳》卷二："天子升于昆侖之𠀉。""𠀉"即"丘"。"北""𠀉"筆畫微異，均為"丘"的隸定異寫字。

"坥"即"丘"古文坥的隸定變體，當源於"丘"古文字作坴、𡊂、𨸚等形[3]演變。《集韻・尤韻》："北、坥、丘、𡉀，袪尤切，《說文》：'土之高也。'古作坥；或作丘、𡉀。亦書作𨸚。"《類篇・北部》："𠤏（'北'异写），土之高也。隸作坥；或作丘、𡉀。"《四聲篇海・土部》：

---

① 中國社會科學院考古研究所編輯：《甲骨文編》，中華書局 1965 年版，第 352 頁。
② 高明：《古文字類篇》，台灣大通書局 1986 年版，第 4 頁。
③ 同上。

"坒，古文丘字。"《正字通·土部》："坒，古文丘。""坒"之"北"為
"丘"篆文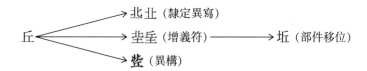的隸定變體。"丘"表土山義，故字又可从"土"。"坒"从
土从北（丘），即"丘"增義符的異構字。又《四聲篇海·土部》："坴，
音丘，古文。""坴"从土从丘，亦即"丘"增義符的異構字。

　　《正字通·土部》："坵，俗丘字。舊注音丘，聚也，空也，大也。分
為二誤。"《增廣字學舉隅·卷二》："坵，俗丘字。"《重訂直音篇·土
部》："坴，古文丘字。坵、坒同上。"《徐霞客遊記·黔遊日記二》："皆
安酉叛時，城破鞠為坵莽，至今未復也。""坵"即"丘"。"坵"从土从
丘，為"坴"部件移位，亦即"丘"增義符的異構字。又《字彙補·土
部》："坴，《集韻》與坵同。又古作坒、垚。"《一部》："垚，同丘。"
"垚"之"北"為"丘"隸定變體。"垚"从二丘，即"丘"累增字形
的異構字。該組重文辨析圖示如下：

丘 → 北北（隸定異寫）
丘 → 坒坴（增義符） → 坵（部件移位）
丘 → 垚（異構）

[051] 燾：𤋮 㷂 燽 燾 敦

　　《五音集韻·尤韻》："燾，覆照也。或書作𤋮（甯忌浮校作
'燽'）。"（P79 上）

　　《五音集韻·號韻》："燾、㷂、燽、燾、敦，覆也。又徒刀
切。"（P172 下）

　　按：《說文·火部》："燾，溥覆照也。从火壽聲。"王筠句讀："燾祇
是覆，而云照者，字从火也。天之所覆即為日月所照矣。云溥者，溥天之
下也。""燾"从火壽聲，表普照天下、覆蓋等義。今簡化字作"焘"。
"𤋮"為"燽"訛字，甯忌浮所校可从。《集韻·尤韻》："燾，溥覆照
也。或書作燽。"《类篇·火部》："燾，陈留切，溥覆照也。或書作燽。"
《正字通·火部》："燽，同燾。舊注音儔，著也，明也。分燽、燾為二
誤。"其說甚確。"燽"从火壽聲，即"燾"部件移位的異寫字。另《廣
韻·尤韻》："燽，著也。""燽"除表普照天下的本義外，還引申為顯著

義，而“燾”沒有此義項。“燽”為“燾”的寬式異體字。

《集韻·號韻》：“燾、濤、⿰巾燾，《說文》：‘溥覆照也。’或作濤、⿰巾燾。”朱駿聲《說文通訓定聲·孚部》：“幬，又作⿰巾燾。”“⿰巾燾”之“⿱𠷎灬”从火𠷎聲，為“燾”換聲符異構。“⿱𠷎灬（燾）”“壽”同屬舌音幽部，古音相近。“⿰巾燾”“⿰巾⿱𠷎灬”均从巾燾聲，即“幬”的換聲符字。《說文·巾部》：“幬，禪帳也。从巾𠷎聲。”“幬”表牀帳、舟車的帷幔、覆蓋等義，與“燾”分屬二字。“燾”“幬”同屬定紐幽部，且均表覆蓋義。二字音同義通，蓋為同源通用。《左傳·襄公二十九年》：“如天之無不幬也。”《史記·吳太伯世家》“幬”作“燾”。段玉裁注“燾”云：“《中庸》曰：‘辟如天地之無不持載，無不覆幬。’注云：‘幬，或作燾。’按《左傳》亦云：‘如天之無不幬。’杜注：‘幬，覆也，蓋幬是叚借字。’”《集韻·號韻》：“幬、敦，覆也。通作燾。”皆其例。

“濤”非“燾”異體，字見《說文新附·水部》：“濤，大波也。从水壽聲。”“濤”表大浪義，與“燾”屬不同的字。“燾”“濤”同屬定紐幽部，二字同音通假。《公羊傳·文公十三年》：“周公盛，魯公燾。”陸德明釋文：“燾，一本作濤。”是其例。又《說文·攴部》：“敦，怒也，詆也。”“敦”表惱怒、管理、督促等義，與“燾”分屬異字。“燾”“敦”同屬定紐，古音相近，二字音近通假。《周禮·春官·司幾筵》：“諸侯則紛純，每敦一几。”鄭玄注：“敦讀曰燾。燾，覆也。”是其例。該組重文辨析圖示如下：

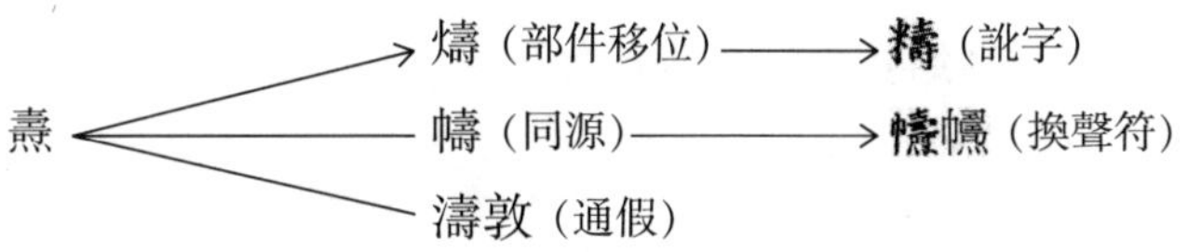

［052］謀：⿱毋言 ⿱毋口 ⿰口某 ⿱毋心 ⿱某心

《五音集韻·尤韻》：“**謀**、**⿱某心**、**⿰口某**、**⿱毋心**、**⿱毋口**、**⿱毋言**，莫浮切，計謀也。”（P79 下）

按：《說文·言部》：“謀，慮難曰謀。从言某聲。𠰚，古文謀；⿱母言，亦古文。”“謀”从言某聲，表考慮、計畫、營求等義。今簡化字作

"謀"。"謀"戰國文字作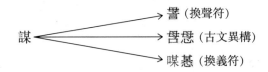、形①，从心母聲，古文、當為戰國古文傳抄變異所致。"謩"即"謀"古文的隸定字。《集韻·侯韻》："謀、惎、嗼、愻、唄、謩，迷浮切，《說文》：'慮難曰謀。'亦姓。或作惎、嗼、愻、唄、謩。"《類篇·言部》："謀、謩，《說文》：'慮難曰謀。'或作謩。"《四聲篇海·言部》："謩，莫浮切，謀計也。"《字彙·言部》："謩，同謀。"《重訂直音篇·言部》："謀，莫侯切，計議也。謩同上。""謩""謩"筆畫微異，屬同字異寫，所從"母"與"謀"同屬明紐之部。"謩"從言母聲，即"謀"換聲符的異構字。

　　"唄"即"謀"古文的隸定字。《類篇·口部》："嗼、唄，迷浮切，慮難曰謀。謀或作嗼、唄。"《字彙·口部》："唒，同謀。""言""口"二旁意義相關古通。"唄""唒"從口母聲，為"謩"變換義符，亦即"謀"換聲義符的異構字。又《字彙·口部》："嗼，同謀。"《正字通·口部》："嗼，謀、唒並同。"《重訂直音篇·口部》："嗼，謀同。唄同上。""嗼"從口某聲，即"謀"換義符的異構字。

　　《字彙補·言部》："愻，《韻會》與謀同。"《重訂直音篇·心部》："惎，謀同。愻同上。""愻"從心母聲，與"謀"戰國文字、同構，應是由其演變而來。古人認為心是人的思維器官，認為語言是從心裡想出來的，如"講心裡話""言為心聲"，故"言""心"二旁意義相關古通。"愻"從心母聲，即"謀"換聲義符的異構字。又《字彙·心部》："惎，與謀同。"《正字通·心部》："惎，古文謀。""惎"從心某聲，即"謀"換義符的異構字。該組重文辨析圖示如下：

　　　　　　　　　　　　　　　→ 謩（換聲符）

　　謀　　　　　　　　　　　　→ 唄愻（古文異構）

　　　　　　　　　　　　　　　→ 嗼惎（換義符）

[053] 蟊：

　　《五音集韻·尤韻》："蝥，食穀蟲。《說文》本作蟊，蟲食艸根者。蟊、、上同。《說文》曰：'蠿蟊也。'古文同上。"

---

①　湯餘惠：《戰國文字編》，福建人民出版社 2001 年版，第 137 頁。

（P79 下）

　　《五音集韻·肴韻》："蝥、蠢、蓋，蟹蝥，蟲名。"又"蘁，蟲名。《說文》曰：'蠿蘁也'"。（P56 下）

　　按：《說文·蚰部》："蟊（蟊），蠿蚰也。从蚰矛聲。莫交切。"《蟲部》："蠧（蠧），蟲食艸根者。从蟲象其形。吏抵冒取民財則生。徐鍇曰：'唯此一字象蟲形，不从矛，書者多誤。'繇，蟊或从秋。臣鉉等按：'《虫部》已有莫交切，作蟹蝥蟲，此重出。'"《虫部》："繇（蝥），蟹蝥也。从虫秋聲。臣鉉等曰：'今俗作蟊，非是。蟊即蠿蟊，蜘蛛之別名也。'莫交切。""蟊"从蚰矛聲，表蠿蟊、吃苗根的害蟲義。"蟊"為"蟊"篆文蟊之隸定。《集韻·侯韻》："蠧、蝥、蟊、蓋、蟊，《說文》：'蟲食艸根者。从蟲象其形。'或从秋；亦作蟊、蓋；古作蟊。"《類篇·蚰部》："蟊、蟊，迷浮切，《說文》：'蟲食艸根者。'古作蟊。""蟊"从蚰矛聲，即"蟊"的隸定異寫字。

　　"蠧"即《蟲部》篆文蠧的隸定字，隸變作"蠧"。篆文蠧上方的"串"像蟲形（段玉裁云"上體象此蟲繚繞於苗幹之形"），隸變訛作"矛"。《玉篇·蚰部》："蠧，莫侯切，與蟊同。"《類篇·蟲部》："蠧，迷浮切，《說文》：'蟲食艸根者。'"《重訂直音篇·蟲部》："蠧，音矛，食苗根虫。""蟲""蚰"二旁義近古通。"蠧"从蟲矛聲，即"蟊"換義符的異構字。"蠧"从蟲弔（矛）聲，與"蠧"屬異寫關係，亦即"蟊"的異構字。

　　"蝥"即"蟊"或體繇的隸定字。《龍龕手鏡·虫部》："蟊、蝥，音牟，食穀虫也。《爾雅》云：'食根虫也。'"《廣韻·尤韻》："蝥，食穀蟲。《說文》本又作蟊，蟲食艸根者。蟊上同，《說文》曰：'蠿蟊也。'"《字彙·虫部》："蝥，同蟊。"《正字通·虫部》："蝥，俗蟊字。"《虫部》釋"蝥"為"蟹蝥"，即一種吃農作物的甲蟲，與"蟊"表食苗根的害蟲義同。"蚰""虫"二旁義近古通，且"蝥"之"秋"與"蟊"同屬明紐，侯幽旁轉，古音相近。"蝥"从虫秋聲，即"蟊"換聲義符的異構字。

　　《類篇·蚰部》："蓋、蓋，謨交切，蟲名。《說文》：'蠿蓋也。'""蟊"表食艸根害蟲義，與艸相關，故字可从"艸"。"蓋"

从䖵从艸、矛聲，即"蟊"增義符的異構字。又《集韻·肴韻》："蝥、蝥、蝥，蟲名。《說文》：'蟠蝥也。'或作蝥、蝥。"《類篇·虫部》："蝥、蝥，謨交切，蟲名。《說文》：'蟠蝥也。'或作蝥、蝥。""蝥"从虫从艸、孜聲，為"蝥"累增義符，亦即"蟊"的異構字。又《重訂直音篇·虫部》："蝥，音茅，蟠蝥，虫名。蝥同上。""蝥"从虫从艸、矛聲，為"蝥"變換義符，亦即"蟊"的異構字。該組重文辨析圖示如下：

[054] 旒：統 充 斿 游 旇 汓

《五音集韻·尤韻》："旇、斿、游、統、充，旌旇。《廣雅》：'天子十二旒至地，諸侯九旒至軫，大夫七旒至轂，士三旒至肩。'"（P82 上）又"斿，旌旗之末垂者。旇、汓並古文"。（P81 下）

按："旇"不見《說文》。《玉篇·㫃部》："旇，力周切，旌旗上綴垂者。"《廣韻·尤韻》："旇，旌旇。《廣雅》：'天子十二旒至地，諸侯九旒至軫，大夫七旒至轂，士三旒至肩。'"《詩·商頌·長髮》："受小球大球，為下國綴旒。"鄭玄箋："旒，旌旗之垂者也。""旇"从㫃充聲，本義指古代旌旗末端直幅、飄帶之類的下垂飾物。《原本玉篇·糸部》："統，力周反，《字書》：'旌旗之流。'今為旇字，在《㫃部》。"《玉篇·糸部》："統，力周切，旗旌。今為旇。""旇"表旗子上垂下來的綵帶。綵帶的材質多為絲帛織物，故"旇"又可取"糸"作為義符。"統"从糸充聲，即"旇"換義符的異構字。

《集韻·尤韻》："旇、斿、游、統、充，旌旗之旒。或作斿、游、統、充。"《重訂直音篇·方部》："充，音流，旌旗之旒。"《金石文字辨異·尤韻》："充，漢《孔耽碑》：'遊充畜積。'《字原》云：'充即旇字。'""充"即"旇"的省體字。又《廣韻·尤韻》："斿，旌旗之末垂

者。”《龍龕手鏡·方部》：“斿，音由，旌旗之末垂者也。”“斿”甲骨文
作✦、✦、✦形①，從㫃從子，像一子立於旌旗下形，本義表旌旗末端
的飄帶類垂飾物，為“旒”之本字。另“斿”除了表旌旗綴垂物義之外，
也表遨游義，而“旒”沒有此義項。“斿”為“旒”的寬式異體字。

《說文·方部》：“旈，旌旗之流也。從㫃攸聲。”徐鍇繫傳：“旈，
今俗或作斿。”《玉篇·㫃部》：“旈，與昭切，旌旗之旒名。”《字彙·方
部》：“旈，以周切，音由，旌旒之旒也。”《正字通·方部》：“旈，同
斿。舊注重出。”《經典文字辨證書·㫃部》：“旈，正；旒，俗。”“旈”
之“攸”與“斿”同屬喻紐幽部。“旈”從㫃攸聲，為“斿”之異構，
亦即“旒”換聲符的異構字。

《說文·水部》：“游，旌旗之流也。從㫃汓聲。”商承祚《殷虛文字
類編》：“（斿）從子執旗，全為象形。從水者，後來所加，于是變象形為
形聲矣。”“游”與“斿”古本一字，來源於“斿”金文作✦、✦、✦等
形演變。② 《玉篇·方部》：“斿，弋周切，旌旗之末垂。一作游。”《左
傳·桓公二年》：“藻率、鞞鞛、鞶、厲、游、纓，昭其數也。”杜預注：
“游，旌旗之游。”皆是。另《廣韻·尤韻》：“游，浮也，放也。”“游”
也常指在水中浮行、遨遊等義，而“旒”沒有此義項。今現代漢語“游”
完全從“旒”分化出來，主要表在水中浮行、遨遊義，一般不再表旌旗
綴垂物的本義。又《集韻·尤韻》：“游、斿、旈、汓，《說文》：‘旌旗
之流也’。或省；亦作旈；古作汓。”“汓”非“斿”異體，字見《說
文·水部》：“汓，浮行水上也。從水從子。”“汓”從水從子，本義表游
水，與“游”表水中浮行義同，且同屬幽部，古音相近。二字為音義相
近字。該組重文辨析圖示如下：

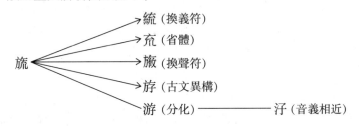

----

①　中國社會科學院考古研究所編輯：《甲骨文編》，中華書局1965年版，第289頁。

②　容庚：《金文編》，中華書局1985年版，第464頁。

［055］崟：碒 嵾 厱 岑 巖 嵒

《五音集韻·侵韻》："崟、碒、巖、嵒、岑、嵾、厱，嶔崟。"（P84上）

按：《說文·山部》："崟，山之岑崟也。从山金聲。"《原本玉篇·山部》："崟，宜金反，《楚辭》：'嶔崟崎峨。'王逸曰：'山阜陬限者也。'《廣雅》：'崟，高也。'""崟"从山金聲，表岑崟，即山石高峻奇特貌。《集韻·侵韻》："崟、碒、巖、嵒、岑、嵾、厱，《說文》：'山之岑崟也。'或从石；亦作巖、嵒、岑、嵾、厱。"《四聲篇海·石部》："碒，宜金切，石也。"《重訂直音篇·山部》："碒，音吟，石也。一曰山貌。""山""石"二旁義近古通。"碒"从石金聲，即"崟"換義符的異構字。

《集韻考正·侵韻》："崟、嵾，注《說文》：'山之岑崟也。'亦作嵾。案重文當从《類篇》作嵉。"其說甚是。《龍龕手鏡·山部》："嵉，音吟、琴二音，岑嵉也。"《四聲篇海·山部》："嵉，巨金、宜金二切，嶔崟。"《正字通·山部》："嵉，俗崟字。""嵾"為"嵉"部件移位，所从"吟"與"崟"同屬疑紐侵部。"嵾"从山吟聲，即"崟"換聲符的異構字。又《類篇·厂部》："厱，魚音切，山之岑崟也。"《字彙·厂部》："厱，與崟同。""厱"之"厂"表山崖義，與"山"義近，二旁義近可通，且"今""金"同屬見紐侵部。"厱"从厂今聲，即"崟"換聲義符的異構字。

《集韻》始錄"崟"或體作"岑"。《五音集韻》承錄之。《說文·山部》："岑，山小而高。从山今聲。""岑"从山今聲，表小而高的山，與"崟"屬不同的字。"岑""崟"古音同屬侵紐，且都含有山高義，亦見"岑崟"連語。二字音近義同，是為同源字，古籍亦通用。《楚辭·招隱士》："嶔岑碕礒兮。"洪興祖考異："岑一作崟。"《楚辭·九思》："叢林兮崟崟。"洪興祖考異："崟一作岑。"皆其例。

《類篇·山部》："崟、巖、嵒，魚音切，《說文》：'山之岑崟。'或作巖、嵒。""巖"非"崟"異體，字見《說文·山部》："巖，岸也。从山嚴聲。"《廣韻·銜韻》："巖，峯也、險也。五銜切。""巖"从山嚴聲，表崖岸、山峰等義，今簡化字作"岩"。"巖""崟"同屬疑紐，談侵旁轉，古音相近，且均含有山高義。二字音義相近，亦為同源通用。

《史記·司馬相如列傳》："岑巖參差。"《漢書·司馬相如傳》《文選·子虛賦》引"巖"作"嵒"。是其例。又《說文·山部》："喦，山巖也。從山品。讀若吟。臣鉉等曰：'從品，象巖厓連屬之形。'"《玉篇·山部》："喦，宜緘切，山巖。""喦"從山從品，表山巖義，與"嵒"分屬異字。"喦"上古疑紐侵部，與"巖"音近，且均含有山高義，古籍亦見訓詁，蓋同出一源，與"嵒"音同義近，亦當為一組同源字。該組重文辨析圖示如下：

[056] 霒：霒 会 皂 龺 霪 零

《五音集韻·侵韻》："霪、霒、零、黔，雲覆日。又姓，出《篆文》。今作陰。会、龺、皂並古文。"（P85 上）

　　按：《說文·雲部》："霒（霒），雲覆日也。從雲今聲。会，古文或省；龺，亦古文霒。"徐灝注箋："雲霒日而会也。引申之凡日光所不到者為会。""霒"即"霒"篆文霒的隸定字，隸變作"霒"，從雲今聲，本義表雲覆日，也引申為陰蔽、陰天等義。《集韻·侵韻》："霪、霡、零、会、龺，《說文》：'雲覆日。'又姓。或作霡、零；古作会、龺。"《四聲篇海·雨部》："霪，於今切，沈雲兒。""霪"從雲今聲，即"霒"的隸定異寫字。

　　"会"即"霒"古文会的隸定字，當源於"霒"戰國文字作、、等形[1]演變。《玉篇·云部》："霒，於今切，《說文》：'雲覆日也。'今作陰同。会古文。"《四聲篇海·雲部》："会，古文霒字。""会"之"云"為"雲"古體，源於甲骨文、諸形[2]演變。段玉裁云"古文雲

①　湯餘惠：《戰國文字編》，福建人民出版社 2001 年版，第 767 頁。
②　中國社會科學院考古研究所編輯：《甲骨文編》，中華書局 1965 年版，第 456 頁。

本無雨耳，非省也"甚碻。"侌"從云今聲，即"霒"的古文異體字。又
《玉篇·雲部》："霒，於林切，今作陰。侌古文；皂亦古文。"《類篇·
雲部》："霒、霠、霒、侌、仐，於金切，《說文》：'雲覆日。'又姓。或
作霠、霒；古作侌、仐。"《字彙補·白部》："皂，古文霒字，見《集
韻》。""皂"為"侌"俗寫訛變，變異路徑大致是：侌→侌→侌→皂。
"皂"從云白（今）聲，為"侌"部件異寫，亦即"霒"古文俗寫訛變
形成的異體字。

"仐"即"霒"古文仐之隸定，且尚保留圓筆，亦當由古文字仐、
仐諸形變異。"仐"之"勹"蓋為"雲"古文字乙、乙倒書，像倒雲形。
"仐""仐""仐"形體微異，均從勹（云）今聲，即"霒"的古文異體
字。又《四聲篇海·雨部》："霠，於金切，雲覆日。又姓，出《篆
文》。"《字彙·雨部》："霒，於今切，音陰，雲覆日也。霠同上。"《正
字通·雨部》："霠，同霒。""霒"表雲覆日義，與日相關，故字又可從
"日"。"霠"從雨從日、今聲，即"霒"換義符的異構字。又《四聲篇
海·雨部》："霒，於金切，雲覆日。又姓，出《篆文》。"《正字通·雨
部》："霒，同霒省。"《重訂直音篇·雨部》："霒，與陰同。雲覆日。
霠、霒并同上。""霒"從雲省今聲，即"霒"的省體字。該組重文辨析
圖示如下：

[057] 鶲：雈 鶲 鴿 鷷 雉

《五音集韻·覃韻》："鶲、雈、鴿、鶲、鷷、雉，鶲鶉。《字
林》作雈雉。"（P87 上）

按：《說文·隹部》："雈，鶉屬。從隹奋聲。鷷，籀文雈從鳥。"
"雈"從隹奋聲，表鶉屬義。"鶲"即"雈"籀文鷷的隸定字。《玉篇·
隹部》："雈，鳥含切，雈鶉。亦作鶲。"《廣韻·覃韻》："鶲，鶲鶉。

《字林》作雖雖。"《龍龕手鏡·隹部》："雖,烏含切,雖鶉,與鶴同。"
《正字通·隹部》："雖,同鶴。""隹""鳥"二旁義近古通。"鶴"從鳥
奄聲,即"雖"換義符的異構字。後世多通行"鶴","雖"淪為異體。
今簡化字作"鶴"。

《玉篇·鳥部》："鶴,烏含切,鶴鶉。鶴同上。"《龍龕手鏡·鳥
部》："鶴、鶴,二俗;鶴,正,烏含反,鶴鶉也。《字林》作雖。"《四
聲篇海·鳥部》："鶴,音鶴,義同。"《字彙·鳥部》："鶴,同鶴。"《正
字通·鳥部》："鶴,同鶴。《列子》作鶴,從鶴為正。""鶴"之"音"
與"奄"同屬影紐侵部。"鶴"從鳥音聲,即"鶴"換聲符的異構字。
清沈濤《銅熨斗隨筆》卷三:"《夏小正》'三月田鼠化為駕。'殷敬順
《列子·天瑞》釋文引作'化為鶴'。鶴音諳。沈濤案鶴即鶴之別體。"
是其例。

《集韻·覃韻》："雖、鶴、鶴、鶴、鶴、雜,鳥名,《說文》:'鶉
屬。'或從鳥;亦作鶴、鶴、鶴、雜。"《類篇·鳥部》："鶴,烏含切,
鳥名,鶉屬。亦作鶴、鶴、鶴。"《四聲篇海·鳥部》："鶴,烏舍切,鶴
鶉也。"《正字通·鳥部》："鶴,俗鶴字。別作鶴。""鶴"之"含"與
"舍"同屬喉音侵部,古音相近。"鶴"從鳥含聲,即"鶴"換聲符的異
構字。又《四聲篇海·鳥部》"鶴,烏舍切,鶴鶉也。"《重訂直音篇·
鳥部》："鶴,音庵,鶴鶉也。鶴、鶴、鶴並同上。""鶴"之"弇"與
"奄"同屬影紐,侵談旁轉,古音相近。"鶴"從鳥弇聲,亦即"鶴"的
換聲符字。又《類篇·隹部》："雖、雜,烏含切,鳥名。亦作雜。"《四
聲篇海·隹部》："雜,烏舍切,鶴鶉,出《字林》。"《字彙·隹部》:
"雜,同鶴。"《正字通·隹部》："雜,俗鶴字。""雜"從隹弇聲,為
"雖"變換聲符,亦即"鶴"換聲義符的異構字。該組重文辨析關係圖
示如下:

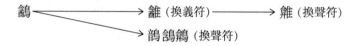

[058] 浛: 澹 澏 洺 淦 汵 㴳

《五音集韻·覃韻》："㴳、浛、澹、洺、淦、澏，船沒。"（P87 上）又"淦、汵、浛，水入船中。又最也，泥也，汲也。又甘暗切，吉州有新淦縣，水所出入湖"。（P85 下）

按："浛"不見《說文》。《玉篇·水部》："浛，戶紺切，水和泥也。"《廣韻·勘韻》："浛，水和物。""浛"從水含聲，本義指水與泥、物相摻和，也引申為沉沒等義。《集韻·覃韻》："浛、㴳、澹、洺、淦、澏，《方言》：'沈也。'或作㴳、澹、洺、淦、澏。"《類篇·水部》："浛、㴳、澹、澏，胡南切，《方言》：'沈也。'或作㴳、澹。""澹"之"舀"與"浛"同屬喉音侵部，古音相近。"澹"從水舀聲，即"浛"換聲符的異構字。

《四聲篇海·水部》："澏，胡男切，船沒也。"《字彙·水部》："澏，與浛同。船沒也。"《重訂直音篇·水部》："澹，音含，船沒。澏同上。""澏"之"咠"與"浛"同屬侵部，古音相近。"澏"從水咠聲，即"浛"換聲符的異構字。又《說文·水部》："洺，泥水洺洺也，一曰繟絲湯也。從水臽聲。"《廣韻·鹹韻》："洺，洺沒。""洺"從水臽聲，表泥水相和、洺沒等義，與"浛"屬不同的字。"浛""洺"同屬匣紐，談侵旁轉，古音相近，且均表泥水相和，沉沒義，二字為音義相近字。

《說文·水部》："淦，水入船中也。一曰泥也。從水金聲。㳎，淦或從今。"《玉篇·水部》："淦，古南切，《說文》：'淦，水入船中也。'又泥也，淺也。又古暗切，新淦縣名。"《廣韻·覃韻》："淦，水入船中。又最也，泥也，汲也。又甘暗切，吉州有新淦縣，水所出入湖。或作汵。""淦"從水金聲，表水入船中、水名等義，與"浛"分屬異字。"浛""淦"同屬侵部，古音相近，且均含有沉沒義，二字亦音義相近也。又"汵"即"淦"或體㳎的隸定字。《集韻·覃韻》："淦、汵、浛，水入舟陳謂之淦。一曰水名。或從今；從含。""汵"之"今"與"金"同屬見紐侵部。"汵"從水今聲，為"淦"換聲符的異構字。

《廣韻·覃韻》："㴳，船沒。"《四聲篇海·水部》："㴳，船沒底。"《字彙補·水部》："㴳，姑南切，音甘，水名。《集韻》與淦同。""㴳"

表水入船中義，也指水名，與“淦”音義俱同，屬同字異構。《字彙補》所說可从。“㓪”構形特殊，所从“汵”為“淦”換聲符異構，从“匚”蓋為累增部件，無實義。“㓪”从匚从汵，為“汵”累增部件，亦即“淦”的異構字。該組重文辨析圖示如下：

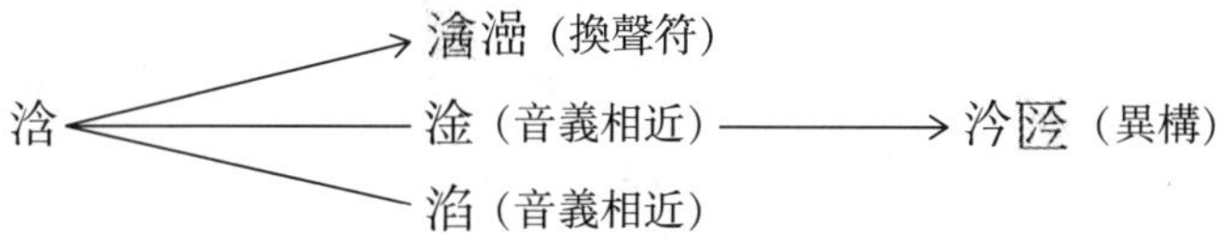

［059］燅：燖 𤎖 𤆿 𦢊 㷋 燂 爓 𤇲

《五音集韻·鹽韻》：“**燅**、**𤎖**、**𤆿**、**燖**、**爓**、**𦢊**、**燂**、**𤇲**，徐鹽切，《說文》曰：‘湯中爚肉也。”又“**燂**，《周禮》注云：‘炙爛也。’**㷋**古文。”（P88上）

按：《說文·炎部》：“燅，於湯中爚肉。从炎从熱省。**䙋**，或从炙。”“燅”从炎从熱省，本義表把肉浸在沸水裡加熱使熟，也引申為煮肉、用熱水燙後去毛等義。《集韻·鹽韻》：“燅、**𤎖**、**𤆿**、爓、𦢊、燖、燂、𤇲，徐廉切，《說文》：‘於湯中爚肉。’或作**𤎖**、**𤆿**、爓、𦢊、燖、燂、𤇲。”《類篇·炙部》：“𤎖、𤏕，徐廉切，湯中爚肉。或作𤏕。”“𤎖”即“燅”或體**䙋**的隸定字。“**𤎖**”之“炙”為“炙”省寫，表烤肉義，與“燅”意義相近。“**𤎖**”从炙（炙）从熱省，為“𤎖”部件異寫，亦即“燅”換義符的異構字。

《玉篇·火部》：“燅，似廉切，溫也，湯中爚肉也。亦作𤏕。”《字彙補·火部》：“𤏕，《韻會》與燅同。又或作燅。”“𤏕”“**𤆿**”筆畫微異，所从“㶭”見於《說文·火部》：“㶭，小熱也。从火干聲。直廉切。”“㶭”表小熱義，故“燅”可取“㶭”作為義符。“**𤆿**”从炙（炙）从㶭、㶭亦聲，為“𤎖”變換義符，亦即“燅”的異構字。又《廣韻·鹽韻》：“燅，《說文》曰：‘湯中爚肉也。’徐鹽切。𤏕《說文》同上。燖、爓、𦢊並同上。”《集韻·談韻》：“燖、爓、𤇲，沈肉於湯也。或作爓、𤇲。”《正字通·火部》：“燖，同燅。”“燖”之“尋”與“燅”同屬邪紐侵部，且“火”“炎”二旁義近古通。“燖”从火尋

（尋）聲，為"燖"部件異寫，亦即"燅"製字方法不同的異構字。

《玉篇·肉部》："膤，徐廉切，沈肉於湯中。"《類篇·肉部》："膤，徐廉切，《說文》：'於湯中爓肉。'"《字彙·肉部》："膤，徐廉切，音延，沈肉于湯中。亦作爛。"《正字通·肉部》："膤，爛、燂並同。《說文》作燅。""燅"表湯中爓肉，故字可從"肉"，且"閻""燅"談侵旁轉，古音相近。"膤"從肉閻聲，即"燅"製字方法不同的異構字。又《字彙·火部》："燅，徐鹽切，於湯中爓肉也。燊同上。"《正字通·火部》："燊，舊注同燅。按《說文·炎部》燅或從炙作燅。今偽作燊，非。""燊"非偽字，所從"炙"蓋受"燅"異體"燅"從炙的類化。"燅""燊"筆畫微異，屬異寫關係，從炙從炎，為"燅"變換義符，亦即"燅"的異構字。

《說文·火部》："燂，火熱也。從火覃聲。""燂"從火覃聲，表燒熱、烤熟義，與"燅"屬不同的字。"燂""燅"同屬齒音侵部，古音相近，且所表詞義中都含有熱的義素。二字音近義通，當為同源字，古籍亦通用。《正字通·火部》："燂，《說文》：'火熱也。'與燅通。"黃侃《蕲春語》："吾鄉又謂納肉水中，以火煨之，久而後熟，曰燂湯。""燂"通作"燅"。皆其例。

《說文·火部》："爛，火爛也。從火閻聲。""爛"從火閻聲，本義指火焰，與"燅"屬不同的字。"燅""爛"談侵旁轉，古音相近，二字音近通假。《禮記·禮器》："三獻爛，一獻孰。"鄭玄注："爛，沈肉于湯也。"《晉書·苻生載記》："生剝牛羊驢馬，活爛雞豚鵝。""爛"通作"燅"。是其例。又《說文·炎部》："燂，火行也。從炎占聲。""燂"從炎占聲，表火光閃爍義，與"燅"分屬異字。"燂""燅"談侵旁轉，二字亦音近通假。屈原《楚辭·大招》："炙鴰烝鳧，煔鶉敶只。"洪興祖補註："煔，沈肉於湯也。""煔"通作"燅"。是其例。該組重文辨析圖示如下：

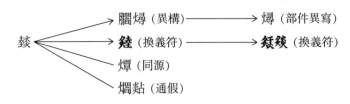

［060］檐：簷 檌 櫩 𤗊 产

《五音集韻·鹽韻》："檐、簷、檌、𤗊、产，屋檐。《说文》曰：'檐，梍也。'"又"櫩，步櫩，長廊也"。(P89上)

按：《說文·木部》："檐，梍也。从木詹聲。臣鉉等曰：'今俗作簷，非是。'"段玉裁注："梍之言隒也，在屋邊也。"《廣雅·釋宮》："檐，梠也。""檐"从木詹聲，本義表屋頂向旁伸出的邊沿部分，如"屋檐"，也引申為屋檐下的走廊、物體四邊凸出狀似屋檐的部分等義。《玉篇·竹部》："簷，余廉切，屋簷。與檐同。"《龍龕手鏡·竹部》："簷，音盐，與檐同。"《廣韻·鹽韻》："檐，屋檐。《说文》曰：'檐，梍也。'簷上同；檌亦同。"晉陶潛《歸園田居五首》之一："榆柳蔭後簷，桃李羅堂前。""簷"即"檐"。"木""竹"二旁義近可通。"簷"从竹詹聲，即"檐"換義符的異構字。

《玉篇·木部》："檐，余瞻切，屋檐前也。檌同上。"《正字通·木部》："檌，同檐。"南朝梁王僧儒《夜愁》："檌露滴為珠，池水合成璧。""檌"即"檐"。"檌"之"閻"與"檐"同屬喻紐談部。"檌"从木閻聲，即"檐"換聲符的異構字。又《類篇·木部》："檐、檌、櫩，余簾切，《說文》：'梍也。'或从閻；从闇。"《廣韻·鹽韻》："櫩，步櫩，長廊也。"《正字通·木部》："櫩，檐、檌並同。"《重訂直音篇·木部》："櫩，與簷同。櫩同上。""櫩"之"闇"與"檐"同屬喻紐談部。"櫩"从木闇聲，亦即"檐"的換聲符字。

《集韻·鹽韻》："檐、檌、櫩、簷、𤗊、产，《說文》：'梍也。'或从閻；从闇；亦作簷、𤗊、产。"《正字通·爿部》："𤗊，俗字，本作檐。"《重訂直音篇·爿部》："𤗊，與簷同。""𤗊"之"爿"見於《說文解字注》："爿，反片為爿。讀若牆。"《通志·六書略一》："爿，判木也。""爿"从半木，表劈木而成的木片義，故"檐"字可从"爿"。"𤗊"从爿詹聲，即"檐"換義符的異構字。又《說文·产部》："产，仰也。从人在厂上。一曰屋梠也，秦謂之桷，齊謂之产。"段玉裁注："此謂齊謂之产者，蓋齊人或云檐，或云产也。""产"表屋梠，即屋檐義，與"檐"屬不同的字。"产""檐"同屬舌音談部（"檐"之"詹"

从尸得聲），古音相近，且均表屋檐義。二字音近義同，古籍亦見訓詁，蓋為一組同聲符的同源字。該組重文辨析圖示如下：

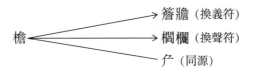

[061] 籢：籢 帟 匲 奩 盇

《五音集韻·鹽韻》："匲，盛百香器也，又鏡匲。俗作奩（甯忌浮校作'盇'）。籢、匲、盇、帟並同上義。"（P89 上）

按：《說文·食部》："籢，鏡籢也。从竹斂聲。"徐鍇繫傳："籢，斂也，所以收斂也。今俗作匲。"段玉裁注："《玉篇》引《列女傳》曰：'置鏡籢中。'別作匲，俗作奩。《廣韻》云：'盛香器也。'""籢"从竹斂聲，本義表古代盛梳妝用品的匣子。《龍龕手鏡·竹部》："籢，力盐反，香籢也。與匲同。"《廣韻·鹽韻》："匲，盛香器也，又鏡匲也。俗作奩。籢同上。"唐韓愈《太行皇太后挽歌詞三首》之三："只有朝陵日，妝匲一暫開。""匲"即"籢"。"匚"指盛物器皿，故"籢"可取"匚"作為義符，且"斂""僉"同屬談部，古音相近。"匲"从匚僉聲，即"籢"換聲義符的異構字。後世多通行"匲"，"籢"淪為異體。今簡化字作"奁"。

《集韻·鹽韻》："籢（'籢'異寫）、匲、匳、奩、帟，《說文》：'鏡籢也。'或作匲、匳、奩、帟。"《類篇·巾部》："帟，離鹽切，鏡籢也。"《四聲篇海·巾部》："帟，力鹽切，盛香器也，鏡匲也。俗作奩。"《正字通·巾部》："帟，籢、匲並同。《集韻》作帟。"《重訂直音篇·巾部》："帟，音廉，鏡帟。"鏡籢所盛之物大多為古代女性香巾類梳妝用品，故"匲"可取"巾"作為義符。"帟"从巾斂聲，為"籢"變換義符，亦即"匲"換聲義符的異構字。

《玉篇·匚部》："匲，力占切，盛香器也。亦作籢。匳同上。"《類篇·匚部》："匲、匳、奩，離鹽切，鏡籢也。或作匲、匳、奩。"《字彙·匚部》："匲，同匳。俗作奩。"《正字通·匚部》："匲，俗匳字。"

《重訂直音篇·匸部》："匲，音廉，鏡匲。匳同上。"元王士熙《送王在中代祀秦蜀山川》："香浮曉露金匳湮，旛拂春煙絳節齊。""匳"即"匲"。"匲"即"匲"俗寫訛變形成的異寫字。

"奩"為"盦"訛字，甯忌浮所校可从。《龍龕手鏡·匸部》："盦，俗；匲，正，力潛反，香匲，鏡匲，盛物匣也。"《字彙·大部》："奩，力鹽切，音廉，鑑匣也。"《後漢書·皇后紀上》："會畢，（明）帝从席前伏御牀，視太后鏡奩中物，感動悲涕。"李賢注："奩，鏡匣也。""奩"即"匲"俗寫訛變形成的異寫字。又《類篇·大部》："奣，離鹽切，《說文》：'鏡籢也。'"《字彙補·大部》："奣，奩字省文。"《重訂直音篇·大部》："奩，音廉，鏡奩，香奩。奣同上。""奣"為"奩（匲）"俗寫省變形成的異寫，亦即"匲"的異體字。該組重文辨析圖示如下：

卷 七

[062] 緫: **總 揔 摠 惣 枀**

《五音集韻·董韻》："**緫**、**揔**，作恐切，聚束也，合也，皆也，眾也。**惣**俗；**總**、**摠**、**枀**並古文。"（P91下）

按：《說文·糸部》："**緫**（緫），聚束也。从糸悤聲。臣鉉等曰：'今俗作揔，非是。'"段玉裁注："謂聚而縛之也，悤有散意，系以束之。俗作揔。""緫"即"緫"篆文**緫**的隸定字，隸變作"緫"，表聚合、系結、統括等義。今簡化字作"总"。《集韻·董韻》："緫、揔、總、摠、枀，祖動切，《說文》：'聚束也。'一曰皆也。或从手；古作總、摠、枀。"《四聲篇海·糸部》："緫，作孔切，聚束也，合也，皆也，眾也。"《字彙·糸部》："緫，俗總字。""緫"从糸悤聲，即"緫"的隸定異寫字。

《廣韻·董韻》："緫，聚束也，合也，皆也，眾也。作孔切。揔上同；惣俗。"《九經字樣·手部》："揔，《說文》作緫，經典相承通用。"《隸辨》卷三引《晉鄭烈碑》："**揔**文武之弘略"，按云："《廣韻》揔與緫同。""緫"表聚束、系紮義。系束的動作與手相關，故字可取"手"作為義符。"揔"从手忽聲，即"緫"換義符的異構字。另《集韻·束韻》："揔，手進物。""揔"除了表聚束義外，也引申為手持義，而"緫"沒有此義項。"揔"為"緫"的寬式異體字。

《類篇·手部》："揔、摠，祖動切，聚束也。或作揔。"《字彙·手部》："揔，同摠。"《正字通·手部》："揔，同緫。"《重訂直音篇·手部》："揔、**摠**，總同，合也。""揔""**摠**"筆畫微異，均从手悤聲，為

“揔”部件異寫，亦即“緫”換義符的異構字。又《四聲篇海·牛部》：“㹅，作孔切，聚也，合也，皆也，眾也。”《字彙·牛部》：“㹅，同緫。”“㹅”為“揔”俗寫訛變，將“扌”增加一小撇，或横畫帶筆，就變成了“牜”。敦煌寫本《廬山遠公話》《二教論》“揔”俗體作㹅①，唐《於孝顯碑》“揔”作㹅②，皆其例。“㹅”从牜（扌）怱聲，為“揔”部件異寫，亦即“緫”的異構字。

《類篇·糸部》：“總、𦃇，祖動切，聚束也。古作𦃇。”《字彙·糸部》：“䋴，義同。”《正字通·糸部》：“䋴，同總，《集韻》總古作䋴。按从凶無義，必非古文，宜刪。”“䋴”“𦃇”筆畫微異，屬同字異寫，但構形不明。“總”秦漢文字作䋴、䋴③、䋴形④。疑“𦃇”之“凶”蓋為秦漢文字中的右部“匆”“悤”諸形訛變所致⑤，並進一步訛變作“凶”。“䋴”也可視為理據重構，“凶”為聲符，與“緫”同屬東部，古音相近。“䋴”从糸凶聲，即“緫”換聲符的異構字。該組重文辨析圖示如下：

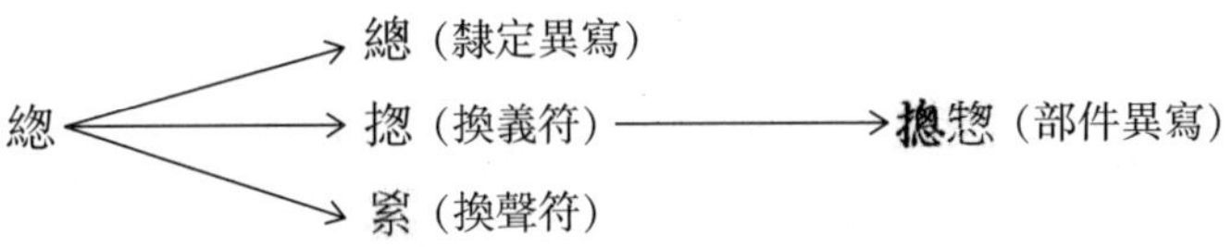

［063］蚌：蜯 鮮 硥 蛖 螷 蠯

《五音集韻·講韻》：“蚌、蜯、鮮、硥、蛖，蛤也。”（P93 上）

《五音集韻·梗韻》：“螷、蠯、蜯、蚌。”《說文》：“蜌也，脩為螷，圓為蠇。”（P127 下）

按：《說文·虫部》：“蚌，蜃屬。从虫［丰］聲。”《玉篇·虫部》：

① 黃徵：《敦煌俗字典》，上海教育出版社 2005 年版，第 574 頁。

② 秦公：《碑別字新編》，文物出版社 1985 年版，第 387 頁。

③ 張守中：《睡虎地秦簡文字編》，文物出版社 1994 年版，第 194 頁。

④ 《漢語大字典》字形組：《秦漢魏晉篆隸字形表》，四川辭書出版社 1986 年版，第 925 頁。

⑤ 徐在國：《隸定古文疏證》，安徽大學出版社 2002 年版，第 267 頁。

"蚌，步項切，蜃屬。""蚌"从虫丰聲，表蜃屬義。《玉篇·虫部》："蠯，步項切，蠯蛤也。蚌同上。"《廣韻·講韻》："蚌，蛤也。蠯上同。"《龍龕手鏡·虫部》："蠯，通；蚌，正，白項反，蚌蛤也。"《類篇·虫部》："蚌、蠯，部項切，《說文》：'蜃屬。'一曰美珠。或作蠯。"《文選·張衡〈南都賦〉》："巨蠯函珠，駮瑕委蛇。"李善注："蠯與蚌同。"《韓非子·五蠹》："民食果蓏蠯蛤，腥臊惡臭而傷害腹胃。""蠯"即"蚌"。"蠯"之"奉"與"蚌"同屬並紐東部。"蠯"从虫奉聲，即"蚌"換聲符的異構字。

《集韻·講韻》："蚌、蠯、鮏、碵、蚣，《說文》：'蜃屬。'一曰美珠。或作蠯、鮏、碵、蚣。"《五音集韻》承錄之。"鮏"非"蚌"異體，字見《正字通·雨部》："鮏，舊注同蚌。按《山海經》英山招水中，多鮏魚，狀如鱉，音如羊，注讀若蚌。據《山海經》鮏與蚌同音，魚屬，非蚌蛤類也。"《山海經·西山經》："（英山）禹水出焉，北流注入招水，其中多鮏魚，其狀如鱉，其音如羊。"可證其是。"鮏"从魚丰聲，表魚名義，非指蚌蛤。"鮏""蚌"同屬並紐東部，但未見文獻通假字例。二字為同音字。

《玉篇·石部》："碵，步項切，亦作蚌。"《類篇·石部》："碵，部項切，蜃屬，一曰美珠。又母項切，石皃。"《字彙·石部》："碵，與蚌同。又武項切，音莽，石貌。"從字形上看，"碵"从石龙聲，本義表石塊高大貌，與"蚌"當屬不同的字。"蚌""碵"同屬唇音東部，二字音近通假。《淮南子·墜形》："雒棠武人在西北陬，碵魚在其南，有神二人，連臂為帝。"高誘注："碵，讀如蚌也。"是其例。又《玉篇·虫部》："蚣，莫江切，蚣螻，螻蛄類。"《龍龕手鏡·虫部》："蚣，莫汪反，螻蛄也。""蚣"从虫龙聲，本義指蚣螻，與"蚌"分屬異字。"蚌""蚣"同屬唇音東部，二字亦音近通假。如《淮南子·脩務》："食嬴蚣之內。"《太平御覽》引"蚣"作"蚌"。《淮南子·天文》："月死而嬴蚣膲。"《太平御覽》九四一引"蚣"作"蚌"。皆其例。

《說文·虫部》："蠯，階也（段注本改作'蛙也'）。脩為蠯，圓為蟥。从虫庳［聲］。"《爾雅·釋魚》："蛙，蠯。"郭璞注："今江東呼蚌長而狹者為蠯。""蠯"从虫庳聲，本義指外形狹長的蚌類，與"蚌"分屬二字。"蠯""蚌"同屬並紐，支東旁對轉，古音相近，且均指蚌蛤。二字音近義同，古籍亦可互訓，蓋為同源字。又《廣韻·支韻》："蠯，

《爾雅》曰‘蛭，蟙’，即蚌屬也。蟙上同。”《集韻·支韻》：“蟙、蠦，蚌狹而長者為蟙。或作蠦。”《字彙·虫部》《正字通·虫部》亦云：“蟙，同蠦。”《周禮·天官·鼈人》：“祭祀，共蠦、蠃、蚳以授醢人。”“蠦”即“蟙”，“虫”“蜀”二旁義近古通。“蠦”從蜀庫聲，即“蟙”換義符的異構字。該組重文辨析圖示如下：

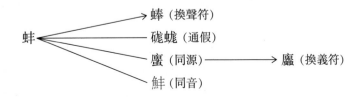

[064] 跬：趌 踂 蹞 竅 頃

《五音集韻·旨韻》：“**跬、趌、頃、踂、竅、蹞**，丘癸切，舉一足。”（P94 上）

按：《說文·走部》：“趌，半步也。从走圭聲。讀若跬同。”段玉裁注：“趌，今作跬。《司馬法》曰：‘一舉足曰跬，跬三尺。兩舉足曰步，步六尺。’”“趌”從走圭聲，表半步義。《玉篇·走部》：“趌，丘弭切，半步也，舉一足也。與跬字同。”《廣韻·紙韻》：“跬，舉一足，丘弭切。趌上同。”《龙龕手镜·走部》：“趌，丘弭反，半步也，舉一足曰趌，再舉曰步。與跬同。”《方言》卷十二：“跬，半步為跬。”錢繹箋疏：“《說文》：‘趌，半步也。’讀若跬同。趌、跬古今字。”“走”“足”二旁意義相關古通。“跬”從足圭聲，即“趌”換義符的異構字。後世多通行“跬”，“趌”淪為異體。今簡化字作“跬”。

《玉篇·足部》：“跬，羌捶切，舉一足行也。踂同上。”《集韻·紙韻》：“趌、跬、頃、踂、竅、蹞，犬繠切，《說文》：‘半步也。’或作跬、頃、踂、竅、蹞。”《荀子·勸學》：“故不積踂步，無以至千里。”楊倞注：“半步曰踂，踂與跬同。”“跬”“頃”同屬溪紐，支耕對轉，古音相近。“蹞”從足頃聲，即“跬”換聲符的異構字。又《類篇·足部》：“跬、踂、蹞，犬繠切，《說文》：‘半步也。’或作踂、蹞。”《字彙補·足部》：“蹞，丘葵切，音頍。《集韻》：‘舉一足也。’”“跬”上古溪紐支部，中古歸入紙韻；“蹞”之“頎”上古定紐微部，中古歸入脂韻。中古支、脂、之三韻不分，故紙韻的“跬”可換用從脂韻的“頎”作為聲符。“蹞”從足頎聲，亦即“跬”換聲符的異構字。

《說文·穴部》：“窺，小視也。從穴規聲。”“窺”從穴規聲，表小視義，與“跬”屬不同的字。“窺”“跬”同屬溪紐支部，二字同音通假。《漢書·息夫躬傳》：“京師雖有武蠭精兵，未有能窺左足而先應者也。”顏師古注：“蘇林曰：‘窺，音跬。’師古曰：‘跬，半步也，言一舉足也。’”是其例。又《說文·頁部》：“頃，頭不正也。從匕從頁。”“頃”本義表頭不正，與“跬”分屬異字。“跬”“頃”古音相近，二字亦音近通假。《禮記·祭義》：“故君子頃步而弗敢忘孝也。”鄭玄注：“頃，當為跬，聲之誤也。”陸德明釋文：“一舉足為跬，再舉足為步。”宋范成大《與時敘觀老納涼池上》：“會心不在遠，頃步便得之。”“頃”通作“跬”。皆其例。該組重文辨析圖示如下：

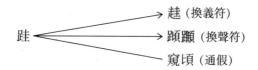

跬　⟶　趌（換義符）
　　　⟶　頤蹞（換聲符）
　　　⟶　窺頃（通假）

［065］蟻: 螘 蟻 蠢 蟻 蛾 壟 座

《五音集韻·旨韻》：“螘、蟻、蠢、蟻、蛾、壟、座，《爾雅》：‘蚍蜉，大螘，小者［螘］。’”（P94上）

按：《說文·虫部》：“螘，蚍蜉也。從虫豈聲。”“螘”從虫豈聲，本義表螞蟻。《廣韻·紙韻》：“螘，《爾雅》曰：‘蚍蜉，大螘，小者螘。’魚倚切。蟻上同；蛾上同，見《禮》。”《龍龕手鏡·虫部》：“螘（‘螘’異寫）、蟻，魚綺反，大曰蚍蜉，小曰螘子。”《集韻·尾韻》：“螘，蟲名，蚍蜉也。或作蟻。”《類篇·虫部》：“螘，魚綺切，蟲名，《說文》：‘蚍蜉也。’或作蟻。”《字彙·虫部》：“螘，與蟻同。又姓。”“蟻”之“義”與“螘”同屬疑紐，歌微旁轉，古音相近。“蟻”從虫義聲，即“螘”換聲符的異構字。後世多通行“蟻”，“螘”淪為異體。今簡化字作“蚁”。

《集韻·紙韻》：“螘、蠢、蟻、蛾、蟲，語綺切，蟲名。《說文》：

'蚍蜉也。' 或作螘、蟻、蛾、螘。"《類篇·虫部》："螘、螘，語綺切，蟲名。或作螘。"《四聲篇海·虫部》："螘，魚倚切，《爾雅》曰：'蚍蜉，大螘，小者蟻。'""虫""蚰"二旁義近古通。"螘"從蚰義聲，即"蟻"換義符的異構字。又《四聲篇海·虫部》："螘，魚倚切，《爾雅》曰：'蚍蜉，大螘，小者蟻。'"《字彙補·虫部》："螘，同蟻，見《集韻》。亦作螘。""螘"從蚰豈聲，為"螘"變換義符，亦即"蟻"換聲義符的異構字。

《說文·虫部》："蛾，羅也。從虫我聲。"段玉裁注："蛾，羅，見《釋蟲》。許次與此，當是蟻一名蛾。蛾是正字，蟻是或體。"《爾雅·釋蟲》："蚍蜉，大螘。"陸德明釋文："螘，本亦作蛾。俗作蟻字。""蛾"之"我"與"蟻"同屬疑紐歌部。"蛾"從虫我聲，為"蟻"換聲符異構。另《玉篇·虫部》："蛾，蠶蛾也。""蛾"除了表螞蟻義外，還引申為蠶蛾義，一種形狀像蝴蝶、有四個帶鱗片翅膀的昆蟲。"蟻""蛾"由一字異體逐漸分化為兩個不同的字。"蟻"音魚倚切，主要表螞蟻義及與螞蟻相關聯的引申義；"蛾"音五何切，主要表蠶蛾，一般不再記錄螞蟻義。今現代漢語"蟻（蟻）""蛾"涇渭分明，分為二字。

《玉篇·虫部》："螘，宜倚切，螘，蚍蜉。塵、塵並同上；蟻同上。"《四聲篇海·虫部》："塵，宜倚切，與螘同。"《字彙補·虫部》："塵，《集韻》與蟻同。亦作塵。""塵"構形不顯，當為"蟻"異構。螞蟻是一種體小、呈黑、褐、紅等色的小昆蟲，生活在地下，做窩群居，習性喜土，故"蟻"可從"土"。螞蟻有住在房屋牆下的習性，善於緣牆而走，故字又可取"广（'广'表依山崖建造的房屋義）"作為義符。"塵"從蚰從广從土，蓋取屋下牆土中窩居小蟲的構意，即"蟻"製字方法不同的異構字。又"塵"蓋為"塵"書寫訛變，將"虫"部訛作"夕"，為"蟻"俗寫變異的異體字。"塵"也可視為理據重構，"夕"為聲符，與"蟻"鐸歌通轉，古音相近。"塵"從虫從广從土、夕聲，亦即"蟻"的異構字。該組重文辨析圖示如下：

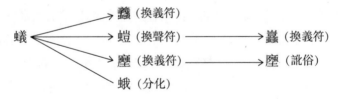

[066] 髓：髄　髓　䯝　䯼　䯏　䯐

《五音集韻·旨韻》：“髓、髄、䯝、䯏、隋、䯐，息委切，《說文》作髄，骨中脂也。”（P96 上）

《五音集韻·至韻》：“髓、髄，骨脂。”（P142 上）

按：《說文·骨部》：“髄（髓），骨中脂也。从骨𨂃聲。”“髄”即篆文髄的隸定字，从骨𨂃聲，本義表骨髓，一種骨中的膠狀物質。《玉篇·骨部》：“髓，先委切，骨中脂也。髄同上，出《說文》。”《廣韻·紙韻》：“髓，《說文》作髄，骨中脂也。”《正字通·骨部》：“髄，髓本字。”“髓”所从“道”為“隨”省體。《集韻·支韻》：“隨，古作遀。”《篇海類篇·辵部》：“道，與隨同。”皆其證。“道”“𨂃”同屬歌部，古音相近。“髓”从骨道（隨省）聲，即“髄”換聲符的異構字。後世多以“髓”為正字，“髄”淪為異體。今簡化字作“髓”。

《龍龕手鏡·骨部》：“髓，省；髄，正，息委反，骨中脂也。”《集韻·真韻》：“髄、髓，骨脂也。或省。”《字彙·骨部》：“髓，同髄。”《正字通·骨部》：“髄，同髄、䯝。舊注古髓字非。”“髄”从骨隨聲，不省，即“髓”的部件異寫字。又《集韻·紙韻》：“髄、髓、䯝、隋、䯐，選委切，《說文》：‘骨中脂也。’或作髓、䯝、隋、䯐。”《類篇·骨部》：“髄、髓、䯝、隋，選委切，《說文》：‘骨中脂也。’或作髓、䯝、隋。”《四聲篇海·骨部》：“髓，息委切，《說文》作䯝，骨中脂也。”《字彙·骨部》：“䯝，同髓。”《正字通·骨部》：“䯝，同髓，俗省。”“䯝”之“脊”為“道（隨）”省形。“䯝”从骨脊（道省）聲，即“髓”的省體字。

《四聲篇海·骨部》：“隋，息委切，《說文》作髄，骨中脂也。”《字彙·骨部》：“隋，古髓字。”“隋”从骨𨂃省聲，為“髄”省體，亦即“髓”換聲符的異構字。又《四聲篇海·骨部》：“䯼，音髓，見《韻會》，新集增入。”《字彙·骨部》：“䯼，古髓字。”《正字通·骨部》：“䯼，同髄省，《漢書》作。”《漢書·揚雄傳下》：“腦沙幕，䯼餘吾。”顏師古注：“䯼，古髓字。”“䯼”之“冎”為“脊”部異寫。“䯼”从骨冎（道省）聲，屬“䯝”部件異寫，亦即“髓”的異體字。

《玉篇·肉部》：“髓，骨髓。本从骨。”《龍龕手鏡·肉部》：“髓，俗，音髓，骨髓，正從骨作。”《類篇·肉部》：“髓，選委切，《說文》：‘骨中脂也。’”《字彙·肉部》：“髓，同髓。本从骨。”《正字通·肉部》：“髓，俗髓字。”“骨”“肉”二旁意義相關古通。“髓”從肉㐬聲，即“髓”換義符的異構字。該組重文辨析圖示如下：

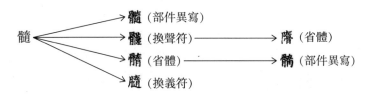

[067] 耜：耟 枱 杞 耛 梩

《五音集韻·旨韻》：“耜、耟、枱、梩、杞、耛，耒耜。《世本》云：‘倕作耜。’《古史考》曰：‘神農作耜。’”（P96 上）

按：“耜”不見《說文》。《玉篇·耒部》：“耜，詳里切，耒端也。”《釋名·釋用器》：“耜，似也，似齒之斷物也。”《六書故·植物一》：“耜，耒下刺土臿也。古以木為之，後世以金。”“耜”從耒㠯聲，本義指耒下端鏵土的部分，先以木為之，後改用金屬，用以翻土，也引申為一般田器、掘土器具。《廣韻·止韻》：“耜，耒耜。《世本》曰：‘倕作耜。’《古史考》曰：‘神農作耜。’耛上同。”《龍龕手鏡·耒部》：“耟、耜，音似，耒耜，田器也。二同。”《字彙·耒部》：“耟（‘耛’異寫），同耜。”“耟”之“㠯”與“耜”同屬邪紐之部。“耟”從耒㠯聲，即“耜”換聲符的異構字。

《類篇·耒部》：“耜、耟、耛，象齒切，田器，又臿也。或作耟、耛。”《字彙·耒部》：“耜，詳子切。耛同上。”《正字通·耒部》：“耛，同耜。”“耜”之“㠯”為“以”篆文㠯的隸定字形。後世字書多以“㠯”為“以”古文，如《玉篇·人部》：“以，餘止切，用也。古作㠯。”《廣韻·止韻》：“以，用也。古作㠯。”皆是。“耛”從耒以（㠯）聲，即“耜”的部件異寫字。

《說文·木部》：“枱，臿也。从木㠯聲。一曰徙土輂，齊人語也。臣鉉等曰：‘今俗作耜。’粴，或从里。”《玉篇・木部》：“梠，詳里切，臿也，與耜同。梩同上。”《四聲篇海・木部》：“梠，詳里切，臿也。與耜同。”《字彙・木部》：“梠，同耜。”“梠”戰國文字作𣏌、𣏌形①，均从木，是較古老的構形。“耜”應據“梠”變換義符，臣鉉曰“今俗作耜”甚是。“耜”从耒㠯聲，為“梠”換義符的後起異構字。後世多通行“耜”，“梠”淪為異體。另《集韻・之韻》：“梠，《博雅》：‘𣂁斗謂之梠，所以抒水。’”“梠”除了表挖土農具義外，還表運土工具、取水具義，而“耜”沒有此義項。“梠”為“耜”的寬式異體字。

“梩”即“梠”或體粴的隸定字。《集韻・止韻》：“梠、梩、耜、耛、杞、𥝢，田器，《說文》：‘臿也，一曰徙土輂，齊人謂。’或作梩、耜、耛、杞、𥝢。”“梩”之“里”與“㠯（以）”同屬之部，古音相近。“梩”从木里聲，為“梠”變換聲符，亦即“耜”換聲義符的異構字。又“杞”為“𣏌”訛誤，當校。《重訂直音篇・木部》：“梠，音似，耒梠，臿也。𣏌梠同；梩同上。”“𣏌”从木巳聲，為“梠”變換聲符，亦即“耜”換聲義符的異構字。② 該組重文辨析圖示如下：

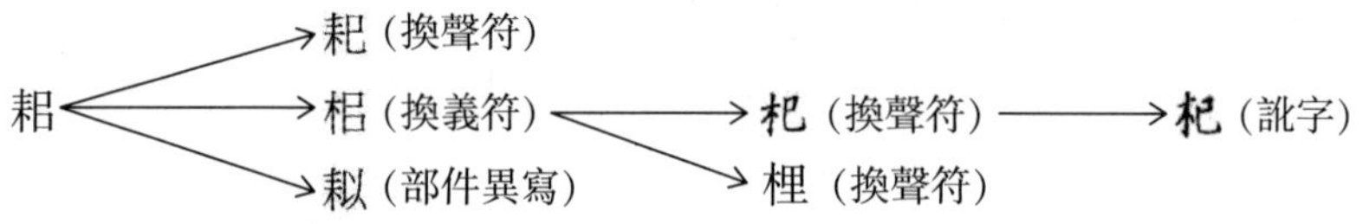

[068] 徙：𨑒　𢓊　𨔄　𡱁　𨘓

《五音集韻・旨韻》：“徙、𨑒、𢓊，移也，遷也。𡱁、𨘓並古文。”又“𨔄、移也”。（P96 上）

按：《說文・辵部》：“𨑒，迻也。从辵止聲。𢓊，徒或从彳；𡱁，古文徙。”朱駿聲通訓定聲：“今隸體作徙，不作𨑒。”“徙”金文作𢓊、

---

① 湯餘惠：《戰國文字編》，福建人民出版社 2001 年版，第 368 頁。

② 又《玉篇・木部》：“𣏌，袪巳切，藥枸杞。”《龍龕手鏡・木部》：“𣏌，音起，木名，又枸杞也。”此“𣏌”从木巳聲，為“杞”異體字，表枸杞義，與“耜”異體“𣏌”屬於同形字。

🔾①，像雙足行於道路上，會遷移意，篆文變作🔾，右下“止”移位于“彳”下。“徙”即“徙”篆文🔾的隸變字，从彳从步，本義表遷移，也引申為轉移、變化等義。《玉篇·辵部》：“迻，斯子切，移也。今作徙同。迻同上。”《字彙·辵部》：“迻，與徙同，移也。”“迻”亦為“🔾”之隸變，从彳从步，為“徙”隸變取法不同的異體字，或稱隸變異寫字。

“徏”即“徙”或體🔾的隸定字，蓋源於“徙”金文作🔾、🔾、🔾等形②演變。《集韻·紙韻》：“迻、徏、徙、𢕬、𨀥，想氏切，《說文》：‘迻也。’或从彳；亦作徙；古作𢕬、𨀥。”《類篇·彳部》：“徏，想氏切，《說文》：‘迻也。’”《字彙·彳部》：“徏，同迻。”《正字通·彳部》：“徏，徙、迻並同。”《重訂直音篇·彳部》：“徙，想里切，遷移也，避也。徏同上。”“徏”从彳从止（步省），即“徙”的省體字。又《字彙補·彳部》：“迻，與迻同。”“辵”“彳”二旁義近古通。“迻”从辵从步，即“徙”換義符的異構字。

“𢕬”即“徙”古文🔾的隸定變體。古文🔾構形不明。③竊疑🔾从尾（尾）从米，為“屎”初文。桂馥《說文解字義證》：“《詩·板》‘民之方殿屎。’屎即🔾之省文，借徙字也。”高亨亦云：“《說文》‘徙古文作🔾’。按🔾當作𡱂，从尾从米，即今之屎字。”④皆其證。“𢕬”為“屎”古文異體，與“徙”脂支通轉，古音相近，但未見文獻通假字例。二字為音近字，此蓋因音近而古文誤植。又《四聲篇海·辵部》：“𨀥，與迻同。”《字彙補·辵部》：“𨀥，古文徙字。”《古文四声韵》卷三纸韵引《古老子》“徙”作🔾，與“𨀥”形近，或其隸定所本，溯其字源，當源於“徙”楚简文字作🔾、🔾，戰國印文作🔾、🔾等形⑤變異。“𨀥”从辵

---

① 容庚：《金文編》，中華書局 1985 年版，第 98 頁。

② 同上書，第 119 頁。

③ 徐在國云甲骨文有“🔾”字作🔾、🔾、🔾，金文作🔾，均从尸从沙省聲，與徙相同，可讀為徙。師玉梅認為🔾為同音假借字，與“徙”字形演變無關。參見徐在國《隸定古文疏證》，安徽大學出版社 2002 年版，第 42 頁；李學勤主編：《字源》，天津古籍出版社、遼寧人民出版社 2012 年版，第 121 頁。

④ 高亨著，董治安整理：《古字通假會典》，齊魯書社 1989 年版，第 574 頁。

⑤ 湯餘惠：《戰國文字編》，福建人民出版社 2001 年版，第 95 頁。

絫聲，蓋即"徙"製字方法不同的異構字。該組重文辨析圖示如下：

[069] 兕：𡴆 𡴂 兊 兒 雉

《五音集韻·旨韻》："兒、𡴆、𡴂、雉，《爾雅》曰：'兕似
牛。'郭璞曰：'一角，青色，重千斤。'兕古文；兊俗。"（P96 上）

按：《說文·𡴂部》："𡴂（兕），如野牛而青。象形。𠷂，古文从
兒。"段玉裁注："象形，謂上象其頭，下象其足、尾也。古文从兒，蓋
亦謂其似人胻也，虎足亦與人足同。今字兕行，而𡴂不行。漢隸作兊，
《經典釋文》云：'本又作兊。'""兕"甲骨文作𡴆、𡴆、𡴆等形[1]，像
頭頂上長着獨角的犀牛狀；也有作𡴆、𡴆形[2]，下半像軀幹的形體簡化為
兩筆。段玉裁未見甲骨字形，古文訓釋不確，不足為據。"𡴆"即"兕"
篆文𡴂的隸定字，隸變作"𡴂"，來源於甲骨文𡴆、𡴆、𡴆諸形演變，
本義指犀牛。"兒"則為"𡴂"古文𠷂的隸變字，當源於"兕"甲骨文
作𡴆、𡴆諸形變異。後世多通行"兕"，"𡴂""𡴆"淪為異體。今簡化
字作"兕"。

《干祿字書·上聲》："兊、兕，上俗下正。"《集韻·旨韻》："𡴆、
兕、𡴂、兊、雉，序姊切，獸名。《說文》：'如野牛而青，象形。'古作
兕、𡴂；或作兊、雉。"《類篇·𡴆部》："𡴆，如野牛而青。象形。古作
兕、𡴂、兊。"《龍龕手鏡·雜部》："兊，古；兕，正，徐死反，《山海
經》云：'似牛，蒼黑色。'""兕"漢《孔廟碑》隸書作兊。《隸辨》卷
六："兊，兕《說文》作𡴂，象形，隸變如上。今俗作兊，非。""兊"

① 中國社會科學院考古研究所編輯：《甲骨文編》，中華書局 1965 年版，第 393 頁。
② 同上書，第 394 頁。

即“兕”隸變字𠒸俗寫變異形成的異寫字，變異路徑大致是：𠒸→兕→
𠒸→𠒸、𠒸。

　　“兕”即“𡜐”古文𠒸的隸定字，隸變作“兕”。《玉篇·兕部》：
“兕，徐姊切，兕似牛，見《爾雅》。𡜐同上；兕古文。”《廣韻·旨韻》：
“兕，《爾雅》曰：‘兕似牛。’郭璞曰：‘一角，青色，重千斤。’徐姊
切。𡜐同上；兕古文；𠒸俗。”“兕”即“兕”的古文異寫字。又“雉”
從隹矢聲，本義指鳥名，又表古代計算城牆面積的單位、陳列等義，與
“兕”屬不同的字。“兕”“雉”同屬脂部，古音相近，二字音近通假。
如《史記·十二諸侯年表》：“曹惠公伯雉。”司馬貞索隱：“雉一作兕。”
《史記·齊太公世家》：“蒼兕蒼兕。”司馬貞索隱：“本或作蒼雉。”皆其
例。該組重文辨析圖示如下：

　　[070] 旨：香 盲 𠤏 𣅌 盾

　　《五音集韻·旨韻》：“旨，《說文》云：‘美也，從匕甘。’又志
也，亦作盲，見《經典》。香、盾、𣅌、𠤏、盲並古文。”（P96 下）

　　按：《說文·旨部》：“𣅌（旨），美也。從甘匕聲。盾，古文旨。”
“旨”甲骨文作𠤏、𠤏[1]，金文作𠤐、𠤐[2]，均從匕從口，篆文作𣅌，變
成從甘從匕會意，本義表美味，也引申為美好義。“香”即“旨”古文
盾的隸定變體，上方𠂆形屬“匕”之變，增衍了一橫飾筆，隸定作
“千”，來源於“旨”金文作𠤐[3]，楚簡文字作𠤐[4]等形演變。《集韻·旨
韻》：“旨、香、盾、𣅌、𠤏、盲，軫視切，《說文》：‘美也。’古作香、

①　中國社會科學院考古研究所編輯：《甲骨文編》，中華書局 1965 年版，第 217 頁。

②　容庚：《金文編》，中華書局 1985 年版，第 326 頁。

③　同上。

④　湯餘惠：《戰國文字編》，福建人民出版社 2001 年版，第 308 頁。

盾、屑、冚；或作盲。"《類篇·旨部》："旨，美也。从甘匕聲。古作舌、盾、屑、冚；或作盲。"《四聲篇海·旨部》："旨，職稚切，美也，意也，志也。香古文。""香""舌"筆畫微異，均从甘从千（匕），即"旨"的古文異體字。

《干祿字書·上聲》："盲、旨，上通下正。"《九經字樣·旨部》："旨、言（'盲'異寫），美也。从甘匕聲。上《說文》，下隸省。""盲"常見漢代隸書，如東漢《白石神君碑》"旨"作旨，《熹平石經》作盲①，皆是。《隸辨》卷六偏旁錄"旨"隸作旨，並云："旨，《說文》作旨，从甘从匕，隸變如上，亦作盲。""盲"為"旨"隸變，變異路徑大致是：旨→旨→盲→盲。"盲"从甘从宀（匕），即"旨"的隸變異寫字。又《玉篇·旨部》："旨，支耳切，美味也，意也。冚古文。"《四聲篇海·宀部》："冚，音指，古文。亦作舌、盲。"《字彙補·口部》："冚，古文旨，字見《集韻》。"《重訂直音篇·宀部》："冚，古文旨字。""冚"蓋為"盲"省訛，將"宀"省作一橫，"曰"變作"口"，亦即"旨"俗寫訛變形成的異體字。

"屑"即"旨"古文盾的隸定變體，將"卪"隸訛作"尸"，下方"旨"隸作"言"。"卪"為"人"古體，與"匕"（匕）左右異向，古文字往往不加區別。"卪（人）"置於左旁與"尸"形近，偶見訛混。如《說文·人部》"尸，古文仁或从尸"，其中的"尸（尸）"即"卪"之變。石經古文"休"作休，左旁"人"近似"尸"。②皆是。"屑"即"旨"古文隸定訛變形成的異體字。③又《字彙·厂部》："盾，諸市切，音旨，美也，又志也。"《正字通·厂部》："盾，旨字之偽。本作旨。舊注音旨，美也，又志也。與旨音義同，分為二加厂作盾誤。"竊疑"盾"亦為"旨"古文盾的隸定訛變字形，將上方"卪"（"卪"截去右下豎

---

① 《漢語大字典》字形組：《秦漢魏晉篆隸字形表》，四川辭書出版社 1986 年版，第 315 頁。

② 張富海：《漢人所謂古文之研究》，線裝書局 2007 年版，第 117 頁。

③ 又《說文·尸部》："屍，尻也。从尸旨聲。"《廣韻·至韻》："屍，身攲坐，一曰尻。""屍"表臀部、身攲坐等義，與"旨"異體"屑"當屬同形字。徐在國疑"屍""屑"即《說文》"屍"變體，並假"屍"為"旨"，恐非。參見徐在國《隸定古文疏證》，安徽大學出版社 2002 年版，第 109 頁。

筆）隸訛作"厂"（"厂"篆文作 ⎾，與⎾形近），餘下"舌"部隸作
"旨"，即成"旨"。"旨"亦即"旨"古文隸定訛變的異體字。該組重文
辨析圖示如下：

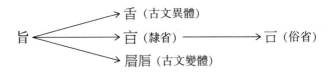

[071] 屎：菡　屚　戻　屍　矢

《五音集韻·旨韻》："菡、戻、屚、屎、屍，《說文》曰：'糞
也。'本亦作矢；俗作屎。"（P97 上）

按：《說文·艸部》："菡，糞也。从艸、胃省。""菡"从艸从胃省，
本義表糞便，也引申為分泌物、排泄等義。《廣韻·旨韻》："菡，《說
文》曰：'糞也。'本亦作矢，俗作屎。屎俗。"《字彙·尸部》："屎，與
菡同。《說文》：'糞也。'"《正字通·尸部》："屎，菡、矢、戻同。《說
文》：'菡，糞也。'《集韻》作屎。"《重訂直音篇·艸部》："菡，音使，
糞也。亦作屎、戻。""屎"从尸（尾省）从米，即"菡"製字創意不同
的異構字。後世多通行"屎"，"菡"淪為異體。今簡化字作"屎"。

《集韻·旨韻》："菡、戻、屚、屎、屍，《說文》：'糞也。从艸、胃
省。'或作戻、屚、屎、屍。"《類篇·尸部》："戻、屚、屍，矧視切，
糞也。或作屚、屍。""屚"从尸（尾省）从胃省，為"菡"變換義符，
亦即"屎"換義符的異構字。又《玉篇·尸部》："戻，施視切，糞也，
與矢同。俗作屎。"《龍龕手鏡·尸部》："戻，俗；屎，今。"《字彙·尸
部》："戻，同屎。"《正字通·尸部》："戻，同屎。古借矢。""戻"之
"矢"與"屎"同屬書紐脂部。"戻"从尸（尾省）矢聲，即"屎"製字
方法不同的異構字。

《字彙·尸部》："屍、屚，並同菡。"《正字通·尸部》："屍、屚，
同菡，糞也。"《重訂直音篇·尸部》："屎，音史，糞也。戻、屚、屍同
上。""屍"从尾矢聲，為"戻"部件異寫，亦即"屎"的異構字。又
《說文·矢部》："矢，弓弩，矢也。""矢"本義表箭，與"屎"屬不同

的字。"屎""矢"古音相同，二字同音通假。如《莊子·人間世》："夫愛馬者，以筐盛矢。"陸德明釋文："矢，或作屎同。"《史記·廉頗藺相如列傳》："廉將軍雖老，尚善飯，然與臣坐，頃之三遺矢矣。"司馬貞索隱："矢，一作屎。"《集韻·旨韻》："菡，通作矢。"皆其例。該組重文辨析圖示如下：

[072] 竢：俟 竢 佁 佚 竢 屎 㺍 逓

《五音集韻·旨韻》："俟、竢、佁、竢、㺍、逓、屎，待也。亦作竢。"又"竢、俟，不來也。《說文》引《詩》曰：'不竢不來。'从來矣聲。"（P97 上）

按：《說文·立部》："竢，待也。从立矣聲。牀史切。佁，或从巳。"段玉裁注："經傳多假俟為之，俟行而竢廢矣。""竢"从立矣聲，本義表等待。《玉篇·立部》："竢，事紀切，待也。亦作俟同。"《廣韻·止韻》："俟，待也。亦作竢。"《集韻·止韻》："竢，《說文》：'待也。通作俟。'""俟"非"竢"異體，字見《說文·人部》："俟，大也。从人矣聲。牀史切。《詩》曰：'伾伾俟俟。'"段玉裁注："此俟之本義也，自經傳假為竢字，而俟之本義廢矣。""俟"从人矣聲，本義指大，也假借為等待義。"竢""俟"同屬崇紐之部，二字同音通假。《漢書·賈誼傳》："恭承嘉惠兮，竢罪長沙。"顏師古注："竢，古俟字。"《論語·鄉黨》："君命召，不俟駕行矣。"邢昺疏："俟，猶待也。""俟"通作"竢"。皆其例。

"佁"即"竢"或體佁的隸定字。《集韻·止韻》："竢、竢、佁、佚、㺍、屎、逓、屎，《說文》：'待也。'"引《詩》"不竢不來"。或作"竢、佁、佚、㺍、屎、逓、屎"。《類篇·立部》："竢、佁，牀史切，待也。或作佁。"《四聲篇海·立部》："佁，音竢，義同。"《字匯·立部》："竢，同竢。"《正字通·立部》："竢，同竢，篆作。通作俟。""竢"之"巳"與"竢"同屬齒音之部，古音相近。"竢"从立巳聲，即"竢"換聲符的異構字。

《說文·來部》："勑，《詩》曰：'不勑不來。'从來矣聲。牀史切。，勑或从彳。"《爾雅·釋訓》："不勑，不來也。"郭璞注："不可待，是不復來。"郝懿行義疏："今通作俟。俟，待也。"《類篇·來部》："勑，牀吏切，《詩》曰：'不勑不來。'""勑"音牀史切，表等待義，與"竢"音義俱同，實為同字異構，从"來"應是受《詩》"不勑不來"的類化而改作。"勑"从來矣聲，即"竢"換義符的異構字。又"俟"即"勑"或體的隸定字。《字彙·彳部》："俟，同勑。""俟"从彳矣聲，為"勑"變換義符，亦即"竢"的換義符字。

《原本玉篇·广部》："庪，助雉反。字書或俟字也。俟，待也，在《人部》。或為竢字，在《立部》。或為字，在《戶部》。"《類篇·广部》："庪、庪，林史切，待也。或作庪。"《字彙·广部》："庪，徂里切，音事。待也。"《正字通·广部》："庪，俗竢字。"《四聲篇海·尸部》："屟，牀吏切，《說文》：'待也。'"引《詩》"不屟不來。"《字彙·尸部》："屟，鉏裡切，士上聲，待也。""庪""屟"構形不明。"广""戶（''所从）""尸"均含有簡易房屋的構義，用作義符常可換用。"庪"从"广"蓋取待於屋下的構義。"庪"从广矣聲，蓋即"竢"換義符的異構字。又"屟"从尸矣聲，為"庪"變換義符，亦即"竢"的異構字。又"庪"从广俟聲，為"庪"變換聲符，亦即"竢"的異構字。

《类篇·辵部》："逴，牀史切，待也。"《篇海類篇·辵部》："逴，待也。同竢。"《字彙·辵部》："逴，又與竢同。""彳""辵"二旁義近古通。"逴"从辵矣聲，為"俟"變換義符，亦即"竢"的換義符字。另《玉篇·辵部》："逴，魚幾切，進也。""逴"之"辵"有行走、前行義，"逴"表前進，蓋望形生訓，而"竢"沒有此義項。"逴"為"竢"的寬式異體字。該組重文辨析圖示如下：

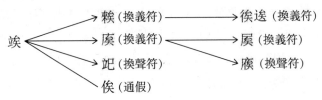

［073］視：眡 眎 眂 眡 䀸 睹

　　《五音集韻·旨韻》："視，丞矢切，比也，瞻也，效也。眡、眎、眂並古文。"（P97下）

　　《五音集韻·至韻》："視，看視。又音是。眎、眡、睹、䀸並古文。"（P143上）

　　按：《說文·見部》："視，瞻也。从見、示。眂（小徐本作'眎'），古文視；眡，亦古文視。""視"从見示聲，本義表看見，也引申為看待、照顧、眼力等義。"眡"即"視"古文眂的隸定字。《玉篇·目部》："眡，時旨切，古文視。"《廣韻·旨韻》："視，比也，瞻也，效也。承矢切。眡、眎並古文。"《周禮·春官·司服》："凡兵事，韋弁服，眡朝，則皮弁服。"鄭玄注："視朝，視內外朝之事。""眡"即"視"。"見""目"二旁義近古通，且"氏"與"視"同屬舌音脂部，古音相近。"眡"从目氏聲，即"視"換聲義符的異構字。

　　"眎"即"視"小徐本古文眂的隸變字，隸定作"眎"。《玉篇·目部》："眎，又承矢切，亦古文視。"《集韻·旨韻》："視、眎、眡、眂，善旨切，瞻也，比也。或作眎、眡；古作眂。"《四聲篇海·目部》："眎，古文視。"《字彙·目部》："眎，同視。""眎""眎"筆畫微異，均从目示聲，即"視"換義符的異構字。又"眂"即"視"古文眂的隸定字。《類篇·目部》："眎、眂，善旨切，瞻也，比也。古作眂。"《字彙·目部》："眂，古文視字。亦作眎。""眂"之"爪"為"示"古文𥘆的隸定字。"眂"从目爪（示）聲，為"眎"部件異寫，亦即"視"換義符的異構字。

　　《集韻·至韻》："視、眎、睹、䀸，《說文》：'瞻也。'或作眎、睹、䀸。"《四聲篇海·目部》："䀸，常利切，古文視。""睹""䀸"筆畫微異，屬同字異寫，所从"旨"與"視"同屬舌音脂部。"睹"从目旨聲，即"視"換聲義符的異構字。又《廣韻·旨韻》渠脂切："觀，視也。睹上同。"《集韻·旨韻》："觀、睹，《博雅》：'視也。'或从目。""睹"从目者聲，為"觀"換義符異構，表視察、觀察義，與"視"屬不同的字。"視""睹（觀）"同屬脂韻，古音相近，且均表視察義。二字音近義同，古籍亦見訓詁，蓋為同源字。該組重文辨析圖示如下：

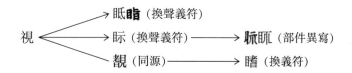

[074] 履：履 屦 徢 顉 跣

《五音集韻·旨韻》："履、屦，賤也，祿也，幸也，福也。字書云：'草曰屝，麻曰屦，皮曰履。黃帝臣於則所造。'又姓，出《姓苑》。顉、跣、徢、屦並古文。"（P98 下）

按：《說文·履部》："履（履），足所依也。从尸从彳从夂，舟象履形。顉，古文履，从頁从足。"徐灝注箋："履，踐也，行也。此古義也。""履"从尸从彳从夂从舟，表踏、踐行、鞋子等義。"屦"為"履"訛字，當校。"履"即"履"篆文履的隸定字，隸變作"履"。《五經文字·尸部》："履、履，上《說文》，下經典相承隸省。"《玉篇·履部》："履，力几切，皮也。履，又踐也，錄也。履《說文》履。"《龍龕手鏡·尸部》："履，今；履，正，力几反，踐也。"《字彙·尸部》："履，履本字。"《管子·宙合》："猶迹求履之憲也。""履"即"履"。"履"从尸从彳从夂从舟，即"履"的隸定異寫字。

《集韻·旨韻》："履、履、顉、跣、徢、屦，兩几切，《說文》：'足所依也。'或作履，古作顉、跣、徢、屦。"《字學三正·體制上》："履、屦，履以上並《說文》。"《字彙補·尸部》："屦，《集韻》古文履字。""屦"即"履"篆文履之隸省，省寫"夂"部。"屦"从尸从彳从舟，為"履"省體，亦即"履"的異構字。又"徢"為"徢"訛字，當校。《字彙·彳部》："徢，古文履字。"《正字通·彳部》："徢，同履。""徢"亦為"履"篆文履的隸省字形，省寫"尸"部。"徢"从彳从夂从舟，為"履"省體，亦即"履"的異構字。

"顉"即"履"古文顉的隸定字，蓋源於"履"楚簡文字作履、履等形①變異。《玉篇·足部》：“顧，閭几切，古履字，踐也，礼也。”《類篇·履部》：“履，足所依也。或作履；古作顧、䠤、彶、屧。”《字彙·頁部》：“顧，古文履字。”《字彙補·足部》：“顧，古文履字。見《說文長箋》。”“履”表踐行義，與足相關，故字可从“足”。“顧”从足从舟从頁，即“履”的古文異構字。又《字彙·頁部》：“䠤，古文履字。”“䠤”从足从頁，為“顧”省體，亦即“履”的異構字。該組重文辨析圖示如下：

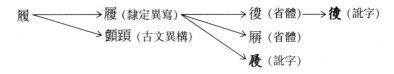

[075] 虡：虡 虞 鐻 㦗 鐻 簴 櫨

《五音集韻·尾韻》：“虞，飛虞，天上神獸，鹿頭龍身。《說文》曰：‘鐘鼓之柎也，飾為猛獸。’《釋名》曰：‘橫曰枸，縱曰虡。’虡、㦗、鐻、鐻、櫨、簴上同，俗作簴。”（P99下）

按：《說文·虍部》：“𢉖（虡），鐘鼓之柎也，飾為猛獸。从虍、異象其下足。鐻，虡或从金𢉖聲；𥰔，篆文虡省。”“虡”金文作𥰔，从𦥔虍聲，本義表鐘鼓之柎，即古代懸掛鐘、磬等架子兩旁所立的柱子。“虡”即“虡”篆文𥰔的隸定字，隸變作“虡”，來源于“虡”金文作𥰔、𥁕等形②演變。《廣韻·語韻》：“虞，飛虞，天上神獸，鹿頭龍身。《說文》曰：‘鐘鼓之柎也，飾為猛獸。’《釋名》曰：‘橫曰枸，縱曰虡。’虡上同，俗作簴。鐻上同。”《四聲篇海·虍部》：“虞，渠呂切，鐘磬之柎，以猛獸為飾也。亦作鐻。㦗古文；虡同上。”“虡”“虡”筆畫微異，屬異寫關係，从𦥔虍聲，即“虡”的古文異體字。後世多通行“虡”，“虡”“虡”淪為異體。今簡化字作“虡”。

“鐻”即“虡”或體鐻的隸定字。《玉篇·虍部》：“虞，渠呂切，鐘

<hr>

① 湯餘惠：《戰國文字編》，福建人民出版社 2001 年版，第 589 頁。
② 容庚：《金文編》，中華書局 1985 年版，第 334 頁。

磬之柎，以猛獸為飾也。亦作鐻。䖍（'虡'異寫）同上。虞古文。”“虡”表鐘鼓之柎，初為竹木制，後亦用銅制。故字可取“竹”“木”“金”作為義符，且“豦”“虍”同屬魚部，古音相近。“鐻”從金豦聲，即“虡”換聲義符的異構字。另《玉篇·虍部》：“鐻，渠呂切，器名也。”“鐻”除表鐘鼓之柎之外，也指樂器，而“虡”沒有此義項。“鐻”為“虡”的寬式異體字。

　　《重訂直音篇·金部》：“虡，音巨，鐘磬之柎，以猛獸為飾也。㯢同上。”“㯢”為“虡”異寫，從“木”表虡的材質，從“支”蓋取敲擊的構意。“㯢”從木從攴（支）虍聲，即“虡”製字方法不同的異構字。又《集韻·語韻》：“虞、虡、鐻、鐻、櫖、簴，《說文》：‘鐘鼓之柎也，飾為猛獸。’或省；亦作鐻、鐻、櫖、簴。”《類篇·金部》：“鐻、鐻，臼許切，鐘鼓之柎也。亦作鐻。”《重訂直音篇·金部》：“鐻，音巨，鐘磬之柎，猛獸懸者。鐻同上。”“鐻”從金從虞，為“虞”累增義符，亦即“虡”的異構字。

　　《集韻考正·語韻》：“虞，注亦作櫖、簴。案《類篇》同《韻會》引本書作櫖、簴。”“櫖”“簴”分別為“櫖”“簴”省形，將“虡”部省作“虛”。《龍龕手鏡·竹部》：“簴，其呂切，笋簴。《釋名》云：‘所以懸鐘鼓也，橫曰笋，縱曰簴。’”《廣韻·語韻》“虞”俗體作“簴”，字均不省。“簴”“簴”筆畫微異，均從竹從虞，即“虡”增義符的異構字。“簴”從竹從虞省，為“簴”省體，亦即“虡”的異構字。又《字彙·木部》：“櫖，與虡同，架鍾磬之柎櫖。”《正字通·木部》：“櫖，俗虡字。”《字彙補·木部》：“櫖，與虡同。”“櫖”從木從虞，為“虡”增義符的異構字。“櫖”從木從虞省，為“櫖”省體，亦即“虡”的異構字。該組重文辨析圖示如下：

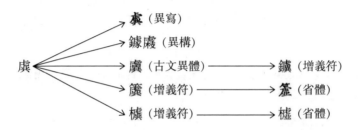

[076] 侮: **㑄　悔　伮　姆　務**

《五音集韻·虞韻》："**侮、伮、㑄、悔、姆、務**，侮慢也，侵也，輕也。"（P101 下）

按：《說文·人部》："侮，傷也。从人每聲。㑄，古文从母。""㑄"从人每聲，本義表欺負、傷害。"㑄"即"侮"古文㑄的隸定字，來源於"侮"甲骨文作𦥑①，金文作㣚②等形演變。《玉篇·人部》："侮，亡甫切，慢也。㑄，古文侮。"《龍龕手鏡·人部》："侮，音武，輕也，慢也，侵也。古文㑄同。"《集韻·噳韻》："侮、伮、㑄、悔、姆、務，《說文》：'傷也。'一曰慢也。古作伮、㑄、悔；或作姆、務。"《類篇·人部》："侮、伮、㑄，罔甫切，《說文》：'傷也。'一曰慢也。古作伮、㑄。""侮"之"母"與"每"同屬明紐之部。"㑄"从人母聲，即"侮"換聲符的異構字。又《類篇·心部》："悔，罔甫切，傷也，一曰慢也。""侮"指欺侮、輕慢，心不敬也，故字可从"心"。"悔"从心母聲，為"㑄"變換義符，亦即"侮"換聲義符的異構字。

"伮"非"侮"異體，字見《說文·女部》："奴，奴、婢，皆古之罪人也。从女从又。㑄，古文奴从人。""伮"即"奴"古文㑄的隸定字，來源於"奴"古文字作𡚴、𡚺形③演變，表奴婢義。《玉篇·女部》："奴，乃都切，奴婢也。伮同上。"《字彙·女部》："伮，古文奴字。又與侮同。"《正字通·女部》："伮，古文奴。""伮"从人从女，即"奴"換義符的古文異構字。"侮""奴"侯魚旁轉，古音相近，且均表奴婢義。《方言》卷三："侮，女婢賤稱也……秦晉之間罵奴婢曰侮。""奴""侮"音近義同，是一組因方言差異產生的同源字。

《說文·女部》："姆，女師也。从女每聲。讀若母。""姆"从女每聲，本義表女師，與"侮"屬不同的字。"姆""侮"同屬明紐，之侯旁轉，二字音近通假。《漢書·張良傳》："四人年老矣，皆以上嫚姆士，故逃匿山中，義不為漢臣。"顏師古注："姆，古侮字。"按《史記·留侯世

---

①　中國社會科學院考古研究所編輯：《甲骨文編》，中華書局 1965 年版，第 344 頁。

②　容庚：《金文編》，中華書局 1985 年版，第 568 頁。

③　張守中：《包山楚簡文字編》，文物出版社 1996 年版，第 179 頁。

家》"嫚姆"作"嫚侮"。是其例。又《說文·力部》:"務,趣也。从力
孜聲。""務"从力孜聲,表致力從事義,今簡化字作"务",與"侮"
同屬明紐侯部,二字同音通假。如《詩·小雅·常棣》:"兄弟鬩于牆,
外禦其務。"《毛傳》云:"務,侮也。兄弟雖內鬩而外禦侮也。"《左
傳·僖公二十四年》引此詩作"外禦其侮。"是其例。該組重文辨析圖示
如下:

[077] 鼓: **鼓 鼖 鼓 皷 鞁 鞁**

《五音集韻·姥韻》:"**鼓、鞁、鼖、鞁**,《說文》曰:'郭也。
春分之音,萬物郭皮甲而出,故謂之鼓。'**鼓**,鼓瑟也。**皷**俗。**鼓**,
《說文》曰:'擊鼓也。'"(P102 下)

按:《說文·鼓部》:"鼓,郭也。春分之音,萬物郭皮甲而出,故謂
之鼓。从壴,支象其手擊之也。《周禮》:'六鼓:靁鼓八面,靈鼓六面,
路鼓四面,鼖鼓、皋鼓、晉鼓皆兩面。'**鞁**,籒文鼓从古聲。"《支部》:
"鼓,擊鼓也。从支从壴、壴亦聲。""鼓""鼓"一字異體,《說文》誤
析為二字。唐蘭《殷虛文字記》:"金文鼓字,或从支,或从攴,殊無別。
卜辭則有从攴从殳二體。蓋古文字凡像以手執物擊之者,从支、殳或攴,
固可任意也。壴為鼓之正字,為名詞;鼓、鼓、殼,為擊鼓之正字,為
動詞。《說文》既以鼓為名詞之鼓,遂以鼓專動詞。"其說甚是。"鼓
(鼓)"从壴从支(攴)、壴亦聲,本義表一種用皮革蒙覆中空木桶上所製
成的打擊樂器,也作動詞,表敲擊、拍打義。今以"鼓"為正字,"鼓"
淪為異體。
"鼖"即"鼓"籒文**鞁**的隸定字。《玉篇·鼓部》:"鼓,姑戶切,瓦
為栓,革為面,可以擊也。鼖籒文。"《字彙·鼓部》:"鼖,籒文鼓字。"
《正字通·鼓部》:"鼖,籒文鼓,篆作**鞁**,加古無謂,今不从。""鼓"
"古"同屬見紐魚部。"鼖"从鼓古聲,即"鼓"增聲符的異構字。又

《集韻·姥韻》："鼓，《說文》：'擊鼓也。'"《龍龕手鏡·文部》："**敼**（'敼'異寫），俗，音古，擊也。""敼"之"攵"為"攴"異寫。《九經字樣·攴部》："攵，音撲，《說文》作攴，隸省作攵。"《廣韻·屋韻》："攴，擊也。凡從攴者作攵。"皆是。"敼"從攴從壴、壴亦聲，即"鼓"的部件異寫字。

《廣韻·姥韻》："皷，《說文》曰：'郭也。春分之音，萬物郭皮甲而出，故謂之皷。'亦作鼓。"《字彙·皮部》《正字通·皮部》亦云："皷，俗鼓字。"《隸辨》卷三《韓勑碑》"鐘磬瑟皷"，按云："《廣韻》引《說文》作皷從皮。今本《說文》作鼓從攴。"鼓為打擊樂器，取用皮革為其材質，故字可取"皮""革"作為義符。"皷"從皮從壴、壴亦聲，即"鼓"換義符的異構字。

《玉篇·革部》："鞁，姑戶切，今作鼓。"《集韻·姥韻》："鼓、鞁、瞽、鼖，《說文》：'郭也。春分之音，萬物郭皮甲而出，故謂之鼓。'古作鞁；籀從古；或從革。"《類篇·革部》："鞁、鼖，果五切，郭也。古作鞁；或作鼖。"《四聲篇海·革部》："鞁，姑戶切，今作鼓。""鞁""鞁"筆畫微異，均從革從攴，亦即"鼓"換義符的異構字。又《字彙·鼓部》："鼖，同鼓。"《正字通·鼓部》："鼖，同鼓。《集韻》作鼖、鞁。""鼖"從鼓從革，即"鼓"增義符的異構字。該組重文辨析圖示如下：

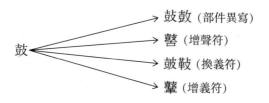

[078] 乃：

《五音集韻·海韻》："乃、迺，奴亥切，語辭也，汝也。弓、𠄎、𠧎、𠩳、𠁭並古文。"（P106 下）

按：《說文·乃部》："𠄎（乃），曳詞之難也。象氣之出難。𠄎，古文乃；𠧐，籀文乃。""乃"作代詞，相當于你、此等義，也作語氣詞，起調節音節之作用等。"弓"即"乃"篆文弓的隸定字，隸變作"乃"，來源於"乃"甲骨文作弓、乙，金文作弓，楚簡文字作弓等形①演變。《玉篇·乃部》："乃，奴改切，大也，往也，《說文》：'曳離之難也。'弓古文；弓籀文。"《四聲篇海·乃部》："弓，音乃，語辭。"《字彙·乃部》："弓，古文乃字。與上弓字不同。"其說甚是。②"弓""弓"筆畫微異，屬異寫關係，均為"乃"的隸定異寫字。

《集韻·海韻》："弓、乃、迺、弓、弓、圖、嵐，曩亥切，《說文》：'曳詞之難也。象氣之出難也。'一曰汝也。或作乃、迺；古作弓、弓、圖、嵐。"《類篇·乃部》："弓，曳詞之難也。象氣之出難。隸作乃；或作迺；古作弓、弓、圖、嵐。"《字彙補·乃部》："弓，《說文長箋》古乃字。亦作弓。""弓""弓"筆畫微異，均為"乃"古文弓的隸定字，蓋源於"乃"金文作弓③，陶文作弓等形④變異，即"乃"的古文異寫字。又"弓""弓"筆畫微異，均為"乃"籀文弓之隸定，從三弓（乃），即"乃"累增字形的古文異構字。

《廣韻·海韻》："乃，語辭也，汝也。奴亥切。迺古文。""迺"非"乃"古文，字見《說文·乃部》："卤（卤），驚聲也。從乃省西聲。籀文卤不省。或曰卤，往也。讀若仍。""嵐"即為篆文卤的隸定字，隸變作"迺""迺"，來源於"迺"金文作弓、弓等形⑤演變。後世多通行"迺"，"迺""嵐"淪為異體。"迺"表驚聲義，也假借作代詞、副詞等虛詞，與"乃"分屬異字。⑥《九經字樣·辵部》："迺，《說文》作卤，音仍，驚聲也。或曰往也。今經典相承作迺，音乃。"《玉篇·辵部》："迺，奴改切，與乃同。"《正字通·辵部》："迺，同乃，語辭，又汝也。迺、乃音義並同，故經傳雜用之。"段玉裁注"迺"云："驚聲者，驚訝之聲。與乃字音義俱別。《詩》《書》《史》《漢》發語多用此字作迺，而

---

① 高明：《古文字類篇》，台灣大通書局1986年版，第370頁。

② 又《說文·弓部》："弓，以近窮遠。象形。古者揮作弓。"此"弓"音居戎切，表弓箭義，與"乃"異體"弓"屬於同形字。

③ 容庚：《金文編》，中華書局1985年版，第318頁。

④ 湯餘惠：《戰國文字編》，福建人民出版社2001年版，第304頁。

⑤ 容庚：《金文編》，中華書局1985年版，第319頁。

⑥ 金國泰認為"卤"為象形字，像盛器內鹽鹵結晶之形，盛器下有一弧線像托盤，本義表鹽鹵。參見李學勤主編《字源》，天津古籍出版社、遼寧人民出版社2012年版，第418頁。

流俗多改為乃。”“乃”“迺”同屬泥紐之部，二字屬同音通假。《易·
坤·象傳》：“乃終有慶。”《漢書·律曆志》“乃”作“迺”。《國語·楚
語下》：“乃命南正重司天以屬神。”《漢書·郊祀志》“乃”作“迺”。皆
其例。今現代漢語“迺”併入“乃”。又“圙”“圙”筆畫微異，屬異寫
關係，其中“乚”為“乃”省形，“㢧”為“西”篆文㢧之隸定。“圙”
從乚（乃省）㢧（西）聲，即“迺”的部件異寫字。該組古文辨析圖示
如下：

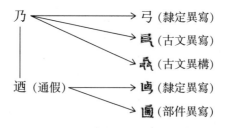

卷 八

[079] 吻：腷 肳 臀 睯 吙

《五音集韻·吻韻》："吻、腷、肳、臀、吙，武粉切，口吻。"
又"睯，古文吻字"。（P110 上）

按：《說文·口部》："吻，口邊也。从口勿聲。臀，吻或从肉从昏。"
"吻"从口勿聲，表嘴唇、親吻等義。"腷"即"吻"或體臀的隸定字。
《玉篇·肉部》："腷，武粉切，口邊。與吻同。"《廣韻·吻韻》："吻，
口吻。腷上同。"《四聲篇海·肉部》："腷，武粉切，口邊也。與吻同。"
《字匯·肉部》："腷，同吻。""腷"之"昏"為"昏"異體，與"吻"
同屬文部，古音相近。嘴唇是身體的一部分，故"吻"可从"肉"。
"腷"从肉昏（昏）聲，即"吻"換聲義符的異構字。

《集韻·吻韻》："吻、肳、睯、吙，武粉切，《說文》：'口邊也。'
或作肳、睯、吙。通作腷。"《字彙·口部》："肳，同吻。"《重訂直音
篇·肉部》："腷，音吻同，口邊也。肳同上。"《呂氏春秋·觀表》："古
之善相馬者，寒風是相口齒……管青相膊肳。"許維遹集釋："畢沅曰：
李善《文選·張景陽〈七命〉》作'脣吻'。《御覽》八百九十六同。"
"肳"即"吻"。"肳"从肉勿聲，即"吻"換義符的異構字。

《玉篇·口部》："吻，武粉切，口吻。亦作腷。睯古文。"《四聲篇
海·口部》："睯，武粉切，口吻也。"《字彙·口部》："睯，武粉切，音
吻，口睯。"《正字通·口部》："睯，同吻。《說文》吻或从肉作腷。俗
作睯。"《重訂直音篇·口部》："吻，武粉切，口脣邊也。睯同上；睯亦

同上。"《呂氏春秋·精論》："口嗋不言，以精相告，紂雖多心，弗能知矣。""嗋"即"吻"。"嗋"從口昏（昏）聲，與"嗋"屬異寫關係，即"吻"換聲符的異構字。① 又《龍龕手鏡·口部》："哟，俗；吻，正，武粉反，口吻也。"《類篇·口部》："吻、嗋、哟，武粉切，《說文》：'口邊也。'或作嗋、哟。""哟"之"文"與"吻"同屬明紐文部。"哟"從口文聲，亦即"吻"的換聲符字。② 該組重文辨析圖示如下：

[080] 嬾：懶 孏 嬾 悚 孄

《五音集韻·旱韻》："嬾、懶、悚、孄、孏、嬾，落旱切，惰也。"（P113 上）

按：《說文·女部》："嬾，懈也，怠也，一曰臥也。從女賴聲。"段玉裁注："嬾，俗作懶。""嬾"從女賴聲，表懈怠，嫌惡義。《玉篇·心部》："懶，力旱切，俗嬾字。"《廣韻·旱韻》："嬾，惰也。落旱切。懶，俗。"《字匯·心部》："懶，同嬾。""嬾"表懈怠，心不勤也，故字可從"心"。"懶"從心賴聲，為"嬾"換義符的異構字。《龍龕手鏡·心部》："懶，勒散反，惰也。"《集韻·旱韻》："嬾、懶、悚、孄、孏、嬾，魯旱切，《說文》：'嬾，懈也，怠也。'或從心；亦作悚、孄、孏、嬾。""懶"為"懶"部件異寫，將"賴"部的右上"ク"變作"コ"，亦即"嬾"的異構字。後世多通行"懶"，"嬾""懶"淪為異體。今簡化字作"懶"。

《類篇·女部》："嬾、孏、嬾，魯旱切，《說文》：'嬾，懈也，怠也。'亦作孏、嬾。"《四聲篇海·女部》："孏，落旱切，惰也。"《字

<hr />

① 又《集韻·吻韻》："嗋，嗋嗋，目所不見。"此"嗋"音昏，表嗋嗋、眼睛看不見義，與"吻"異體"嗋"蓋屬同形字。

② 又《玉篇·口部》："哟，莫杯切，呹哟也。"此"哟"音莫杯切，表呹哟義，與"吻"異體"哟"蓋屬同形字。

彙·女部》："孄，俗嬾字。"宋陳允平《唐多令》："回首層樓歸去孄，
早新月，挂梧桐。""孄"即"懶"。"孄"與"闌""蘭"同屬來紐元
部。"孄"從女闌聲，即"嬾"換聲符的異構字。又《四聲篇海·女
部》："孏，落旱切，惰也。"《字彙·女部》："孏，與嬾同。《唐書》：
'李程性孏。'"《正字通·女部》："孄、孏，並俗嬾字。"《後漢書·王丹
傳》："其墮孏者，恥不致丹，皆兼功自屬。"李賢注："孏與嬾同。"
"孏"從女蘭聲，亦即"嬾"的換聲符字。

《類篇·心部》："懶、悚、懶，魯旱切，《說文》：'嬾，懈也，怠
也。'亦作悚、懶。"《四聲篇海·心部》："悚，力旱切，惰也。"《正字
通·心部》："悚，俗嬾字。""悚"之"柬"與"懶"同屬元部，古音相
近。"悚"從心柬聲，為"懶"變換聲符，亦即"嬾"換聲義符的異構
字。又《字彙·心部》："懶，同懶。"《重訂直音篇·心部》："懶、懶、
悚，並與嬾同。"唐元積《臺中鞠獄憶開元觀舊事》："居處雖幽靜，尤悔
少愉懶。""懶"即"嬾"。"懶"從心闌聲，為"懶"變換聲符，亦即
"嬾"的異構字。該組重文辨析圖示如下：

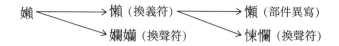

[081] 謇：謰　謴　諓　謇　謇

《五音集韻·獮韻》："**謇、謴、謇、謇、謴、諓**，吃也，又止
言。"（P114下）

《五音集韻·阮韻》："**謴、謴、謇**，《方言》：'吃也。'"（P111
下）

按："謇"不見《說文》。《廣韻·獮韻》九輦切："謇，吃，又止
言。"《原本玉篇·宀部》："謇，居展反。《周易》：'謇者，難也。'《方
言》：'謇，吃也，楚語也。'""謇"從言寒省聲，本義指說話結巴；也
引申為艱澀義。《集韻·阮韻》："謴、謴、謇，《方言》：'吃也。'或作
謴、謇。"《類篇·言部》同。《四聲篇海·言部》："謴，九輦切，吃也，
又止言。"《字彙·言部》："**謴**，九輦切，音謇，吃也，又止言。""**謴**"

之"謇"與"謇"同屬見紐元部。"讞"從言謇聲，即"謇"換聲符的異構字。

《集韻·獮韻》："讞、嘕、謇、謇、讝、謰，《博雅》：'吃也。'或作嘕、謇、謇、讝、謰。謇，一曰難也。"《字彙·言部》："讝，九輦切，音謇，難也，口吃也，止言也。"《正字通·言部》："讝，讞、謇、嘕同，《方言》：'讝，極吃也。'""讝"之"謇"與"謇"同屬見紐元部。"讝"從言謇聲，即"謇"換聲符的異構字。又《玉篇·言部》："謇，居展切，吃也。謰同上。"《類篇·言部》："謰，九件切，《博雅》：'吃也。'讞或作謰，一曰難也。"《四聲篇海·言部》："謇，居件切，難也，吃也。謰同上。"《字彙·言部》："謰，居展切，音減，吃也，止也。""謰""謰""謰"筆畫微異，屬同字異寫，所從"虔"與"謇"同屬牙音元部，古音相近。"謰"從言虔聲，亦即"謇"的換聲符字。

《類篇·口部》："嘕、謇，九件切，《博雅》：'吃也。'或作謇。"《四聲篇海·口部》："謇，吃也，又止言也。"《字彙·口部》："謇，九輦切，音謇，吃也，又止言也。""口""言"二旁意義相關古通。"謇"從口寒省聲，即"謇"換義符的異構字。又《玉篇·口部》："嘕，居輦切，吃也。"《字彙·口部》："嘕，居輦切，音謇，吃也。"《無量壽經優婆提舍願生偈注》卷一："又如舌雖語而納口嘕吃，譏言啞人。""嘕"即"謇"。"嘕"從口謇聲，為"讞"變換義符，亦即"謇"換聲義符的異構字。該組重文辨析圖示如下：

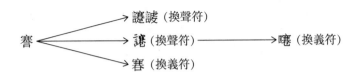

[082] 獮：玁 𤣩 獮 𤝭 𤡛

《五音集韻·獮韻》："獮，息淺切，秋獵曰獮。獮，殺也。玁、𤡛、獮、𤝭、𤣩並上同。"（P116 上）

按：《說文·犬部》："𤝭（獮），秋田也。从犬爾聲。𤢀，玁或从

豕，宗廟之田也，故从豕、示。"《爾雅·釋天》："秋獵為獮。"《釋詁
上》："獮，殺也。""獮"从犬璽省聲，本義指古代君主秋季打獵；也
引申為殺義。今簡化字作"狝"。"玃"即"獮"篆文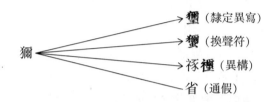的隸定字。
《廣韻·獮韻》："獮，秋獵曰獮；獮，殺也。玃、祚並上同，見《說
文》。"《集韻·獮韻》："玃、獮、省、玃，息淺切，《說文》：'秋田
也。'或作獮、省、玃。"《字彙·犬部》《正字通·犬部》亦云："玃，
獮本字。""玃""玃""玃"形體微異，均从犬璽聲，即"獮"的隸定
異寫字。

　　"祚"即"獮"或體祚的隸定字。《玉篇·示部》："祚，息淺切，秋
田祭也。與獮同。"《字彙·示部》："祚，同玃。""祚"从"豕"取田
獵獸的構意，从"示"表宗廟之田獵，與祭祀相關。"祚"从示、豕會
意，即"獮"製字方法不同的異構字。又《玉篇·犬部》："玃，思淺
切，秋田。亦作獮。"《類篇·犬部》："玃、獮、玃，息淺切，《說文》：
'秋田也。'或作獮、玃。"《四聲篇海·犬部》："玃，秋獵曰獮；玃，殺
也。亦作獮。""玃"之"璽"與"獮"元真旁轉，古音相近。"玃"
"玃"形體微異，均从犬璽聲，即"獮"換聲符的異構字。

　　《集韻·獮韻》："祚、禋，《說文》：'宗廟之田也。'或作禋。"
"禋"从示璽聲，為"玃"變換義符，亦即"獮"的異構字。又"省"
字見《說文》，表察看、視察等義，與"獮"屬不同的字。"獮""省"
同屬心紐，真耕通轉，古音相近，二字音近通假。《禮記·玉藻》："唯君
有黼裘以誓省，大裘非古也。"鄭玄注："省當為獮。獮，秋田也。"孔穎
達疏："獮，秋獵也。"《禮記·明堂位》："秋省而遂打蠟。"鄭玄注：
"省讀為獮。"皆其例。該組重文辨析圖示如下：

[083] 愞: 懦 恨 偄 奭 需 穤 㜷

《五音集韻·獮韻》:"愞、懦、偄、恨,愞弱。又奴亂切。"(P117 下)

《五音集韻·換韻》:"偄、愞、需、懦、穤、奭,奴亂切,偄弱也。"(P165 下)

《五音集韻·過韻》:"愞、偄、懦、㜷,乃臥切,弱也,或從需。"(P174 上)

按:《說文·心部》:"愞,駑弱者也。从心需聲。"段玉裁改"愞"為"懦",並注:"此篆各本作'懦',从心需聲,人朱切,乃淺人所改,今正。'愞'與人部'偄'音義皆同,弱也,本乃亂切,音轉為乃過切……因形近或訛為'懦',再訛為'儒'。""凡經傳'愞'字皆訛作'懦',不可勝正。"《玉篇·心部》:"愞,乃亂、乃過二切,弱也。"《廣韻·過韻》:"愞,弱也,或從需。"字均不誤,可証段說是。"愞"从心从奭、奭亦聲,本義表膽小軟弱;也引申為柔軟義。"懦"初為"愞"形訛,將"奭"訛變作"需",後積訛成俗,上升為正字,如《干祿字書·去聲》:"愞、懦,上通下正。"今以"懦"為正字,"愞"為"懦"的部件異寫字。

《集韻·獼韻》:"愞、懦、偄、恨('恨'異寫),選愞,劣弱也。或作懦、偄、恨。"《字彙·心部》:"恨,而兗切,音軟,愞弱也。""恨"之"反"見於《說文·尸部》:"反,柔皮也。或從又。"王筠句讀:"又、又皆手,乃柔皮之工之手也。"《爾雅·釋詁一》:"反,弱也。""反(反)""愞(懦)"同屬舌音元部,古音相近,且包含柔弱的構意。"恨"从心从反、反亦聲,即"愞"換聲符的異構字。

《集韻·過韻》:"愞、偄、懦、㜷,奴臥切,弱也。或從人;從需;亦作㜷。""偄"非"懦"異體,字見《說文·人部》:"偄,弱也。从人从奭。奴亂切。"段玉裁注:"此與愞、懦二字義略同而音形異。"朱駿聲通訓定聲:"从人从奭、奭亦聲。字亦作愞。""愞""偄"均从奭得聲,同屬泥母元部,且均表軟弱義。二字音義皆同,是一組同聲符的同源字,古籍亦通用。《荀子·大略》:"偄弱易奪,似仁而非。"王先謙集解引盧文弨曰:"偄與懦同。"唐劉知幾《史通·論贊》:"子長淡泊無味,承祚偄緩不切。”“偄”通作“懦”。皆其例。

《集韻·換韻》：“偄、愞、需、懦、燸、夒，奴亂切，《說文》：‘弱也。’或從心，亦作需、懦、燸、夒。”《五音集韻》承錄之，但“夒”非“愞”異體。《說文·大部》：“夒，稍前大也。從大而聲。讀若畏偄。”《爾雅·釋詁一》：“夒，弱也。”“夒”從大而聲，本義指物體前較大于後，也引申為軟弱義。“愞”從夒得聲，與“夒”均有柔弱義，二字音同義近，亦為同源字關係。又《集韻·玃韻》：“需，柔也。通作夒。”“需”非“愞”異體，乃“夒”俗寫訛變。《周禮·考工記·鮑人》：“欲其柔滑，而腥脂之，則需。”孫詒讓正義：“需當作夒。”是其證。“需”可視為“夒”俗寫訛變、積訛成俗的異體字。①“需（夒）”亦與“懦”同源通用。《周禮·考工記·輈人》：“馬不契需。”鄭玄注：“鄭司農云：‘需讀為畏需之需。’”馬王堆漢墓帛書《春秋事語·晉獻公欲襲虢章》：“夫立（位）下而心需。”“需”即“夒”，通作“愞（懦）”。皆其例。

《集韻·虞韻》：“燸，溫也，燒也。”《類篇·火部》：“燸，汝朱切，溫也，燒也。”《正字通·火部》：“燸，俗煗字。”“燸”從火需（夒）聲，為“煗”部件異寫，表溫、燒義，與“愞”屬不同的字。凡溫暖或加溫之物大都有柔軟、軟弱的特徵，可見“煗”“愞”意義上有相通處，且二字均從夒得聲，同屬泥紐元部。“煗”“愞”音同義通，亦為一組同聲符的同源字。又“㨜”為“㪾”異寫，字見《說文·丸部》：“㪾，丸之孰也。從丸而聲。奴禾切。”段玉裁注：“奴禾切者，如夒之從而合音也。”《龍龕手鏡·而部》：“㨜，俗；㪾，正，如之、奴禾二反，丸屬。”“㪾”從九（丸）而聲，表手搓物使轉動義，與“愞”分屬二字。“㪾”“愞”均從而（“夒”從而得聲）得聲，古音相近，但未見文獻通假字例。二字為音近字。該組重文辨析圖示如下：

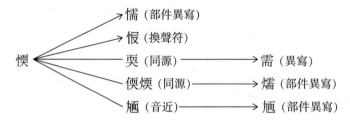

---

① 又《說文·魚部》：“需，頷也。遇雨不進，止頷也。從雨而聲。”此“需”相俞切，表等待、需要等義，與“夒”異體“需”蓋屬同形字。

[084] 輭：軟 報 轜 需 濡

《五音集韻·獮韻》：“**輭**、**軟**、**報**、**需**、**濡**，而兗切，柔也。或從需。餘同。”（P117 下）

按：“輭”不見《說文》。《玉篇·車部》：“輭，而兗切，柔也。軟俗。”“輭”從車從耎、耎亦聲，本義表柔軟，與“硬”相對；也引申為柔和、柔弱、沒有力氣義。《龍龕手鏡·車部》：“軟，而兗反，柔也，弱也。”《集韻·𤣥韻》：“**報**、輭、軟、需、濡，柔也。或從耎；從欠；亦作需、濡。”《類篇·欠部》：“軟，乳兗切，柔也。”《字彙·車部》：“軟，俗輭字。”“軟”構形不顯，蓋為“輭”異體“**報**”俗寫訛變，將“**反**”部訛作“欠”。《字彙·車部》：“**報**，與輭同。楊用脩曰：‘俗作軟，從欠，蓋反字之誤。’”是其證。“軟”即“輭”俗寫訛變形成的異體字。後世多通行“軟”，“輭”淪為異體。今簡化字作“软”。

《類篇·車部》：“**報**、軟，乳兗切，柔也。或從欠。”“**報**”之“**反**”為“反”異寫。《說文·尸部》：“反，柔皮也。或從又。”“反”表柔皮，柔弱義。“**報**”從車從反、反亦聲，即“輭”換義符的異構字。[1] 又《廣韻·𤣥韻》：“輭，柔也。或從需。餘同。而兗切。軟俗。”“轜”之“需”為“耎”異寫（參“愞”字條）。“轜”從車從需（耎）、需亦聲，即“輭”的部件異寫字。

《集韻》始錄“輭”或體作“需”。《五音集韻》承錄之。“需”非“輭”異體，亦為“耎”異寫。“輭”從耎得聲，與“需（耎）”同屬日紐元部，且均表軟弱義。二字音同義近，是一組同聲符的同源字，古籍亦通用。《太玄·耎》司馬光集註：“耎與軟同。”高亨按云：“耎是耎字之誤，軟是輭之俗字。”[2]《集韻·𤣥韻》：“輭，通作耎。”皆其例。又《說文·水部》：“濡，水，出涿郡故安，東入漆涑。從水需聲。”《廣雅·釋詁二》：“濡，漬也。”“濡”從水需聲，表浸漬、古河流名等義。“濡”之“需”亦為“耎”異寫。《集韻·桓韻》：“渜、濡，奴官切，水名。

---

①　又《說文·車部》：“**報**，轢也。從車反聲。”此“**報**”音尼展切，表琢磨、碾軋義，與“輭”異體“**報**”蓋屬同形字。

②　高亨著，董治安整理：《古字通假會典》，齊魯書社 1989 年版，第 212 頁。

或作濡。”是其證。“濡”从水从需（耎），需亦表聲，所表浸漬義中含有柔軟、柔弱的構義（凡浸漬之物大多容易柔軟）。“輭”“濡”同屬日紐，古音相近，且均含有軟、弱的語義特征。二字音近義通，蓋為同源通用。《莊子·天下》：“以濡弱謙下為表，以空虛不毀萬物為實。”《淮南子·說山》：“厲利劍者必以柔砥，擊鐘磬者必以濡木。”“濡”通作“輭”。皆其例。該組重文辨析圖示如下：

［085］鞄：肜　叛　覒　皼　鞁

《五音集韻·獮韻》：“鞄、皼、鞁，柔韋。又作皼，見《經典》。叛古文；覒、肜並籀文。”（P117 下）

按：《說文·鞄部》：“𩏙（鞄），柔韋也。从北从皮省从夐省。讀若耎。仄，古文鞄；𩏤，籀文鞄从夐省。”段玉裁注：“仄，古文鞄，从皮省从人治之。”“鞄”从二人（𦣝）、皮省（𠬝）、夐省（㝱）會意，表鞣製皮革、獵人穿的皮褲等義。“肜”即“鞄”古文仄的隸定變體。古文仄从人（𠃊）从皮省（尸），會加工鞣製皮革意。《集韻·獮韻》：“鞄、皼、鞁、𠬝、覒、肜，《說文》：‘柔韋也。’或作皼、鞁；古作𠬝；籀作覒、肜。”《類篇·鞄部》：“鞄，柔韋也。古作𠬝；籀作覒、肜。”“肜”“肜”“肜”“𠬝”筆畫微異，屬異寫關係，即“鞄”的古文異構字。又《字彙補·爿部》：“叛，《說文》古鞄字。”“叛”為“𠬝”俗訛，將左半“尸”變作“爿”，屬“𠬝”俗寫訛變的異寫字，亦即“鞄”的古文異體字。

《玉篇·鞄部》：“鞄，而兖切，柔皮也。覒籀文。”“覒”“覒”“覒”“覒”筆畫微異，均為“鞄”籀文𩏤的隸定變體，將“𬳵（皮省）”隸訛作“瓦”。籀文𩏤从人（𠃌）从皮省（𬳵）从夐省（㝱），“人”為象形字，“皮”為剝去獸皮之象形，“夐”从人、穴、夏會意，表營求義，蓋取人加工鞣製皮革的構意。"覍"從人、复省、皮省會意，即"㲻"的古文異體字。又《字彙‧穴部》："覎，乳允切，音軟，柔皮也。"《正字通‧穴部》："覎，㲻字之偽，改作瓦作兄非。""覎"之"兄"為"允"異寫（"口""厶"二旁形近混同）。"允""㲻"同屬元部，古音相近。"㲻""覎""覍"筆畫微異，屬異寫關係，從二人（北）從复省（穴）、允聲，即"㲻"製字方法不同的異構字。

《類篇‧韋部》："鞥，乳允切，柔韋也。"《字彙‧韋部》："鞥，而兗切，音軟，柔韋。"《正字通‧韋部》："鞥，俗㲻字。舊注而兗切，音軟，柔韋，誤分為二。"其說甚是。"㲻"表鞣製皮革、柔韋義，故字可取"韋"作為義符，且"㲻""兗"同屬舌音元部，古音相近。"鞥""鞥"形體微異，均從韋兗聲，即"㲻"製字方法不同的異構字。該組重文辨析圖示如下：

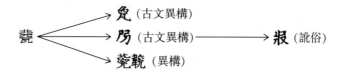

[086] 炒：鬻 爝 煼 焣 熝 䶲

《五音集韻‧巧韻》："爝、鬻、煼、炒、焣、熝，初爪切，熬也。"又"䶲，乾也"。（P119下）

按："鬻"為"鬻"異寫。《說文‧鬲部》："鬻，熬也。從鬲芻聲。臣鉉等曰：'別作炒，非是。'"段玉裁注："鬻，《爾雅音義》引《三蒼》：'熬也。'《說文》：'火乾物也。'與今本異。""鬻"之"鬲"即"鬲"古文異體（參"鬲"字條）。"鬻"從鬲（鬲）芻聲，蓋取以鬲煎熬的構意，本義表煎熬，就是將東西放在鍋裡翻撥使熟或使乾。《廣韻‧巧韻》："爝，熬也，初爪切。鬻、煼、炒並上同。"煎熬需火，故字又可從"火"，且"芻""少"侯宵旁轉，古音相近。"炒"從火少聲，即"鬻"換聲義符的異構字。從徐鉉按語可知，"炒"為後起俗體。今以"炒"為正字，"鬻"淪為異體。

《集韻‧巧韻》："鬻、熝、䶲、爝、炒、焣，楚絞切，《說文》：'熬也．'或作燩、𤈦、爝、炒、聚。亦書作㷅。"《字彙·火部》："炒，同爝。"《正字通·火部》："炒，俗爝字。"宋陸遊《老學庵筆記》卷三："故都李和爝栗，名聞四方。"《儒林外傳》第二十五回："走堂的叠著指頭數道：'肘子、鴨子……京爝肉，爝肉片．'""爝"即"炒"。"爝"從火芻聲，即"炒"換聲符的異構字。又《類篇·火部》："爝，亦書作㷅。"《字彙·火部》："爝，楚絞切，鈔上聲。乾熬也。㷅同上。"《正字通·火部》："㷅，同爝。""㷅"從火芻聲，為"爝"部件移位，亦即"炒"換聲符的異構字。

《玉篇·火部》："聚，初絞切，火乾也。㷅、炒並同上。"《類篇·火部》："燩、爝、炒、聚，楚絞切，熬也。或作爝、炒、聚。"段玉裁注"鬻"亦云："《方言》：'熬，火乾也。秦、晉之間或謂之聚．'按聚即鬻字，或作㷅。""聚"從取從火，會取火煎熬意，即"炒"製字方法不同的異構字。又《字彙·火部》："燩，初爪切，音炒，熬也。""燩"之"弜"為"鬻"省體。"燩"從火從弜（鬻省）、芻聲，即"炒（鬻）"的異構字。又《玉篇·鬲部》："𩰱，楚狡切，熬也。"《字彙·鬲部》："𩰱，同爝。"《重訂直音篇·鬲部》："鬻，與爝同，熬也。𩰱同上。""𩰱""𩰱""𩰱""𩰱"筆畫微異，均從鬲芻聲，為"鬻"部件異寫，亦即"炒"的異構字。該組重文辨析圖示如下：

[087] 保：保 禾 呆 保 呆

《五音集韻·皓韻》："保、呆，任也，安也，守也。《說文》作保，養也。亦姓。《呂氏春秋》云：'楚有保申，為文王傳．'禾、保、呆、保並古文。"（P120 下）

按：《說文·人部》："保（保），養也。從人從呆省。呆古文孚。

🐾，古文保；🐾，古文保不省。""保"甲骨文作🐾、🐾，金文作🐾、🐾①，像一個大人把孩子負在背上形，本義表負子于背，也引申為養育、保護等義。"保"即"保"篆文🐾的隸定字，隸變作"保"，來源於"保"戰國文字作🐾、🐾、🐾等形②演變。《玉篇·人部》："保，補道切，安也，養也。保《說文》保字。"《九經字樣·人部》："保、保，養也。從人從子從八。上《說文》，下隸變。"漢班固《幽通賦》："保身遺名，民之表兮。""保"即"保"。"保""保"筆畫微異，均為"保"的隸定異寫字。

　　"保"即"保"古文🐾的隸變字，隸定作"呆"，來源於"保"汉简文字作🐾形③演變，溯其字源，亦當為"保"戰國文字作🐾、🐾諸形省變。《廣韻·皓韻》："保，任也，安也，守也。《說文》作保，養也。亦姓。《呂氏春秋》云：'楚有保申，為文王傅。'保古文。"《玉篇·子部》："保，古文保字。"《四聲篇海·子部》同。《集韻·皓韻》："保、保、采、保、保、呆，《說文》：'養也。'一曰住也，守也，亦姓。古作保，采、保；隸作保、呆。"《類篇·人部》同。"保""呆"形體微異，屬異寫關係，均為"保"的古文異體字。④

　　"保"即"保"古文🐾的隸定字，來源於"保"金文作🐾形⑤演變。《玉篇·人部》："保，古文保。亦作呆。"《四聲篇海·人部》："保，音保，義同。"《字彙補·人部》："保，《集韻》古文保字。""保"從人從子從爪會意，即"保"的古文異構字。又"采"即"孚"古文🐾之隸定，為"孚"古文異體。《類篇·爪部》："孚、采，芳無切，《說文》：'卵孚也。'古作采。"《字彙·爪部》："采，古文孚字。"皆其例。"保""孚"同屬唇音幽部，古音相近，但未見二字文獻通假字例，是為音近字。此蓋因二字音近而古文誤植。該組重文辨析圖示如下：

─────────────

① 高明：《古文字類篇》，台灣大通書局 1986 年版，第 18 頁。

② 湯餘惠：《戰國文字編》，福建人民出版社 2001 年版，第 549 頁。

③ 《漢語大字典》字形組：《秦漢魏晉篆隸字形表》，四川辭書出版社 1986 年版，第 546 頁。

④ 又《正字通·木部》："呆，今俗以呆為癡獃字。"《京本通俗小說·錯斬崔寧》："聰明伶俐自天生，懵懂痴呆未必真。"此"呆"表癡、傻義，與"保"異體"呆"屬於同形字。

⑤ 容庚：《金文編》，中華書局 1985 年版，第 558 頁。

[088] 顥：皓 皞 皓 皜 暠

《五音集韻·皓韻》："顥、皞、**皓**、皜、暠、皓，大也，又天邊氣，《說文》：'白皃。'《楚詞》曰：'天白顥顥。'南山四顥，白首人也。今作皓。"（P121 上）

按：《說文·頁部》："顥，白皃。從頁從景。《楚詞》曰：'天白顥顥。'南山四顥，白首人也。臣鉉等曰：'景，日月之光明白也。'""顥"從頁從景，本義表白頭皃，也引申為一般的白色、廣大、博大等義。今簡化字作"颢"。《集韻·皓韻》："顥、皓、皜、皞、暠、皓，《說文》：'白皃。'或作皓、皜、皞、暠、皓。"《類篇·高部》："皓，下老切，白皃。"《字彙·高部》："皓，古顥字。"《正字通·高部》："皓，舊注古文顥，俗作皓。按《集韻》顥或作暠、皓，非古文。今以皓為古失考正。"其說甚是。"皓""皓"筆畫微異，屬同字異寫，所從"高（高）"與"顥"同屬宵部，古音相近。"皓"從景高聲，即"顥"製字方法不同的異構字。

《廣韻·皓韻》："顥，大也，又天邊氣。《說文》曰：'白皃。'今或作皓。""皓"非"顥"異體，字見《說文·日部》："晧，日出皃。從日告聲。"段玉裁注："謂光明之皃也。天下惟潔白者冣光明，故引申為凡白之偁，又改其字從白作'皓'矣。"王筠句讀："'晧，日出皃。'皃蓋光之偽。《釋詁》：'晧，光也。'當為許君所本。字俗作皓。""皓"本從"日"，蓋因引申為凡白之稱，故字又從"白"作"皓"。今以"皓"為正字，"晧"淪為異體。"顥""皓"同屬匣紐幽部，且均表白義，二字音義皆同，是為同源通用。《文選·李少卿〈與蘇武詩〉》："皓首以為期。"李善注："《聲類》曰：'顥，白首貌也。'皓與顥，古字通。"《正字通·頁部》："顥，《说文》：'白貌。'按經史皓、皜、皞、暤并通。"

皆其例。

《說文·日部》："暤，皓旰也。从日皋聲。"段玉裁注："皓旰，謂絜白光明之皃。俗从白作皞。""皞"从白皋聲，為"暤"換義符異構，本義表潔白明亮貌，與"顥"屬不同的字。"顥""暤"同屬匣紐幽部，且均表白義。二字音義皆同，蓋為同源字，古籍亦通用。《左傳·文公十八年》："小暤。"《路史·後紀七》作"小昊"，並注云："《周書》亦作小顥"。《史記·樂書》："秋歌西暤。"《漢書·禮樂志》"暤"作"顥"。皆其例。

《玉篇·白部》："皜，胡高切，皜皜，白色也。皓同上。"《類篇·白部》："皓、皜，下老切，白皃。或作皜。"《孟子·滕文公上》："江漢以濯之，秋陽以暴之，皜皜乎不可尚已。"趙岐注："皜皜，白甚也。""皜"即"皓"。"皜""皜"筆畫微異，所从"高（高）"與"告"同屬見紐，宵覺旁對轉，古音相近。"皜"从白高聲，即"皓"換聲符的異構字。又《玉篇·日部》："暠，古老切，白也。"《字彙·白部》："皜，同暠。"《正字通·白部》："皜，與暠同。""皜"異體作"暠"與"晧（皓）"相類，本从"日"，因引申為白的通稱，故字又从"白"。"暠""暠"筆畫微異，均从日高聲，為"晧"變換聲符，亦即"皓"換聲義符的異構字。該組重文辨析圖示如下：

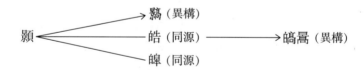

[089] 惰：憜 媠 嫷 隋 憜

《五音集韻·果韻》："憜、惰、媠、憜，懶惰也。《說文》曰：'不敬也。'"（P122上）

《五音集韻·過韻》："惰、憜、嫷，徒臥切，惰懈也。憜、隋並古文。"（P174上）

按：《說文·心部》："憜，不敬也。从心墮省聲。憜，或省自；憜，古文。"段玉裁注："憜，今書皆作惰。""憜"从心隋聲，表不敬、懶惰、懈怠等義。"惰"即"憜"省體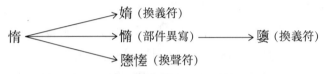的隸定字。《玉篇·心部》："憜，徒果切，怠也，易也。惰同上；憜古文。"《廣韻·果韻》："憜，嬾憜也，《說文》曰：'不敬。'惰上同。"《龍龕手鏡·心部》："憜，俗；惰，今。徒臥反，懶也，不敬也，懈怠也。"《正字通·心部》："憜，同惰。""惰"從心隋省聲，即"憜"的省體字。今以"惰"為正字，"憜"淪為異體。

"媠"即"憜"古文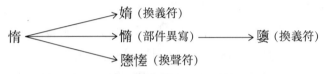的隸定字。《集韻·過韻》："惰、憜、媠，懈也。或作憜、媠。"《果韻》："憜、惰、媠、慛，杜果切，《說文》：'不敬也。'或省；古作媠、慛。"《漢書·外戚傳上》："妾不敢以燕媠見帝。"顏師古注："媠與惰同。謂不嚴飾。"古代歧視女性，某些表示消極或負面意義的字，常取"女"作為義符，如"妄、妒、婬、媮"等。"惰"表不敬、懶惰義，故字可從"女"。"媠"從女隋省聲，即"惰"的換義符字。① 又《字彙補·女部》："嫷，與惰同。"《重訂直音篇·女部》："嫷，徒臥切，懈怠。""嫷"從女隋聲，為"憜"變換義符，亦即"惰"的異構字。

《集韻·過韻》："憜、惰、媠、嫷、慛、憏，徒臥切，懈也。或省；亦作媠、嫷；古作慛、憏。"《類篇·心部》："憜、憏，徒臥切，懈也。古作憏。"《龍龕手鏡·心部》："憏，徒臥反，懈憏也。與惰同。""憏"之"陸"與"惰"同屬舌音歌部，古音相近。"憏"從心陸聲，即"惰"換聲符的異構字。又《類篇·心部》："憜、惰、慛，杜果切，《說文》：'不敬也。'或省；古作慛。"《字彙·心部》："慛，古惰字。"《正字通·心部》："慛，同惰。""慛"之"坴"從左得聲，與"惰"同屬歌部，古音相近。"慛"從心坴聲，亦即"惰"的換聲符字。該組重文辨析圖示如下：

惰 → 媠（換義符）
惰 → 憜（部件異寫）→ 嫷（換義符）
惰 → 憏慛（換聲符）

———————————

① 又《說文·女部》："嫷，南楚之外謂好曰嫷。從女隋聲。"《玉篇·女部》："嫷，湯臥、徒果二切，南楚謂好曰嫷。媠同上。"此"媠"音徒果切，表美好義，為"嫷"省體，與"惰"異體"媠"屬於同形字。

卷　九

[090] 网：網 罓 罔 冈 空 罜 罔 冈

《五音集韻·養韻》："罔、網、冈，文兩切，网罟。《說文》曰：'网，庖羲所結繩以田以漁也。'《世本》曰：'庖羲臣芒作。'《五經文字》作罔，俗作冈。罔亦同，又無也。罓籀文同上；空、罜、罔並同上古文。"（P125 下）

按：《說文·网部》："网（网），庖羲所結繩以漁。从冂，下象网交文。罔，网或从亡；網，网或从糸；冈，古文网；罓，籀文网。""网"甲骨文作冈、冈、冈形①，篆文作网，像張網形，表魚網、網狀物、搜羅等義。"網"即"网"或體網的隸變字。《廣韻·養韻》："网，網罟。網上同。"《字彙·糸部》："網，文紡切，妄上聲，網罟，庖犧所結以漁者。"《正字通·网部》："网，網本字。"网是用繩線等絲狀物結成的捕魚器具，與糸相關，故字取"糸"作為義符，且"网"與"亡"同屬明紐陽部。"網"从糸从冂（网）、亡聲，即"网"增聲義符的異構字。古籍多通行"網"，今簡化字作"网"。

"罔"為"罔"訛誤，當校。"罔"即"网"或體網的隸定字。《玉篇·网部》："网，羅罟總名。罔（'罔'異寫）同上作網。"《集韻·養韻》："网、罔、網、冈、罓、空、罜、罔，文紡切，《說文》：'庖羲所結繩以漁。'或作罔、網、冈；籀作罓；古作空、罜、罔。""罔"从糸

---

① 中國社會科學院考古研究所編輯：《甲骨文編》，中華書局 1965 年版，第 332 頁。

從网、亡聲，與"網"屬異寫關係，亦即"网"的異構字。又"罔"即"网"籀文𦉝的隸定字，像張網形，來源於"网"甲骨文作𦉫形演變。《字彙補·网部》："罔，籀文网字。""罔"即"网"的古文異寫字。

　　"冈"即"网"古文𦉭的隸定字。《玉篇·网部》："网，羅罟總名。罔同上；冈古文。"《類篇·网部》："网，庖羲所結繩以漁。或作罔、網、冈；籀作𦉝（'罔'異寫）；古作宀、𦉪、𦉹。"《四聲篇海·冂部》："冈，古文网。"《字彙補·冂部》："冈，《集韻》與网同。""冈"之"冂"為"网"省體，"亡"表音。"冈"從冂（网省）亡聲，即"网"的異構字。又《玉篇·宀部》："宀，古文罔。"唐蘇源明《元包經傳·太陰》："惟尒眾，宀不順。"李江注："宀，音罔。""宀"為"冈"俗寫訛變，將"冂"部訛作"宀"，並積訛成俗，屢見字書。"宀"從宀（冂）亡聲，屬"冈"部件異寫，亦即"网"的異構字。

　　"𦉪"即"网"或體罔之隸變，將"亡"部外移，蓋源於"网"睡虎地秦簡作𦉾、𦉳等形[1]演變。"𦉪"從网亡聲，即"网"增聲符的異構字。又《廣韻·養韻》："网，网罟。罔上同，又無也。""罔"亦為或體罔的隸變字，將"𦉫"隸變作"冂"，與"𦉪"屬異寫關係。"罔"從冂（网）亡聲，亦即"网"的增聲符字。另《爾雅·釋言》："罔，無也。"《字彙·网部》："罔，誣也。""罔"除了表漁網諸義外，還假借為無、誣等義，而"网"沒有此義項。"罔"為"网"的寬式異體字。

　　《龍龕手鏡·冈部》："冈，俗；罔，正，文兩反。"《廣韻·養韻》："网，网罟。俗作冈。"《集韻·養韻》："网，俗作冈，非是。"《四聲篇海·冂部》："冈，网字。"《隸辨》卷三引《曹全碑》："續遇禁冈。"按云："《廣韻》网俗作冈。""冈"蓋先由"网"省寫"乂"作"冈"，再將餘下的"乂"部訛作"又"，即成"冈"。另《隸辨》卷三引《蔡湛頌》"网禱不通"之"网"作"𦉫"，"冈"也可能由"网"異體"𦉫"省寫"又"部所致。"冈"即"网"俗寫訛變、積累訛成俗的異體字。敦煌寫本《優婆塞戒經》"四者釣魚，五者網（网）魚"之"网"作

---

　　① 《漢語大字典》字形組：《秦漢魏晉篆隸字形表》，四川辭書出版社 1986 年版，第 532 頁。

"冈"①。是其例。該組重文辨析圖示如下：

[091] 亯： 享 亭 亨 亨 烹 鬺

《五音集韻·養韻》："亯，獻也，祭也，臨也，向也，歆也。《書》傳云：'奉上謂之亯。' 亨上同；亭古文；享俗。"（P126 上）
《五音集韻·庚韻》："亨，煮也。俗作烹。又許庚、許兩二切。烹俗；亯、亭、鬺並古文。"又"亨、享，通也。或作亯。又匹庚、許兩二切。亯、亭並古文"。（P71 上下）

按：《說文·亯部》："亯（亯），獻也。从高省。曰，象進孰物形。《孝經》曰：'祭則鬼亯之。' 亯，篆文亯。"吳大澂古籀補："古亯字象宗廟之形。""亯"甲骨文作舍、盒②，金文作皀、皀③，象高臺有建築物形，意為宮祭之所，本義表享獻，享祭；也引申為享用的祭品，享受義。"享"即"亯"篆文亯的隸變字，隸定作"亭"，蓋為古文字盒、皀諸形變異。《玉篇·亯部》："亯，虛掌切，獻也，當也，獻也。《孝經》曰：'祭則鬼亯之。' 今作享。亨同上；俗作享。又許庚、匹庚二切。亭籀文。"《九經文字·亯部》："亯，音響，獻也。今經典相承隸省作享。"《集韻·養韻》："亯、享、亭，《說文》：'獻也。' 隸作享；古作亭。""享""亭"屬異寫關係，均為"亯"的古文異體字。後世多通行"享"，"亯""亭"淪為異體。今簡化字作"享"。

《正字通·卷首》："享，俗作享。""享""享"筆畫微異，與"亨（亨）"一筆之變，均為"亯"的隸變字，來源於"亯"戰國文字作亯、

① 黃徵：《敦煌俗字典》，上海教育出版社 2005 年版，第 419 頁。
② 中國社會科學院考古研究所編輯：《甲骨文編》，中華書局 1965 年版，第 248 頁。
③ 容庚：《金文編》，中華書局 1985 年版，第 377 頁。

亯二形①演變。段玉裁“亯”下注云：“據玄應書，則亯者，籒文也。小篆作亯，故隸書作亨。作享，小篆之變也。”《正字通·亠部》：“亨，即古享字。”《易·大有》：“公用亨于天下。”陸德明釋文：“用亨，京云：‘獻也。’于云：‘享，宴也。’姚云：‘享，祀也。’”“享”“亨”古本一字，在歷史上很長時期仍為異體關係，古籍亦通用。如《清平山堂話本·風月瑞仙亭》：“孩兒，你在此受寂寞，比在家亨用不同。”“亨”即“享”。唐宋以來“亨”“享”已逐漸分化為二字。《干祿字書·平聲》：“亨、享，上亨通，亦亨宰字；下祭享字。”《廣韻·庚韻》許庚切：“亨，通也。”《易·坤》：“品物咸亨。”孔穎達疏：“品類之物，皆得亨通。”皆是。今現代漢語“亨”已完全從“享（亯）”分化出來，主要表通達、順利義，已不再記錄享獻本義。

　　《類篇·火部》：“烹、披庚切，煮也。”《字彙·火部》：“烹，普庚切，魄平聲，煮也。”《正字通·火部》：“烹，普耕切，魄平聲，煮也。古作亨。”“烹”“烹”筆畫微異，均從火從亨、亨亦聲，表烹煮義。“烹”所記錄的烹煮義應是由“亯”的享獻義引申而來，字形則在“亨”上加註義符“火”而成。“烹”“亨（亯）”屬一字分化，古籍亦通用。《周禮·天官·內饔》：“內饔，掌王及後世子膳羞之割亨煎和之事。”鄭玄注：“亨，煮也。”《漢書·高帝紀上》：“羽亨周苛，並殺樅公。”顏師古注：“亨，謂煮而殺之。”皆其例。

　　《集韻·庚韻》：“烹、亨、亯、亯、鬻，煮也。或作亨；古作亯、亯、鬻。”“鬻”非“亨”古文，乃“羹”之異體。《說文·䰜部》：“𩱧，五味盉羹也。從䰜從羔。鬻，或省；羹，小篆從羔從美。”段玉裁注：“此（羹）是小篆，則知上三字古文、籒文也。”“鬻”從鬲從美，為“𩱧（羹）”異構字，本義表以肉、菜等調和五味所煮成的濃湯，也引申為烹煮義。《關尹子·四符》：“庖人羹蟹，遺一足几上，蟹已羹而遺足尚動。”“羹”表烹煮也。“烹”“羹”同屬陽部，古音相近，且均表煮義。二字音近義同，但語源不同，是為音義相近字。該組重文辨析圖示如下：

[092] 慌：恍 怳 恍 芒 荒

《五音集韻·蕩韻》："慌、恍、怳、恍、芒、荒，呼晃切，懭
慌。"（P127 上）

按："慌"為"慌"異寫。《玉篇·心部》："慌，呼幌切，懭慌，亦
慌忽。"《廣韻·蕩韻》："慌，慌懭。呼晃切。""慌"從心荒聲，表急
迫、恐懼等義；也與"忽"連語，構成聯綿詞"慌忽"。唐玄應《一切經
音義》卷三："慌忽，謂虛妄見也。惟怳惟忽，似有無有也。《漢書音義》
曰：'慌忽，眼亂也。'""慌忽"雙聲聯綿詞，表模糊不清、不真切義，
詞形多樣，亦作"恍忽""慌忽""怳惚""芒芴""荒忽"等。《集韻·
蕩韻》："慌、恍、怳、恍、芒、荒，虎晃切，昬也。或作恍、怳、恍、
芒、荒。"《類篇·心部》："恍、慌，呼光切，《博雅》：'忘也。'"《廣
雅·釋詁二》："恍，忘也。"王念孫疏證："慌與恍同。"《四聲篇海·心
部》："慌，呼晃切，懭慌。"《字彙·心部》："慌，呼晃切，音謊，與慌
同。"《正字通·心部》："慌，慌字之偽。""慌"非偽字，乃"慌"部
件異寫，所從"㡿"與"荒"同屬曉紐陽部。"慌"從心㡿聲，即"慌"
換聲符的異構字。

《說文·心部》："怳，狂之皃。從心況省聲。"《玉篇·心部》："怳，
呼往切，《說文》曰：'狂之皃。'又怳忽。""怳"從心況省聲，本義表
狂貌，也引申為受驚、失意義，與"忽"連語，表模糊不清義。《淮南
子·原道訓》："遊微物，驚怳忽。"高誘注："怳忽，無之象也。""怳"
"慌"同屬曉紐陽部，在構成"慌忽"中通用，但單用時未見通假字例。
二字為同音字。又《玉篇·心部》："恍，火廣切，恍惚。"《類篇·心
部》："恍，又虎晃切，昬也。""恍"從心光聲，表仿佛、猛然醒悟等義。
"慌忽"又作"恍忽"。如漢王充《論衡·自然》："故一見恍忽，消散滅
亡。"《老子》第二十一章："恍兮惚兮，其中有物。""慌""恍"同屬曉
紐陽部，古音相同，單用時亦見通假。明湯顯祖《牡丹亭·魂遊》："休
驚恍。""恍"通作"慌"。是其例。"慌""恍"同音通假也。

《說文·艸部》："芒，艸端。從艸亡聲。""芒"從艸亡聲，表稻麥
細刺、尖刺、光芒等義。"慌忽"又作"芒芴""芒忽"。《莊子·至樂》：
"芒乎芴乎，而無從出乎！芴乎芒乎，而無有象乎！"陸德明釋文："芒

乎，李音荒，又呼晃切。"宋秦觀《變化論》："化者自無入於有者也……方其入也，則芒忽之間，合而成氣。"皆其例。"芒""慌"同屬陽部，古音相近，在構成"慌忽"中通用，但單用時未見通假字例。二字為音近字。

"荒"為"荒"異寫。《說文·艸部》："荒，蕪也。从艸巟聲。""荒"从艸巟聲，表田地生草、荒廢等義，也與"忽"連語，構成聯綿詞"荒忽"。《楚辭·九歌·湘夫人》："慌忽兮遠望，觀流水兮潺湲。"王逸注"慌忽"作"荒忽"。《文選·張衡〈思玄賦〉》："追荒忽於地底兮，軼無形而上浮。"《後漢書·張衡傳》"荒忽"作"慌忽"。"荒""慌"同屬曉紐陽部，在構成"慌忽"中通用，單用時也未見通假。二字為同音字。該組重文辨析圖示如下：

[093] 晃：晄 爌 熿 熿 燉 煌 熿

《五音集韻·蕩韻》："晃、熿、爌、熿、煌，胡廣切，明也，暉也，光也。亦作晄。晄同上。"（P127 上）"爌、熿、熿，爌朗、寬明也，又火光。"又"晄、燉，光皃"。（P126 下）

按：《說文·日部》："晄，明也。从日光聲。"段玉裁注："晃，明也。各本篆作晄。《篇韻》皆云：'晃正，晄同，今正。'晃者，動之明也。凡光必動，會意兼形聲字也。""晃"从日从光、光亦聲，表明亮、光亮、閃耀等義。《玉篇·日部》："晃，乎廣切，光也。晄同上。"《廣韻·蕩韻》："晃，明也，暉也，光也。亦作晄。胡廣切。"《龍龕手鏡·日部》："晃、晄，胡廣反，明也，暉也，日光也。"《正字通·日部》："晃，同晄。""晄"从日从光、光亦聲，即"晃"部件移位的異寫字。

《集韻·蕩韻》："晄、熿、爌、熿、煌，戶廣切，《說文》：'明也。'或作熿、爌、熿、煌。"《五音集韻》均承錄之，但"爌"非"晃"異體。《廣韻・蕩韻》丘晃切：“爌，爌朗，寬明也，又火光。”“爌”從火廣聲，表火光、明亮義。“晃”“爌”同屬喉音陽部，古音相近，且均表明亮義。二字音近義同，蓋為同源字，古籍亦通用。《漢書・楊雄傳上》：“北爌幽都，南煬丹崖。”顏師古注：“爌，古晃字。”唐李華《言醫》：“聳崖峴以日爌，穿偃仆而雲罧。”“爌”通作“晃”。皆其例。

《集韻・蕩韻》：“爌、爌、爌，明皃。或作爌、爌。”《類篇・火部》：“爌、爌，苦晃切，明皃。”“火”“光”二旁義近古通。“爌”從光廣聲，即“爌”換義符的異構字。又“廣”“黃”同屬陽部，古音相近。“爌”從光黃聲，為“爌”變換聲符，亦即“爌”的異構字。又《集韻・蕩韻》：“晄，光皃，或作爌。”《四聲篇海・火部》：“爌，古晃切，光皃。”《字彙・火部》：“爌，古晃切，音廣。光貌。”《正字通・火部》：“爌，同爌。”“爌”“爌”“爌”筆畫微異，屬同字異寫，所從“炎”與“火”義近可通。“爌”從炎廣聲，即“爌”換義符的異構字。

《說文・火部》：“煌，煌煇也。從火皇聲。”“煌”從火皇聲，表光亮、明亮等義，與“晃”分屬異字。“煌”“晃”同屬匣紐陽部，且均表明亮義。二字為音義相近字。又《玉篇・火部》：“煌，乎光切，光明也。爌同上。”《龍龕手鏡・火部》：“煌、爌，音皇。光明盛皃也。”《集韻・唐韻》：“煌、爌，《說文》：‘煌煇也。’或從黃。”“爌”之“黃”與“煌”同屬匣紐陽部。“爌”從火黃聲，即“煌”換聲符的異構字。該組重文辨析圖示如下：

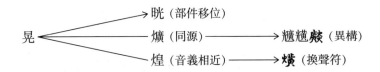

[094] 礦：礦 朴 鑛 釗 矿

《五音集韻・梗韻》：“礦、鑛、礦，古猛切，金璞也。釗（甯忌浮校作‘釗’）、矿、朴並古文。”（P127 下）

按：《說文・石部》：“礦，銅鐵樸石也。從石黃聲。讀若穬。朴，古文礦。《周禮》：‘有卝人。’”徐鍇繫傳：“銅鐵之生者多連石也。”《類篇·石部》："磺，胡光切，石名。""磺"从石黃聲，本義表礦石；也引申為強、石名等義。《玉篇·石部》："磺，古猛切，強也，銅鐵樸。礦同上。"《集韻·梗韻》："磺、礦、鑛、𨥥、𥐥、卝，古猛切，《說文》：'銅鐵樸石也。'或作礦、鑛、𨥥、𥐥、卝。""礦""礦"筆畫微異，所从"廣"與"黃"同屬陽部，古音相近。"礦"从石廣聲，為"磺"變換聲符而成，與"磺"本一字異體，後逐漸分化為兩個不同的字。今現代漢語"礦"主要指本義礦石，也引申為採礦、採礦的場所或單位、粗劣等與礦石相關聯等義，簡化字作"矿"；"磺"音胡光切，專表石名、硫黃義。

"卝"即"磺"古文卝的隸定字。古文卝構形不明。段玉裁注："謂《說文》作卝，乃古卵字也。""卵"包山楚簡作卝，曾侯乙墓作卝（偏旁），望山楚簡作卝、卝等形①，與卝形同，當其所本，可證段說是。《類篇·石部》："礦、𥐥、卝，古猛切，銅鐵樸石也。或作𥐥、卝。""卝""卝"筆畫微異，即"卵"的古文異體字。"卝（卵）""礦"元陽通轉，古音相近，是為音近字。此蓋因二字音近而古文誤植。又《廣韻·梗韻》："礦，金璞也。古猛切。鑛上同；𨥥古文。"《類篇·金部》："鑛、𨥥，古猛切，《說文》：'銅鐵樸石也。'或作𨥥。""礦"表銅鐵樸石義，古代稱青銅為金，故字又可从"金"。"鑛""鑛"筆畫微異，與"鑛"屬異寫關係，从金廣聲，即"礦"換義符的異構字。

"𨥥"為"𨥥"訛誤，甯忌浮所校可从。《干祿字書·上聲》："礦、鉚，上通下正。"《字彙·金部》："鉚，古猛切，音礦，金璞也。""𨥥""鉚"筆畫微異，均从金卝聲，為"鑛"變換聲符，亦即"礦"換聲義符的異構字。又《龍龕手鏡·石部》："𥐥，俗；礦，正，古猛反，金銀璞也。"《字彙·石部》："𥐥，同礦。"《正字通·石部》："𥐥，俗磺字，本作卝，俗作礦。""𥐥""𥐥"筆畫微異，均从石卝聲，即"礦"換聲符的異構字。該組重文辨析圖示如下：

礦 → 𥐥（換聲符）
礦 → 鑛（換義符）→ 𨥥（換聲符）→ 𨥥（訛字）
礦 → 磺（分化）

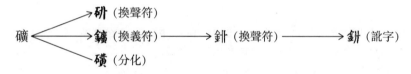

① 滕壬生：《楚系簡帛文字編》（增訂本），湖北教育出版社 2008 年版，第 1117 頁。

[095] 友：叏 𢀛 𠬺 𣦼 𣦾

《五音集韻·有韻》："友，朋友同志為友。叏上同，出《說文》。𢀛、𣦼、𠬺、𣦾。"（P131 上）

按：《说文·又部》："叏（友），同志为友。从二又，相交友也。𢀛，古文友；𣦾，亦古文友。"高鴻縉《中国字例》："字从二又（手）合作，原為動詞，周末漸與朋字同稱，遂為名詞。""友"甲骨文作𠬺、𠬺①，金文作𠬺、𠬺②，像二手相交形，表友好、朋友、結交義。"叏"即"友"篆文叏的隸定字，隸變作"友"。《廣韻·有韻》："友，朋友同志為友。叏上同，出《說文》。"《玉篇·又部》："叏，于九切，同志為叏。今作友。友同上；𣦼、𣦾並古文。"《字彙·又部》："友，云九切，音友。同志為友，相交為友。又善於兄弟為友。又姓。叏同上。"《正字通·又部》："叏，友本字。""叏"從二又（手），即"友"的隸定異寫字。

"𢀛"即"友"古文𢀛的隸定字，且殘留圓筆，來源於"友"戰國文字作𠬺（𢀛所从）、𠬺等形③變異，下方的二短橫為羨筆，無實義。《集韻·有韻》："友、𢀛、謁，《说文》：'同志为友。从二又，相交友也。'古作𢀛、謁。"《類篇·又部》："友、𢀛、器，《说文》：'同志为友。'古作𢀛、器。""𢀛"從二又，即"友"的古文異體字。又《正字通·又部》："𣦼，古文友。"《重訂直音篇·收部》："𣦼，古文友字。""𣦼""𣦼"筆畫微異，為"友"古文𢀛的隸定變體，與"𢀛"屬異寫關係，亦即"友"的古文異體字。

《字學三正·體製上》："𣦾、友，以上古文。""𣦾""𣦾"形體微異，屬同字異寫。"友"金文作𣦾、𣦾、𣦾④，在"友"下方衍生羨符"口""曰"，無實義，戰國文字作𣦾、𣦾、𣦾⑤，下方的羨符"曰"已逐

---

① 中國社會科學院考古研究所編輯：《甲骨文編》，中華書局 1965 年版，第 123 頁。

② 容庚：《金文編》，中華書局 1985 年版，第 192 頁。

③ 湯餘惠：《戰國文字編》，福建人民出版社 2001 年版，第 182 頁。

④ 容庚：《金文編》，中華書局 1985 年版，第 193 頁。

⑤ 湯餘惠：《戰國文字編》，福建人民出版社 2001 年版，第 182 頁。

漸訛作"自"，古文變作**曶**。"**閤**""**咼**""**器**""**晷**""**晷**"形體微異，為"友"古文**曶**的隸定變體，亦即"友"的古文異體字。該組重文辨析圖示如下：

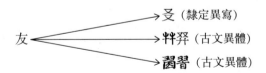

友 → 叟（隸定異寫）

友 → **羿**羿（古文異體）

友 → **閤晷**（古文異體）

[096] 叟：**搜　㩪　寠　俊　傁**

《五音集韻·厚韻》："**㩪、寠、叟、俊、傁**，蘇后切，老㩪。"（P132 上）

《五音集韻·豪韻》："**搜、叟**，搜搜，動皃。或省。"（P59 上）

按：《說文·又部》："**寠**（叟），老也。从又从灾。闕。**寠**，籀文从寸；**傁**，叟或从人。"徐灝注箋："㩪，今隸變作叟。""叟"甲骨文作**𠬶**、**𠬶**①，像手持火把在屋中搜索形，為"搜"初文，本義表搜求，後假借為對年老男子的尊稱，表老叟義，如"童叟無欺"。《說文》記錄的是其假借義，表搜求的本義則另造了从手的"搜"，專門記錄搜求本義以及相關的引申義。"叟""搜"屬母字與分化字關係。《說文·手部》："搜，眾意也。一曰求也。从手㩪聲。"朱駿聲通訓定聲："㩪（叟），即搜之古文。"《集韻·豪韻》："搜、叟，搜搜，動皃。或省。"《莊子·寓言》："搜搜也，奚稍問也！"陸德明釋文："搜，本又作叟。"皆其例。

"㩪"即"叟"篆文**寠**的隸定字，隸變作"叟"。《干祿字書·上聲》："叟、㩪，上通下正。"《五經文字·又部》："㩪、叟，上《說文》，下經典相承隸省。"《龍龕手鏡·宀部》："㩪，正，蘇走反，老叟也。今俗作叟字。""㩪"从又从灾，即"叟"的隸定異寫字。又"寠"即"叟"籀文**寠**的隸定字。《集韻·厚韻》："叟、寠（'寠'異寫）、俊、叟、傁，蘇后切，《說文》：'老也。'或作寠、俊、叟、傁。"《類篇·又部》："㩪、寠、叟，蘇后切，《說文》：'老也。'或作寠、叟。"《四聲篇

---

① 中國社會科學院考古研究所編輯：《甲骨文編》，中華書局 1965 年版，第 117 頁。

海·宀部》："㝝，蘇后切，籀文㝆字。""又""寸"二旁義近古通。
"㝝"從寸從灾，為"㝆"變換義符，亦即"叟"換義符的異構字。

"傁"即"叟"或體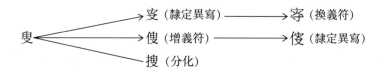的隸定字，隸變作"傁"。《五經文字·人部》："傁，素口反，與叟同，見《春秋傳》。"《玉篇·人部》："傁，思口切，老也。與叟同。俀《說文》傁。"《廣韻·厚韻》："㝆，老叟，蘇后切。叟上同；傁上同，亦從叟。"《四聲篇海·人部》："傁，思口切，老也。與傁同。"《左傳·宣公十二年》："趙傁在後。"杜預注："傁，老稱也。"《方言》卷六："俀，長老也。東齊、魯、衛之間凡尊老謂之俀。""傁""俀"即"叟"也。"叟"表老年男子義，故字可取"人"作為義符。"傁""俀"從人從叟、叟亦聲，即"叟"增義符的異構字。該組重文辨析圖示如下：

```
                  ┌─→ 㝆（隸定異寫）──────→ 㝝（換義符）
      叟 ◄────────┼─→ 傁（增義符）──────→ 俀（隸定異寫）
                  └─→ 搜（分化）
```

[097] 㝅： 𣫝 𣫜 𣪠 𣪟 𣪞 𣪝

《五音集韻·厚韻》："𣫝、𣫜、𣪟、𣪠、𣪞，乃后切，乳也。"（P132 上）

《五音集韻·侯韻》："㝅，《说文》曰：'乳也。一曰㝅瞀也。'"又"𣪠、𣫜，取乳也"。（P183 上）

按：《说文·子部》："㝅，乳也。从子㱿聲。一曰㝅瞀也。"段玉裁注："此乳者，謂既生而乳哺之也。""㝅"從子㱿聲，表哺乳、幼兒、愚蒙等義。《集韻·厚韻》："𣪠、𣫝、𣪟、㝅、𣪞，乃后切，乳子也。或作𣫜、𣫝、𣪟、𣪞。"《集韻考正·厚韻》："𣪠、𣫝、𣪟，注乳子也，或作𣫜、𣫝。案此三字當從㱿作𣪠、𣫝、𣪟。"其說甚是。《四聲篇海·子部》："㝅，奴豆切，又公豆切，乳也，愁也。"《重訂直音篇·子部》："㝅，乃后切，乳子。又音遘。𣪠同上；𣪝俗。""𣪝"從子㱿省聲，為"㝅"的省體字。

　　《廣韻·候韻》：“㝅，乳也。”《正字通·殳部》：“㝅，同㲉。《說文》本作㝅。”《廣雅·釋親》：“㝅，子也。”王念孫疏證：“㝅之言孺，字本作㝅。”“㝅”表哺乳、乳兒義，故字可取“乳”作為義符。“㝅”從乳省㱿聲，即“㝅”換義符的異構字。《類篇·子部》：“㲉、㝅、㝅，乃后切，乳子也。或作㝅、㝅。”《四聲篇海·殳部》：“㝅，奴候切，乳也。”“㝅”從乳省㱿省聲，為“㝅”省體，亦即“㝅”的異構字。又《字彙補·士部》：“㝅，乃后切，《集韻》與㝅同。”《重訂直音篇·士部》：“㝅，乃后切，乳也。”“㝅”之“𡈼”應為“㱿”部省訛字形。“㝅”從乳𡈼（㱿省）聲，亦即“㝅”的異構字。

　　《玉篇·女部》：“㜅，奴斗切，妳異名。又古候切，取乳也。”《廣韻·候韻》：“婑（‘㜅’異寫），㜅嬯，無暇。”《正字通·女部》：“㜅，舊注乃后切，音㺲，乳之異名。又古候切，音遘，取乳。按《說文》本作㝅。”“女”“子”二旁義近古通。“㜅”從女㱿聲，即“㝅”換義符的異構字。“㜅”除了表哺乳義外，還引申為乳的異名，而“㝅”沒有此義項。“㜅”為“㝅”的寬式異體字。又“㜅”從女㱿省聲，為“㜅”省體，亦即“㝅”的異構字。

　　“㲉”為“㝅”省體。《說文·禾部》：“穀，續也，百穀之總名。從禾㱿聲。”“穀”從禾㱿聲，本義表莊稼糧食的總稱，與“㝅”屬不同的字。“㝅”“穀”同屬見紐屋部，二字同音通假。《左傳·宣公四年》：“楚人謂乳穀。”阮元校勘記：“穀當作㝅。《說文·子部》：‘㝅，乳也。’”《莊子·駢拇》：“臧與穀，二人相與牧羊而俱亡其羊。”陸德明釋文：“穀，崔（撰）本作㝅，云：‘孺子曰㝅。’”朱駿聲《說文通訓定聲·需部》：“穀，叚借為㝅。”皆其例。該組重文辨析圖示如下：

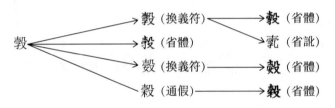

[098] 飲：歙 飤 汆 鑫 湬 畬

《五音集韻·寢韻》："歙、飲，於錦切，《說文》曰：'歠也。'汆、飤、鑫、湬、畬並古文。"（P133下）

按：《說文·歙部》："歙，歠也。从欠畬聲。汆，古文歙从今、水；畬，古文歙从今、食。""歙"甲骨文作𩚚、𩚏①，像人俯首吐舌、捧樽就飲形，篆文演變成从欠（像張口飲食形）从畬、畬亦聲的會意兼形聲字，本義表飲歠。《玉篇·歙部》："歙，一錦切，古飲字。"《廣韻·寢韻》："歙，《說文》曰：'歠也。'於錦切。飲上同。"《集韻·寢韻》："歙、飲、汆、鑫、畬、湬、畬，於錦切，《說文》：'歠也。'或从食；古作汆、鑫、畬、湬、畬。"《五經文字·食部》："歙、飲，於錦切，上《說文》，下經典相承隸省。""飲"从食从欠，即"歙"換義符的異構字。後世多通行"飲"，"歙"淪為異體。今簡化字作"饮"。

"畬"即"歙"古文畬之隸定，來源於"歙"金文作𩚑、𩚒等形②變異。《原本玉篇·食部》："畬，《說文》古文飲字也。"《玉篇·食部》："飲，於錦切，咽水，亦歠也。畬，古文飲；亦作歙。"《類篇·歙部》："歙，从欠畬聲。或作飲；古作汆、鑫、畬、畬。"《四聲篇海·食部》："畬，古文，音飲，歠也。"《字彙補·食部》："畬，《韻會》與飲同。""畬"之"今"與"畬"同屬侵部，古音相近。"畬"从食今聲，為"歙"變換聲義符，亦即"飲"的異構字。

"汆"即"歙"古文汆的隸定字。《原本玉篇·食部》："歙，古文為汆字，在《水部》；或為飲字，在《食部》。"《四聲篇海·水部》："汆，音飲，《說文》：'歠也。'"《字彙·水部》："汆，於錦切，音飲，歠也。"《正字通·水部》："汆，古文歙。""飲"表飲歠，對象為水等液態食物，故字又可从"水"。"汆"从水今聲，即"飲"換聲義符的異構字。又《字彙補·水部》："汆，於錦切，與飲同。""今""金"同屬見紐侵部。"汆"从水金聲，為"汆"變換聲符，亦即"飲"的異構字。又《玉

---

① 中國社會科學院考古研究所編輯：《甲骨文編》，中華書局1965年版，第369頁。

② 容庚：《金文編》，中華書局1985年版，第1003頁。

篇・水部》："湙，烏錦切，古文飲字。"《四聲篇海・水部》同。《重訂直音篇・水部》："湙，古文飲字。""湙"從水從㐱，由"㐱"累增義符"氵"，亦即"飲"的異構字。

"酓"為"歙"甲骨文作🔲、🔲諸形逐漸省變，西周金文作🔲、🔲🔲形①，已省寫"欠"部作"酓"。董作賓《殷曆譜》："酓，即歙字，第一期作🔲，象人俯首吐舌，捧尊就飲之形，歙其本字，酓其省變也。"其說甚是。"歙"省作"酓"，習見西周及春秋戰國文字，如陝西扶風出土的西周伯戎諸器的飲壺腹底銘文："白（伯）戎作酓壺。"《九店楚簡》："利於酓食。"皆是。漢魏以來"酓"逐漸從"歙"分化出來，且理據重構，產生了新義。《說文繫傳・酉部》："酓，酒味苦也。從酉今聲。"《玉篇・酉部》："酓，酒苦也。""酓"從酉今聲，主要表酒味苦義，一般不再記錄飲歙本義。今現代漢語"飲""酓"已完全分化為兩個字。該組重文辨析圖示如下：

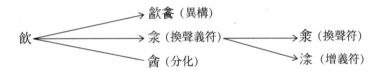

[099] 餁：餁 餁 饍 饍 饍 餂

《五音集韻・寢韻》："餁、餁、饍、饍，熟食。饍古文；餂亦同，又《玉篇》云：'飽也。'"又"餁，肉汁"。（P133 下）

按：《說文・食部》："餁，大孰也。從食壬聲。餁，古文餁；饜，亦古文餁。"段玉裁注："恁，《心部》恁下云：'齎也。'此古文系後人增竄。"邵瑛群羣經正義："古文又作恁，殊不可解，此字亦見《心部》。""餁"從食壬聲，表煮熟、熟食義。今簡化字作"饪"。《玉篇・食部》："餁，如甚切，大熟食。餁同上。"《廣韻・寢韻》："餁，熟食。餁上同。餂亦同，又《玉篇》云：'飽也。'"《四聲篇海・食部》："餁，如甚切，熟食也。"《字彙・食部》："餁，同餁。"《正字通・食部》："餁，俗餁

字。"唐司空圖《丁巳元日》:"鼎餁和方濟,台階潤欲平。""餁"即"餁"。"餁"之"任"與"餁"同屬日紐侵部。"餁"从食任聲,即"餁"換聲符的異構字。

"肛"即"餁"古文𦟋的隸定字。《集韻·寢韻》:"餁、餁、煔、肛、炰、膔,忍甚切,《說文》:'大孰也。'或作餁、煔、肛、炰;古作膔。通作餂。"《正字通·肉部》:"肛,與餁同。""食""肉"二旁義近古通。"肛"从肉壬聲,即"餁"換義符的異構字。另《廣韻·寢韻》:"肛,肉汁。"《字彙·肉部》:"肛,忍甚切,音荏,肉汁也。又與餁同。""肛"除了表煮熟義外,還引申為肉汁義,而"餁"未見此義項。"肛"為"餁"的寬式異體字。又《類篇·肉部》:"肛、膔,忍甚切,大孰也。古作膔。"《字彙補·肉部》:"膔,《集韻》古餁字。"竊疑"膔"之"肛"來源於古文𦟋,右下"心"部蓋為羨符,無實義,可能是受古文𦟋从心的類化而衍生。"膔"从肛从心,為"肛"累增部件,亦即"餁"的古文異體字。

《原本玉篇·食部》:"餁,如甚反,《周易》:'鼎,象也,以木巽火,烹餁也。'《說文》:'大熟也。'字書或為焦字,在《火部》。"《龍龕手鏡·火部》:"焦,或作,音荏,熟也。"《玉篇·火部》:"焦,而甚切,亦餁同。"《字彙·火部》:"炰,同餁。"《正字通·火部》:"炰,煔並餁同。"《字彙補·火部》:"焦,同餁。""餁"表煮熟,熟食義,需用火攻之,故字取"火"作為義符。"炰""焦"均从火餁聲,為"餁"變換義符,亦即"餁"換義符的異構字。又《類篇·食部》:"餁、餁、煔,忍甚切,《說文》:'大孰也。'或作餁、煔。"《字彙·火部》:"煔,如甚切,音任,熟食也。"《正字通·火部》:"煔,俗餁字。""煔"从火餁聲,即"餁"增義符的異構字。

《龍龕手鏡·食部》:"餁、餂,音稔,熟食也。二同。"《字彙·食部》:"餂,同餁。"《重訂直音篇·食部》:"餁、餁,音稔,熟食。餂同上。又音捻,飽也。"明趙南星《明太學張公暨孺人墓誌銘》:"聞乞兒哀號,則當食而欷,輒以壺殽飲之,廚無腐餂。""餂"即"餁"。"餂"之"念"為"念"異寫,與"餁"同屬舌音侵部,古音相近。"餂"从食念(念)聲,為"餂"部件異寫,亦即"餁"換聲符的異構字。另《玉篇·食部》:"餂,如枕切,飽也。""餂"除了表熟食義外,還引申為飽義，而"飪"沒有此義項。"餣"為"飪"的寬式異體字。該組重文辨析圖示如下：

[100] 敢：𢽤 𣀒 𢿋 𣀓 𢽫

《五音集韻·感韻》："敢、𢽤，勇也，犯也。《說文》作𢽤，進取也。𣀒、𣀓籀文；𢿋、𢽫並古文。"（P133 下）

按：《說文·受部》："𢽤（敢），進取也。从受古聲。𣀒，籀文𢽤；𢿋，古文𢽤。"段玉裁注："今字作敢，𣀒之隸變。""敢"金文作𢼦、𢼅、𣀒、𣀓形①，从口（或甘），从二手上下相疊狀，戰國文字作𣀒、𢽫②、𢿋、𢽤等形③，左下"口"部已變作"古"，"又"部逐漸繁化作"攴"，篆文變作𢽤。"𢽤"即"敢"篆文𢽤的隸定字，隸變作"敢"，表有膽量、進取等義。《九經字樣·受部》："𢽤、敢，進取也。上《說文》，下隸變。"《玉篇·受部》："𢽤，古膽切，進取也。籀文作𣀒，今作敢。𢿋古文。"《廣韻·敢韻》："敢，勇也，犯也，《說文》作𢽤，進取也。𢽤上同；𣀒籀文；𢿋古文。"《正字通·又部》："𢽤，敢本作𢽤。""𢽤"从受古聲，即"敢"的隸定異寫字。

"𣀒"即"敢"古文𣀒的隸定字，來源於"敢"戰國文字𢽤、𢿋、𢽫諸形演變。《玉篇·攴部》："敢，古膽切，敢果也，勇也。𣀒、𣀓、𣀒並篆文，出《說文》。"《集韻·敢韻》："𢽤、𣀒、𣀓、敢，古覽切，《說文》：'進也。从受古聲。'古作𣀒、𣀓；隸作敢。"《四聲篇海·攴部》："𣀒，古文敢字。""𣀒，古膽切，敢果也。"《字彙·攴部》："𣀒，

①　容庚：《金文編》，中華書局 1985 年版，第 276—277 頁。
②　張守中、張小滄、郝建文：《郭店楚簡文字編》，文物出版社 2000 年版，第 74 頁。
③　張守中：《包山楚簡文字編》，文物出版社 1996 年版，第 60 頁。

古敢字。"又"敔，古敢字"。《重訂直音篇·攴部》："敢，古覽切，勇也，進取也。敔、敔、敔同上。""敔""敔""敔""敔"形體微異，屬異寫關係，均為"敢"的古文異體字。

　　"𣪊"即"敢"籀文𣪊的隸定字，蓋源於"敢"金文作𣪊、𣪊等形[1]變異，其中左下"月"部應為金文"甘（甘）"部訛變。《類篇·攴部》："敔、𣪊、敢，古覽切，《說文》：'進也。从攴古聲。'古作𣪊；隸作敢。"《字彙·攴部》："𣪊，同敢。"《重訂直音篇·攴部》："𣪊，敢同。""𣪊"即"敢"的古文異體字。又《字彙·攴部》："𣪊，同敢。"《正字通·攴部》："𣪊，𣪊字之偽。""𣪊"之"攴"見於古文字𣪊、𣪊諸形。"𣪊"與"𣪊"屬異寫關係，亦即"敢"的古文異體字。該組重文辨析圖示如下：

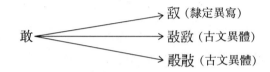

---

　　① 容庚：《金文編》，中華書局 1985 年版，第 277 頁。

卷 十

[101] 疐：攃 躓 嚏 疌 叀 戒

《五音集韻·至韻》："疐、攃、躓、嚏、疌，礙不行也，又頓也。《詩》曰：'載疐其尾。'疐，跆也。"又"叀，跆也。戒古文"。（P140上）

按："疐"為"疐"異寫。《說文·叀部》："𦦗（疐），礙不行也。從叀，引而止之也。叀者，如叀馬之鼻。從冂，此與牽同意。"《爾雅·釋言》："疐，僕也。"又"疐，跆也"。"疐"即篆文𦦗的隸定字，隸變作"疐"，表停滯、阻礙、倒僕等義。《廣韻·至韻》："疐，礙不行也，又頓也。《詩》曰：'載疐其尾。'疐，跆也。攃、躓並俗。"《四聲篇海·手部》："攃（'攃'異寫），陟利切，礙不行。"《重訂直音篇·手部》："攃，音至，礙，頓。""疐"指阻礙、倒僕，這些動作與人的手足相關，故字可取"手""足"作為義符。"攃"從手從疐（疐），即"疐"增義符的異構字。

《集韻·至韻》："疐、躓、嚏、疌、攃，《說文》：'礙不行也。'或從足；亦作嚏、疌、攃。"《四聲篇海·足部》："躓，陟利切，礙不行也，又頓也。"《字彙·足部》："躓，同疐。"《正字通·足部》："躓，俗疐字。"《儀禮·士相見禮》："舉前曳踵。"鄭玄注："舉前曳踵，備躓跆也。"陸德明釋文："躓，音致，跆也。""躓"即"疐"。"躓""躓"筆畫微異，均從足從疐（疐），即"疐"增義符的異構字。

"嚏"為"嚏"異寫。《說文·口部》："嚏，悟解氣也。從口疐聲。"

"嚔"從口疐聲，本義表打噴嚔，與"疐"屬不同的字。"嚔""疐"同屬舌音質部，二字音近通假。《詩·邶風·終風》："願言則嚔。"陸德明《經典釋文》引"嚔"作"疌"，並云："又作疐。"睡虎地秦簡《封診式·厲》："鼻腔壞，刺其鼻不疐。""疐"通作"嚔"。皆其例。又《說文·止部》："疌，疾也。从止从又。又，手也。屮聲。"徐鍇繫傳："止，足也；又，手也。手足共用之，故疾也。""疌"表快速、快捷義，與"疐"分屬異字。"疐""疌"質葉旁對轉，古音相近，二字亦音近通假。《詩·豳風·狼跋》："載疐其尾。"陸德明釋文："疐本又作疌（'疌'隸定異寫字）。"是其例。

《玉篇·叀部》："疌，利竹切，踦也，僕也，礙不行也。一本作疐。"《字彙補·叀部》："疌，陟利切，音智，出《篇海》。""疌"為"疐"篆文的隸定省體，从叀从止，即"疐"的省體字。又"戒"非"疌（疐）"古文，乃"戩"之異體。《說文·戈部》："戩，滅也。从戈晉聲。"《集韻·獮韻》："戩、戒，《說文》：'滅也。'或作戒。"《類篇·戈部》亦錄"戩"或體作"戒"，只是將"爪"部異寫作"瓜"。《字彙·戈部》："戒，與戩同。"《正字通·戈部》："戒，俗戩字。""戒"从戈从爪，會手持兵器伐滅意，即"戩"製字方法不同的異構字。"疐""戩"質真對轉，古音相近，但未見文獻通假字例，是為音近字。該組重文辨析圖示如下：

疐 → 撍躓（增義符）
→ 疌（省體）
→ 戩（音近） → 戒（異構）
→ 嚔疌（通假）

[102] 隊：墜 餟 碌 磓 隧

《五音集韻·至韻》："墜、隊、碌、磓、隧、餟，直類切，落也。"（P140下）

按：《說文·阜部》："𨺩（隊），从高隊也。从阜㒸聲。"段玉裁注："隊、墜，正俗字。古書多作隊，今則墜行而隊廢矣。"《說文新附·土部》：“墜，陊也。从土隊聲。古通用磩。直類切。”“隊”甲骨文作𨸏、𨸏等形①，从𨸏从倒子或倒人，會高處墜下意，是表墜落義的本字。《玉篇·𨸏部》：“隊，他類切，從高隊也，失也。又徒對切，部也。”《廣韻·隊韻》：“隊，羣隊。徒對切。”《集韻·隊韻》：“隊，《说文》：‘從高隊也。’”《賄韻》：“隊，羣也。”“隊”从𨸏㒸聲，本義指从高墜落；也引申為群隊、部隊、行列等義。“墜”从土从隊、隊亦聲，為“隊”加注義符而成，與“隊”本一字異體，後分化為兩個不同的字。今現代漢語“隊”表部隊、隊群義，簡化字作“队”；“墜”主要表墜落本義，簡化字作“坠”。

　　“䃼”即“隊”篆文𨽍的隸定字。《集韻·至韻》：“墜、隊、磩、磑、隧、䃼，直類切，《爾雅》：‘落也。’或作隊、磩、磑、隧、䃼。”《四聲篇海·𨸏部》：“䃼，直類切，落也。”“䃼”从𨸏（𨸏）㒸聲，即“隊”的隸定異寫字。又《說文·石部》：“磩，陊也。从石㒸聲。”小徐本：“磩，墤也。从石㒸聲。臣鍇曰：‘今作墜。’徒佩反。”《玉篇·石部》：“磩，墮也。”“墜”“磩”音義俱同，實一字異體。《漢書·天文志》：“星磩至地，則石也。”顏師古注引如淳曰：“磩，亦墜也。”《漢書·敘傳下》：“薄姬磩魏，宗文產德。”顏師古注：“磩，古墜字。”皆其證。“磩”从石㒸聲，即“墜”換聲義符的異構字。

　　《龍龕手鏡·石部》：“磑，俗；磩，正，徒對反，礧磩物，墜也。”《類篇·石部》：“磩、磑，直類切，《爾雅》：‘落也。’”“磑”从石遂聲，為“磩”變換聲符，亦即“墜”的異構字。又《玉篇·𨸏部》：“隧，似醉切，羡道也，掘地通路也。”《龍龕手鏡·石部》：“隧，音遂，道也，即延道也。”“隧”表墓道、地道義，與“墜”屬不同的字。“墜”“隧”同屬物部，古音相近，二字音近通假。《荀子·儒效》：“至共頭而山隧。”楊倞注：“隧讀為墜。”《漢書·王莽傳上》：“危亡之禍，不隧如髮。”王先謙補注：“蘇輿曰：‘隧與墜同。’”皆其例。該組重文辨析圖示如下：

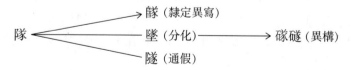

　　①　中國社會科學院考古研究所編輯：《甲骨文編》，中華書局1965年版，第535—536頁。

[103] 䖪：蟖 蚵 蚝 螺 螅 蜥

《五音集韻·至韻》："䖪、蚝、蟖、蚵、蜥、螅（甯忌浮校作‘螺’），毛蟲。"又"䖪、蚝、蟖、蚵，䖪，毛蟲有毒。螺，毛蟲也"。（P141 下）

按：《說文·虫部》："䖪，毛蟲也。從虫𡴎聲。""䖪"從虫𡴎聲，本義指毛蟲，一種刺蛾科黃刺蛾的幼蟲，俗稱"洋辣子"，體側生叢刺，能螫人。《玉篇·虫部》："䖪，七史切，毛蟲。蟖、蚵、螺、蚝並同上。"《廣韻·志韻》："䖪，䖪毛蟲有毒。七吏切。蚝、蟖、蚵並上同。"《四聲篇海·虫部》："蟖，七賜切，蟖毛蟲有毒也。""蚵，七吏切，與䖪同。"《字彙·虫部》："蟖，同䖪。"又"蚵，同䖪。""蟖""蚵"所從"慈""司"與"䖪"同屬齒音之部，古音相近。"蟖"從虫慈聲，即"䖪"換聲符的異構字。又"蚵"從虫司聲，亦即"䖪"的換聲符字。

《集韻·置韻》："䖪、蚝、蟖、蚵、蜥、螺，《說文》：'毛蟲也。'或作蚝、蟖、蚵、蜥、螺。"《類篇·虫部》同。"䖪"表毛蟲，即全身長滿毛刺的小蟲，故字可取"毛"作為義符。"蚝"從虫從毛，即"䖪"製字方法不同的異構字。又《四聲篇海·虫部》："螺，七吏切，與䖪同。"《字彙·虫部》："螺，同䖪。"《正字通·虫部》："螺，俗䖪字。""螺"之"思"與"䖪"同屬齒音之部。"螺"從虫思聲，即"䖪"換聲符的異構字。

《集韻》始錄"䖪"或體作"螺"，《五音集韻》承錄之，且訛作"螅"。甯忌浮所校可參。"螅"之"恩"即"思"篆文🔣的隸定字。"螅"從虫恩（思）聲，為"螺"部件異寫，亦即"䖪"的異構字。竊疑"螅"起初應為"螺"訛寫，但後世字書多承其訛誤，以致積訛成俗。如《字彙·虫部》："螅，同䖪。"《重訂直音篇·虫部》："䖪，音次，䖪毛蟲有毒。螅亦同上。"皆是。另"螅"也可視為理據重構，"息"為聲符，與"䖪"同屬齒音，職之對轉，古音相近。"螅"從虫息聲，亦即"䖪"換聲符的異構字。

《廣韻·錫韻》："蜥，蜥蜴。"《集韻·錫韻》："蟄、蜥，蟲名。《博雅》：'蟄蜴，蜤也。'或省。"《字彙·虫部》："蜥，思積切，音昔，

蝀，蝮蛐也。又蝀蜺。”“蝀”從虫束聲，表壁虎、蟑螂義，與“載”屬
不同的字。“載”“蝀”同屬清紐，之錫旁對轉，古音相近，但未見文獻
通假字例。二字為音近字。該組重文辨析圖示如下：

[104] 饎：糦 鎚 䭒 餻 饎 飯 喜

《五音集韻・至韻》：“饎、䭒、餻、鎚、饎、喜、飯，《方言》
云：‘熟食也。’《說文》云：‘酒食也。糦，大祭，亦稷也。《說文》
亦同上。”（P142 下）

按：《說文・食部》：“饎，酒食也。從食喜聲。《詩》曰：‘可以饋
饎。’ 鎚，饎或從配；糦，饎或從米。”段玉裁注：“饎或從米，《商頌》
字如此作。《特牲》注曰：‘古文饎作糦。’”“饎”從食喜聲，表酒食、
炊、黍稷等義。今簡化字作“饎”。“糦”即“饎”或體糦的隸定字。
《玉篇・米部》：“糦，充志切，與饎同。”《四聲篇海・米部》：“糦，充
志切，《說文》：‘酒食也。’”《字彙・米部》：“糦，與饎同，又黍稷。”
《詩・商頌・玄鳥》：“龍旗十乘，大糦是承。”鄭玄箋：“糦，黍稷
也。”“饎”表酒食，黍稷義，與米相關，故字可從“米”。“糦”從米喜聲，
即“饎”換義符的異構字。

“鎚”即“饎”或體鎚的隸定字。《玉篇・食部》：“饎，充志切，酒
食也，黍稷也。鎚同上。”《廣韻・至韻》：“饎，《方言》云：‘熟食也。’
《說文》云：‘酒食也。’鎚，《說文》上同；糦，大祭，亦稷也，《說文》
上同。”“鎚”鎚“餻”筆畫微異，屬同字異寫，所從“配”與“喜”
同屬曉紐之部。“鎚”從食配聲，即“饎”換聲符的異構字。又《龍龕
手鏡・食部》：“饎，或作；饎，今，昌志反，《爾雅》云：‘酒食。’《方
言》云：‘熟食也。’”《四聲篇海・食部》：“饎，音饎，義同。”《周禮・
地官・饎人》：“饎人掌凡祭祀共盛。”孫詒讓正義：“饎、糦字同。”

“饎”“饎”“饎”筆畫微異，均為“饎”異寫，所從“熙”與“喜”同屬曉紐之部。“饎”从食熙聲，為“饎”變換聲符，亦即“饎”換聲符的異構字。

《原本玉篇·食部》：“饎，《周禮》：‘饎人掌凡祭祀禮共盛。’鄭眾曰：‘主炊之官也。’或作饎，《說文》此亦饎字也。”《集韻·之韻》：“饎、糦、饎，酒食曰饎。或作糦、饎。”《四聲篇海·食部》：“饎，音饎，義同。”“饎”“饎”筆畫微異，所從“臣”“臣”為“熙”省寫。“饎”从食熙省聲，為“饎”省體，亦即“饎”換聲符的異構字。又《玉篇·食部》：“饎，尺志切，酒食多也。”《集韻·志韻》：“饎、饎、饎、饎、糦、喜、飯，《說文》：‘酒食也。’一說炊黍稷曰饎。或作饎、饎、饎、糦、喜、飯。”《類篇·食部》：“饎、饎、飯，昌志切，《說文》：‘酒食也。’或作饎、飯。”“饎”之“戠”與“饎”同屬昌紐，職之對轉，古音相近。“饎”从食戠聲，亦即“饎”的換聲符字。

《字彙·食部》：“飯，昌志切，音熾，大熟食。”《正字通·食部》：“飯，舊注昌志切，音熾，大熟食。不知饎《集韻》作飯，誤分為二。”其說甚是。《重訂直音篇·食部》：“饎，音熾，酒食也，熟食也。饎、飯並同上。”“飯”之“叔”與“饎”同屬舌音，覺之旁對轉，古音相近。“飯”从食叔聲，即“饎”換聲符的異構字。

《說文·口部》：“喜，樂也。从壴从口。”“喜”从壴从口，表歡樂、喜悅、吉祥之事等義，與“饎”屬不同的字。“饎”聲符“喜”亦表意，其中包含了吉祥、喜悅的語義特征，類似如“憙、嘻、禧、嬉”等。“饎”从食从喜、喜亦聲，蓋取喜悅、吉祥之事祝以酒食的構義。《詩·小雅·天保》：“吉蠲為饎，是用孝享。”《毛傳》：“吉，善。饎，酒食也。”鄭玄箋：“谓將祭祀也。”“饎”即指備具酒食以獻享，用以祈禱吉祥。“饎”“喜”二字音近義通，當為同聲符的同源字，古籍亦通用。《詩·豳風·七月》：“饁彼南畝，田畯至喜。”鄭玄箋：“喜，讀為饎。饎，酒食也。”是其例。該組重文辨析圖示如下：

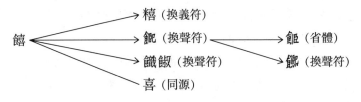

[105] 幟：旘 帴 志 織 絾 絘 絲 繗 繺 繗

《五音集韻·至韻》：“幟、織、旘、帴、志，旗也。又音試。”
又“幟，旗也，帴上同。通作織。”又“織、絾、絘，織文錦，綺
屬。又音職”。（P142 下）

《五音集韻·職韻》：“織、絘 繗，組織，《說文》曰：‘作布
帛總名。’繗、繺並古文。”（P225 上）

按：“幟”不見《說文》。《說文新附·巾韻》：“幟，旌旗之屬。從
巾戠聲。”《廣韻·志韻》：“幟，旗幟。”《龍龕手鏡·巾部》：“幟，昌志
反，幡也，幖幟也。又音試。”“幟”從巾戠聲，表旗幟義。今簡化字作
“帜”。《集韻·志韻》：“幟，織、旘、帴、志，旗也。或作織、旘、帴；
亦作志。”《四聲篇海·巾部》：“旘，昌志切，旗也。”《字彙·方部》：
“旘，同幟。”“㫃”為象形字，本義為旌旗飛揚貌，故“幟”字取
“㫃”作為義符。“旘”從㫃戠聲，即“幟”換義符的異構字。

《玉篇·巾部》：“幟，尺志切，巾也。帴同上。”《類篇·巾部》：
“幟、帴，職吏切，旗也。或從志。”《四聲篇海·巾韻》：“帴，音幟，
義同。”《字彙·巾部》：“帴，同幟。”《正字通·巾部》：“帴，同幟。
《集韻》作帴。”“帴”之“志”與“幟”同屬章紐，之職對轉，古音相
近。“帴”從巾志聲，即“幟”換聲符的異構字。又《說文·心部》：
“志，意也。從心之聲。”“志”表意志義，與“幟”分屬異字。二字聲
韻相近，是為音近通假。《史記·劉敬叔孫通列傳》：“設兵張旗志。”裴
駰集解引徐廣曰：“一作幟。”《華陽國志·大同志》：“不用麾志，舉矛為
行伍。”“志”通作“幟”。皆其例。

《說文·糸部》：“織，作布帛之總名也。從糸戠聲。絾，樂浪挈令
織。從糸從式。臣鉉等曰：‘挈令，蓋律令之書也。’”“織”從糸戠聲，
表用絲、麻、棉、毛等物編製物品，絲織品等義，今簡化字作“织”，與
“幟”屬不同的字。“織”“幟”同屬章紐職部，二字同音通假。《史記·
平準書》：“旗幟加其上。”《漢書·食貨志下》“幟”作“織”。《漢書·
陳湯傳》：“望見單于城上立五采幡織，數百人披甲乘城。”顏師古注：
“織讀曰幟。”《集韻·志韻》：“幟，旗也。通作織。”皆其例。

　　"絉"即"織"或體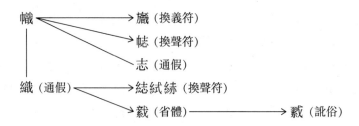結的隸定字。《原本玉篇·糸部》："絉,《說文》:'樂浪挈令織字也。'字書古文織字也。"《玉篇·糸部》："織,之力切,作布帛總名;之異切,織文錦,綺屬。絉、結同上。"《集韻·志韻》:"織、結、絉,織文也。或作結、絉。""絉"之"式"與"織"同屬舌音職部,古音相近。"絉"從糸式聲,即"織"換聲符的異構字。另《廣韻·職韻》:"絉,《方言》云:'趙、魏間呼經而未緯者曰機絉。'""絉"除了表作布帛總名義外,還表織機上未與緯線交織的經線義,而"織"沒有此義項。"絉"為"織"的寬式異體字。又《原本玉篇·糸部》:"結,字書古文織字也。"《類篇·糸部》:"結,職吏切,織文也。"《四聲篇海·糸部》:"結,古文,音織,義同。"《字彙·糸部》:"結,古文織字。""織""志"同屬章紐,職之對轉,古音相近。"結"從糸志聲,亦即"織"的換聲符字。

　　《集韻·職韻》:"織、絉、綀、
,
,《說文》:'作布帛之總名也。'或作綀;古作
、
。"《類篇·糸部》同。《四聲篇海·糸部》:"綀,音織,義同。"《字彙·糸部》:"綀,同織。"《正字通·糸部》:"綀,俗織字。""綀"之"赤"與"織"同屬舌音,鐸職旁轉,古音相近。"綀"從糸赤聲,即"織"的換聲符字。又《四聲篇海·糸部》:"
,之翼切,組織,《說文》曰:'布帛。'"《字彙·糸部》《正字通·糸部》亦云:"
,同織。""
"從糸
(
省)聲,即"織"的省體字。又《四聲篇海·糸部》:"
,之翼切,《說文》曰:'布帛總名。'""
"為"
"省寫訛變,亦即"織"俗寫訛變、積訛成俗的異體字。該組重文辨析圖示如下:

幟
→ 旘(換義符)
→ 帳(換聲符)
→ 志(通假)

織(通假)
→ 結絉綀(換聲符)
→
(省體) →
(訛俗)

　　[106] 嗜: 咶 餚 䣧 膱 耆

　　《五音集韻·至韻》:"嗜、餚、䣧、膱、咶、耆,常利切,嗜

欲。"（P143 上）

　　按：《說文·口部》："嗜，嗜欲，喜之也。從口耆聲。""嗜"從口耆聲，表嗜好，貪求義。《玉篇·口部》："嗜，食利切，欲也。唜古文。"《類篇·口部》："嗜、唜，時利切，欲也。《說文》：'嗜欲，喜之也。'亦作唜。"《字彙·口部》《正字通·口部》亦云："唜，俗嗜字。""唜"之"示"與"耆"同屬舌音脂部，古音相近。"唜"從口示聲，即"嗜"換聲符的異構字。

　　《廣韻·至韻》："嗜，嗜欲，常利切。饎、膡並上同。"《原本玉篇·食部》："饎，視利反，字書亦嗜字也，欲也，貪也，在《口部》。或為膡字，在《肉部》。或為醏字，在《酉部》。"《玉篇·食部》："饎，視利切，貪也，欲也，與嗜同。"《酉部》："醏，視利切，亦作嗜。"《肉部》："膡，時至切，俗嗜字。"《集韻·至韻》："嗜、饎、醏、膡、唜、耆，時利切，欲也。《說文》：'嗜欲，喜之也。'或從食；從酉；從肉；亦作唜、耆。"《龍龕手鏡·食部》："膡，俗。常利反。"《字彙·食部》："饎，同嗜。"《酉部》："醏，同嗜。""嗜"本義指嗜欲、喜好，對象多為酒肉食物，如《詩·小雅·楚茨》："苾芬孝祀，神嗜飲食。""嗜酒如命"。故"嗜"又可取"食""肉""酉"作為義符。"饎"從食耆聲，即"嗜"換義符的異構字。又"醏"從酉耆聲，為"嗜"換義符的異構字。又"膡"從肉耆聲，亦即"嗜"的換義符字。

　　《說文·老部》："耆，老也。從老省旨聲。""耆"從老省旨聲，本義指六十歲的老人，也引申為長者、強橫等義。段玉裁注"嗜"云："經傳多假耆為嗜。"徐灝注箋："耆，耆從旨，即有嗜義，故古字以耆為嗜，後乃加口旁耳。""嗜""耆"從旨得聲，且均含有美、好的構義，徐說甚是。"耆""嗜"音近義通，是一組同聲符的同源字，古籍亦通用。《莊子·齊物論》："鴟鴉耆鼠。"陸德明釋文："耆，市志反，字或作嗜。"《荀子·非十二子》："無廉恥而耆飲食。"楊倞注："耆與嗜同。"皆其例。該組重文辨析圖示如下：

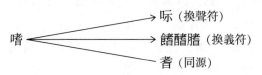

[107] 狒：𤢃 䮝 𨳔 鶯 𤜢

　　《五音集韻·未韻》："𤢃、䮝、狒、𤜢、𨳔、鶯，扶沸切，獸名。《說文》曰：'周成王時州靡國獻𤢃，人身反踵，自笑，笑即上唇掩其目，食人。北方人謂之土螻。'"（P145 上）

　　按：《說文·内部》："𤢃（𩔉），周成王時州靡國獻𩔉，人身反踵，自笑，笑即上唇掩其目，食人。北方人謂之土螻。《爾雅》云：'𩔉𩔉，如人，被髮。'一名梟陽也。從㐅象形。"小徐本："讀若費。""𩔉"即篆文𩔉的隸定字，隸變作"𩔉"，本指動物名。《爾雅·釋獸》："狒狒，如人，被髮，迅走，食人。"郭璞注："梟羊也。《山海經》曰：'其狀如人，面長唇黑，身有毛，反踵，見人則笑。交廣及南康郡山中亦有此物，大者長許丈，俗呼之曰山都。"《玉篇·犬部》："狒，父沸切，似人形，被髮，迅走。"《廣韻·未韻》："𩔉，獸名。《說文》曰：'周成王時州靡國獻𩔉，人身反踵，自笑，笑即上唇掩其目，食人。'䮝、狒並上同。""𩔉""狒"音義俱同，屬同字異構。"狒"從犬弗聲，即"𩔉"製字方法不同的異構字。後世多通行"狒"，"𩔉""𩔉"漸淪為異體。今簡化字作"狒"。

　　《集韻·未韻》："𩔉、狒、𨳔、𤜢、䮝、鶯，《說文》：'周成王時州靡國獻𩔉，人身反踵，自笑，笑則上唇掩其目，食人。'或作狒、𨳔、𤜢、䮝、鶯。"《類篇·内部》亦錄"狒"或體作"𩔉""𨳔""𤜢""䮝""鶯"。"䮝""𤜢""䮝""䮝""䮝"形體微異，均為"𩔉"異寫，亦即"狒"的異構字。又《字彙·内部》："鶯，與𨳔（'𩔉'異寫）同。"《正字通·内部》："鶯，俗𩔉字。""鶯"構形特殊，是一個形體糅合字，當是截取"狒"的聲符"弗"和"𩔉"的下半"禺（'𨳔'訛寫）"部形體糅合而成。"鶯"從禺（𩔉省）弗聲，亦可視為"狒"換義符的異體字。

　　《字彙·内部》："𨳔，與𩔉同。"《正字通·内部》："𨳔，同𩔉，俗省。舊注引《吳都賦》偽作𨳔。一曰𨳔即古文禺字之偽。""𨳔"構形不明，蓋即"禺"古文異體。《說文·内部》："禺，蟲也。從㐅。象形。𩔉，古文禺。""𨳔"即"禺"古文𩔉的隸定字。"禺""𩔉"的下半形體相同，且同在《說文》的内部相鄰排列。此蓋因二字形近而古文誤植。
該組重文辨析圖示如下：

[108] 狾：猘 齛 狛 猰 懘 瘶

《五音集韻·霽韻》："猘、猘，狂犬。或作猘。"（P149 下）
《五音集韻·祭韻》："猘、猘、愬（甯忌浮校作'瘶'）、齛，
居刈切，狂犬。狛古文。"（P151 下）又"猘、猘、瘶，狂犬"。
"懘、猘、猰，狂犬別名。"（P152 下）

按：《說文·犬部》："狾，狂犬也。从犬折聲。《春秋傳》曰：'狾
犬入華臣氏之門。'""狾"从犬折聲，表狂犬義。《龍龕手鏡·犬部》：
"狾、猘，居例、尺制、征例三反，狂犬別名。二同。"《集韻·霽韻》：
"猘、猘，狂犬。或作猘。"《類篇·犬部》："猘、猘，吉詣切，狂犬。或
作猘。"《字彙·犬部》："猘，同猘。"明文秉《烈皇小識》卷二："夫猘
噬固能傷人，而豺聲亦當自斃。""猘"即"猘"。"猘"之"制"與
"狾"同屬章紐月部。"猘"从犬制聲，即"狾"換聲符的異構字。

《集韻·祭韻》："猘、猘、瘶、齛、狛，居例切，狂犬也。或作猘、
瘶、齛；古作狛。"《類篇·齒部》："齛，居例切，狂犬也。"《字彙·齒
部》："齛，居藝切，音計，狂犬。"狂犬大多兇猛暴躁，牙齒尖銳，故
"狾"可取"齒"作為義符。"齛"从齒制聲，為"猘"變換義符，亦即
"狾"換聲義符的異構字。又《玉篇·犬部》："狾，居世切，狂犬。狛
古文。"《四聲篇海·犬部》："狛，古文，音狾。"《字彙·犬部》："狛，
同猘。"《正字通·犬部》："狛，俗猘字。""狛"之"自"與"狾"質
月旁轉，古音相近。"狛"从犬自聲，即"狾"換聲符的異構字。

《玉篇·犬部》："猰，尺世切，狂犬。"《廣韻·祭韻》："懘，狂犬
別名。"《集韻·祭韻》："狾、猰、懘，狂犬。或作猰、懘。"《類篇·犬
部》："猰、懘，尺制切，狂犬。或作懘。"《重訂直音篇·犬部》："猰，
尺世切，狂犬。懘同上。""猰""猰"筆畫微異，所從"帶"與"狾"

同屬舌音月部，古音相近。"獙"從犬帶聲，即"猘"換聲符的異構字。又"懘""懘""懘"筆畫微異，所從"懘"與"猘"同屬舌音月部。"懘"從犬懘聲，亦即"猘"的換聲符字。

《集韻·祭韻》："猘、猘、瘛，《說文》：'狂犬也。'引《春秋傳》'猘犬入華臣氏之門。'或作猘、瘛。"《正字通·疒部》："瘛，古器切，音記，狂也。亦作猘。"《左傳·襄公十七年》："國人逐瘛狗。"《漢書·五行志》作"猘"，"瘛"即"猘"也。狂犬咬人易傳染疾病，俗稱狂犬病，故"猘"字又可從"疒"，且"契"與"猘"同屬月部，古音相近。"瘛"從疒契聲，即"猘"換聲義符的異構字。[①] 該組重文辨析圖示如下：

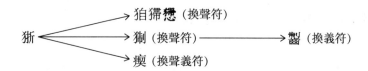

　　[109] 會：袷含龠帠岁

《五音集韻·泰韻》："會，黃外切，合也。古作龠。亦州，秦屬隴西郡。帠、袷、岁、含、龠並古文。"（P154 下）

　　按：《說文·會部》："會，合也。從亼從曾省。绐，古文會如此。"《廣雅·釋詁三》："會，聚也。""會"表集合、聚合義。今簡化字作"会"。"袷"即古文绐的隸定字，蓋源於"迨"甲骨文作枌、徣，金文作徣、徣等形[②]省變。《三體石經·文公》"迨"古文作绐，是其證。《說文·辵部》："迨，遝也。從辵合聲。"《玉篇·辵部》："迨，胡答切，迨遝，行相及也。""迨"表路途碰上，會合等義。"辵""彳"二旁義近古通。"袷"從彳從合、合亦聲，即"迨"換義符的古文異構字。"會""迨"意義相近，是為同義換讀。

---

　　① 又《集韻·霽韻》："瘛，瘛瘲，癇疾。""瘲，《博雅》：'瘛瘲，病也。'或作瘲。"此"瘛"音胡計切，表癇病、驚風、手足痙攣義，屬"瘲"換聲符異體，與"猘"異體"瘛"蓋屬同形字。

　　② 高明：《古文字類篇》，台灣大通書局 1986 年版，第 103 頁。

《玉篇·會部》："會，胡外切，歲計會也，對也，合也。會古文；岃古文。"《集韻·夳韻》："會、芇、佮、岃、會、龠，黄外切，《說文》：'合也。'古作芇、佮、岃、會、龠。"《四聲篇海·人部》："會，古文，音會。"東漢《孔廟碑》"會"作①，《隸辨》卷四泰韻引《脩華嶽碑》"嘉瑞乃會"之"會"作，皆其例。"會""會"筆畫微異，屬同字異寫，但構形不明。"會"从曰从合，為"合"隸定古文②，當源於"合"楚簡文字作、、等形③演變。"會"表集合、聚合義，與"合"義近。二字為同義換讀。

《類篇·會部》："會，合也。古作芇、佮、岃、會、侖。"《四聲篇海·會部》："侖，音會，義同。""侖""龠""侖"筆畫微異，均為"會"篆文之隸省，即"會"的省體字。又《四聲篇海·止部》："芇，黄外切，合也，古文會也。"《山部》："岃，古文會字。"《古文四聲韻》卷四泰韻引《汗簡》作"會"作、引《古尚書》作，分别與"芇""岃"二形同構，蓋其隸定所本。"芇""岃"形源不明，待考。④ 該組重文辨析圖示如下：

會 → 侖（省體）
會 → 迨（義近）→ 佮（古文異體）
會 → 合（義近）→ 會（古文異體）
會 → 芇岃（待考）

① 《漢語大字典》字形組：《秦漢魏晉篆隸字形表》，四川辭書出版社 1986 年版，第 339 頁。

② 李家浩：《包山二六六號簡所記木器研究》，《國學研究》第二卷，北京大學出版社 1994 年版，第 44 頁。

③ 滕壬生：《楚系簡帛文字編》（增訂本），湖北教育出版社 2008 年版，第 509 頁。

④ 關於""的來源，黄錫全據何琳儀說［何琳儀說見《汗簡古文四聲韻與古文字的關係》，碩士學位論文，1981 年，參見《戰國文字通論》（補訂），江蘇教育出版社 2003 年版，第 71 頁］，認為乃从止从巾，隸定作"芇"；"岃"當是"形隸定時誤"。（參黄錫全《汗簡注釋》，武漢大學出版社 1990 年版，第 334 頁）；白於藍認為""乃从止从木省，與《說文》"困"古文實為一字［參見白於藍《釋褎——兼談秀、采一字分化》，《中國古文字研究》（第一輯），吉林大學出版社 1999 年版］，二者皆可追溯至甲骨文。錄此以參考。轉引自林志強《古文〈尚書〉文字研究》，中山大學出版社 2009 年版，第 105—106 頁。

[110] 睚: 睳 厓 瞔 硸

《五音集韻·怪韻》:"睚、睳、瞔、硸、厓,五懈切,目際,又睚眥,怨也。又五佳切。"(P155 下)

按:"睚"不見《說文》。《說文新附·目部》:"睚,目際也。從目、厓。""睚"從目從厓、厓亦聲,本義表眼睚;也引申為舉目義。"睚"與"眥"構成聯綿詞"睚眥",表恨視、怨恨義。《龍龕手鏡·目部》:"睳、睚,五賣反,裂也。睚眦,怒目皃。"《集韻·卦韻》:"睚、睳、瞔、硸、厓,牛懈切,目際也,一曰怒視。或作睳、瞔、硸、厓。"《四聲篇海·目部》:"睳,五懈切,目際也,怨也。又五佳切。"《字彙補·目部》:"睳,《集韻》與睚同。""睳"之"崖"與"睚"同屬疑紐支部。"睳"從目崖聲,即"睚"換聲符的異構字

《說文·厂部》:"厓,山邊也。從厂圭聲。""厓"從厂圭聲,表山邊、邊際等義,與"睚"屬不同的字。"睚"本義表眼睚,與"厓"表山邊義相通,二字所記錄的詞義裡都含有邊際的義素。"厓""睚"音近義通,是一組同聲符的同源字,古籍亦通用。《漢書·孔光傳》:"莽以光為舊相名儒……所欲搏擊,輒為草,以太后指風光令上之,厓眥莫不誅傷。""厓眥"即"睚眦"。是其例。

"瞔"非"睚"或體,蓋為"䁙"異體。《說文·目部》:"䁙,小視也。從目賈聲。莫佳切。"《正字通·目部》:"瞔,䁙字之偽。舊注音賣,邪視,又音樹,視貌,並非。""瞔"之"賣"與'䁙'同屬明紐支部。"瞔"從目賣聲,為"䁙"換聲符異構,表竊視、偷看義。"睚""瞔(䁙)"同屬支部,古音相近,且均表視義。二字為音義相近字。又《集韻·霽韻》:"硸,硸疵,恨也。"《類篇·疒部》:"硸,研計切,硸疵,恨也。"《字彙·疒部》:"硸,五計切,音詣,恨也,眦恨也。""硸"與"疵"組成疊韻聯綿詞"硸疵",表恨義。蓋因"硸疵""睚眦"二詞均可表恨義,意義相近,故《集韻》直接將"硸"視作"睚"或體,《五音集韻》亦承錄之。"睚""硸"意義相近,蓋為同義換讀。該組重文辨析圖示如下:

[111] 退：**復 衲 迺 逞 遏**

《五音集韻·隊韻》："**退、復、衲**，他內切，卻也。《說文》作**復**。**逞、迺、遏**並古文。"（P156下）

按：《說文·辵部》："**復**（退），卻也。一曰行遲也。从彳从日从夊。**衲**，退或从內；**愆**，古文从辵。""退"从彳从日从夊，本義表向後倒行；也引申為畏縮、謙讓等義。"復"即"退"篆文**復**的隸定字，隸變作"退"。《九經字樣·辵部》："復、退，卻也。上《說文》，下經典相承。"《玉篇·彳部》："復，他對切，古文退字。衲同上。"《廣韻·隊韻》："退，卻也。《說文》作復。他內切。復上同；逞古文。"《字彙·彳部》："復，吐內切，推去聲，卻也。隸作退。"《正字通·彳部》："復，隸作退。""復"从彳从日从夊，即"退"的隸定異寫字。

"衲"即"退"或體**衲**的隸定字。《集韻·隊韻》："復、衲、迺、遏（'遏'異寫）、遏（'遏'異寫）、退，吐內切，《說文》：'卻也。一曰行遲也。'或从內；古作迺、遏、遏；隸作退。"《類篇·彳部》："衲、復，吐內切，《說文》：'卻也。一曰行遲也。'或从內。"《字彙·彳部》："衲，同復。"《正字通·彳部》："衲，古文復。《六書統》：'从內，退于家內也。'""彳""辵"二旁義近古通，且"衲"之"內"與"退"同屬舌音物部，古音相近。"衲"从彳从內、內亦聲，即"退"換義符的異構字。又《玉篇·辵部》："退，他潰切，卻也，去也。遏、迺古文。"《四聲篇海·辵部》："迺，古文退字。"《正字通·辵部》："迺，同退。古文作衲、復。""迺"从辵內聲，為"衲"變換義符，亦即"退"的異構字。

"**逞**"為"遏"省訛，當校。"遏"即"退"古文**愆**的隸定字，來源于"退"戰國文字作 ⿺辶⿱目夂、⿺辶⿱目夂、⿺辶⿱目夂 等形①演變。《干祿字書·去聲》："退、逯，上通下正。"《龍龕手鏡·辵部》："退，他內切，行遲也。逯古文。"《方言》卷十二："逯，緩也。"戴震疏證："逯，古退字。"《儀禮·士婚禮》："匕者逆逯，復位於門東，北面西上。""逯"即"退"。"逯"从辵从日从夂，即"退"換義符的異構字。又《類篇·辵部》："迿、逯、逯、退，吐內切，卻也。一曰行遲也。復古作迿、逯、逯；隸作退。"《四聲篇海·辵部》："逯（'逯'異寫）、逯，二他內切，卻也。"《字彙補·辵部》："逯，《集韻》與逯同。""逯"為古文 ⿺辶⿱目夂 的隸定變體，與"逯"屬異寫關係，亦即"退"的異構字。該組重文辨析圖示如下：

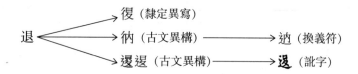

[112] 憝： 憞 憞 憝 譈 敦 懟

　　《五音集韻·隊韻》："憝、憞、譈、懟，怨也，惡也。《周書》曰：'元惡大憝。'憝古文。"（P157 上）
　　《五音集韻·魂韻》："憞、敦，憞悃，心不明也。或省。"（P40 下）

　　按：《說文·心部》："⿰心敦（憝），怨也。从心敦聲。《周書》曰：'凡民罔不憝。'徒對切。""憝"从心从敦、敦亦聲，表怨恨、憎惡、兇惡等義。《玉篇·心部》："憝，徒對切，怨也。憞同上。"《廣韻·隊韻》："憝，怨也，惡也。《周書》曰：'元惡大憝。'憞上同；譈亦同。"《四聲篇海·心部》："憝，徒對切，惡也，怨也。憞同上。"《字彙·心部》："憝，杜對切，音隊，怨也，恨也，惡也。憞同上。"《正字通·心部》："憝，同憞。"《法言·重黎》："楚憞羣策而自屈其力。"李軌注："憞，惡。""憞""憞"筆畫微異，均从心从敦、敦亦聲，即"憝"部件移位

---

　　① 湯餘惠：《戰國文字編》，福建人民出版社 2001 年版，第 116 頁。

的異寫字。

　　"憝"即"憞"篆文的隸定字。《五經文字・心部》："憝、憞，大內反，上《說文》，下石徑，見《周書》。"《集韻・隊韻》："憞、憝、譈、懟，《說文》：'怨也。'古作憝；或作譈、懟。亦書作憞。"《正字通・心部》："憞（'憞'異寫），憝本字。舊本羋省作羊。"《重訂直音篇・心部》："憝，音隊，怨也，恨也，惡也。憞、憝同上。""憝"從心從敦、敦亦聲，即"憞"的隸定異寫字。

　　《原本玉篇・言部》："譈，徒對反，《字書》或憝字也。憝，怨也，惡也，在《心部》。"《龍龕手鏡・言部》："憝，音隊，與譈同，怨也，惡也。"《玉篇・言部》："譈，徒對切，怨也，惡也。亦作憝。"《孟子・萬章下》："《康誥》曰：'殺越人于貨，閔不畏死，凡民罔不譈。'"今本《書・康誥》"譈"作"憝"。"言""心"二旁意義相關古通。"譈"從言從敦、敦亦聲，即"憝"換義符的異構字。

　　《集韻・魂韻》："憞、敦，憞焞，心不明也。或省。""敦"非"憝"省體，字見《說文・攴部》："敦，怒也，詆也。一曰誰何也。""敦"表惱怒，責問義，與"憝"屬不同的字。"憝""敦"同屬定紐微部，且均表怨惱義。二字音同義近，是一組同聲符的同源字。又《說文・心部》："懟，怨也。從心對聲"。"懟"從心對聲，表怨恨、埋怨義，與"憝"分屬異字。"懟""憝"同屬舌音，物微對轉，古音相近，且均表怨義。二字音近義同，蓋屬同源通用。《正字通・心部》："懟，怨懟。又與憞通。"是其例。該組重文辨析圖示如下：

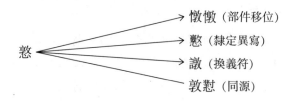

卷 十 一

[113] 囟：屵 囟 顖 顣 𦣻

《五音集韻·震韻》："囟，《說文》曰：'頭會腦蓋也。'囟同上；顣、屵、𦣻、顖並古文。"（P160下）

按：《說文·囟部》："囟，頭會腦蓋也。象形。𦙍，或从肉宰；屵，古文囟字。""囟"為象形字，像嬰兒頭頂骨未縫合之形，本義表囟門。"屵"即"囟"古文屵的隸定字。《玉篇·囟部》："囟，先進切，《說文》云：'象人頭會腦蓋也。'或作顖、𦣻；屵古文。"《集韻·稕韻》："囟、屵、𦣻、顖、顣，《說文》：'頭會腦蓋也。象形。'古作屵、𦣻、顖、顣。"《類篇·囟部》："囟，頭會腦〔蓋〕也。象形。或作𦣻、屵。""屵""屵""屵"筆畫微異，屬異寫關係，均為"囟"的古文異寫字。

《四聲篇海·囟部》："囟，先進切，《說文》云：'象人頭會腦蓋也。'或作顖、𦣻。"《龍龕手鏡·凵部》："凶，音信，凶門也。古文。今作顖字。"《字彙補·凵部》："凶，心另切，音信，凶門也。"《隸辨》卷六偏旁："囟，囟讀若信，與《說文》同，會腦蓋也，象形，亦作囟。""囟"由"囟"俗寫訛變，變異路徑大致是：囟→凶→囟。"囟"即"囟"俗寫訛變、積訛成俗的異體字。又《玉篇·頁部》："顖，息進切，頂門。顣同上"。《類篇·頁部》："顖、顣，思晉切，頭會腦蓋也。象形。""囟"本義指囟門，在頭頂部前方正中部位，嬰兒頭頂骨未合縫的地方，與頭相關，故字可从"頁"。（《說文·頁部》："頁，頭也。"）

"顖"從囟從頁，即"囟"增義符的異構字。

《廣韻·震韻》："囟，《說文》曰：'頭會腦蓋也。'顖上同。""顖"之"恖"即"思"的隸定異寫字。《集韻·之韻》："思，古作恖。"是其例。《說文·心部》："思，容也。從心囟聲（段玉裁改作'從囟從心)。"徐灝注箋："人之精髓在腦，腦主記識，故思從囟。"囟門與大腦及思維相關，故"囟"可取"思"作為義符。"顥"從恖（思）從頁，為"顖"變換義符，亦即"囟"換聲義符的異構字。又"膟"即"囟"或體**膟**的隸定字。《集韻·至韻》："囟，頭會也。或作膟。"段玉裁注"囟"云："**膟**或從肉宰，蓋俗字。""**膟**"從肉從宰會意，蓋取大腦主宰身體的構意，為"囟"製字方法不同的異構字。該組重文辨析圖示如下：

[114] 吝：**吝 恡 吢 㖷 嗼 悋 恪**

《五音集韻·震韻》："**吝、㖷、嗼**，悔吝，又惜也。俗作**恡**。**吢、吝**古文；**悋、恪**（甯忌浮校作'**悋**'）鄙恪。本亦作吝。"（P161 上）

按：《說文·口部》："**吝**（吝），恨惜也。從口文聲。《易》曰：'以往吝。'臣鉉等曰：'今俗別作恡，非是。''**吝**，古文吝從彣。""吝"從口文聲，表遺憾、吝惜等義。《集韻·震韻》："吝、㖷、吢、唒、㖷，良刃切，《說文》：'恨惜也。'古作吢、吝；或作㖷、唒。"《四聲篇海·口部》："吝，力進切，吝惜也。"《正字通·口部》："吝，俗吝字。""吝"秦漢篆隸作**吝**①、**吝**②，與"吝"形近，正其演變所本。"吝"從

---

① 張守中：《睡虎地秦簡文字編》，文物出版社 1994 年版，第 15 頁。

② 《漢語大字典》字形組：《秦漢魏晉篆隸字形表》，四川辭書出版社 1986 年版，第 90 頁。

口𠂔（文）聲，即"㤪"隸變形成的異寫字。

《干祿字書·去聲》："𠫤、㤪，上通下正。"《廣韻·震韻》："㤪，悔㤪，又惜也，恨也。俗作𠫤。"《五經文字·去聲》："㤪，力刃反，恨也，惜也。从文下口。作𠫤非。"《金石文字辨異·震韻》引《唐紀國陸妃碑》"由是動無悔𠫤。"按云："㤪古作㤪，碑特變口為厶。""口""厶"二旁形近混同。"𠫤"从厶（口）𠂔（文）聲，為"㤪"部件異寫，亦即"㤪"的異體字。

《玉篇·口部》："㤪，力進切，惜也。哤古文。"《字彙·口部》："哤，古文㤪字。"《正字通·口部》："哤，古文㤪。《說文》篆作𠛱。""哤"之"㢿"與"文"同屬明紐文部。"哤"即"㤪"古文𠛱的隸定字，从口㢿聲，為"㤪"換聲符異構。另《四聲篇海·口部》："唸、㖑、哆，三音㤪，義同。"《康熙字典·口部》《漢語大字典·口部》亦錄"㤪"異體作"哆"。"㖑""哆""哆"形體微異，屬同字異寫，均為"哤"俗寫訛變，變異路徑大致是：哤→㖑→哆→哆。"哆"从口多（㢿）聲，為"哤"部件異寫，亦即"㤪"的異構字。

《類篇·口部》："㤪、㖑、㤪、唒、唒，良刃切，《說文》：'恨惜也。'古作㖑、㤪；或作唒、唒。"《字彙補·口部》："哆，與㤪同。亦作唒。"《重訂直音篇·口部》："㤪，良刃切，悔㤪，鄙㤪。又惜也，恨也。"㤪、哤、唒、唒並同上。"唒"从口㤪聲，即"㤪"增義符的異構字。又《字彙補·口部》："唒，與㤪同，見《韻會》。""唒"从口㤪（㤪）聲，為"唒"部件異寫，亦即"㤪"的異構字。

《廣韻·震韻》："悋，鄙悋。本亦作㤪。"《正字通·心部》："悋，本作㤪。"晉釋道恒《釋駁論》："商也慳悋，賜也貨殖。""悋"即"㤪"。"㤪"表悔恨、吝惜義，與人內心感受相關，故字可从"心"。"悋"从心㤪聲，即"㤪"增義符的異構字。又《集韻·稕韻》："悋、悷，鄙也。或作悷。"《類篇·心部》："悋、悷（'悷'異寫），良刃切，鄙也。或作悷。"《正字通·心部》："悋，俗悋字。"《重訂直音篇·心部》："悋，音㤪，惜也，慳也，鄙也。悷同上。""悋""悷"筆畫微異，均从心㤪（㤪），為"悋"部件異寫，亦即"㤪"增義符的異構字。該組重文辨析圖示如下：

咨 → ⿱亼各（隸變異寫）→ ⿱亼⿱夂厶（部件異寫）
咨 → 㖷（換聲符）→ 哆（部件異寫）
咨 → 喀（增義符）→ 喏（部件異寫）
咨 → 愘（增義符）→ 愙（部件異寫）

［115］怨：⿰忘卩 ⿱亼夗 ⿱⿱亼夗心 ⿰忄㔾 ⿱亼⿰夕㔾

《五音集韻·願韻》："怨，於願切，恨也。《說文》：'恚也。'⿰忘卩、⿱亼夗、⿱⿱亼夗心、⿰忄㔾並古文。"又"⿱亼⿰夕㔾古文（甯忌浮校作'⿱亼卩'）。恨也，恚也"。(P164上)

按：《說文·心部》："怨，恚也。从心夗聲。⿱亼夗（小徐本作'⿱亼夗'），古文。""怨"从心夗聲，表怨恨、責怪義。《玉篇·心部》："怨，於願切，恨也，恚也。⿱亼卩古文怨。"《集韻·願韻》："怨、⿱亼卩、⿱亼夗、⿱⿱亼夗心、⿰忄㔾，纡願切，《說文》：'恚也。'古作⿱亼卩、⿱亼夗、⿱⿱亼夗心、⿰忄㔾。"《字彙補·心部》："⿰忘卩，古文怨字，見《集韻》。""⿱亼卩""⿱亼卩"形體微異，屬同字異寫，均為"怨"古文⿱亼夗（⿱亼夗）的隸定字。"⿰忘卩"為"⿱亼卩"俗寫訛變，將上方構件"⿰夕㔾"（'夕'變體）"訛作"亡"。"⿰忘卩"从心⿰夕㔾（夗）聲，為"⿱亼卩（⿱亼卩）"部件異寫，亦即"怨"的古文異寫字。

《類篇·心部》："怨、⿱亼卩、⿱亼夗、⿱⿱亼夗心，《說文》：'恚也。'古作⿱亼卩、⿱亼夗、⿱⿱亼夗心。"《四聲篇海·亼部》："⿱亼夗，於願切，恨恚也。""⿱亼夗"即"怨"古文⿱亼夗的隸定變體，與"⿱亼卩"屬異寫關係，"心"部作"夕"可能受聲符"夗"从夕的類化。故"⿱亼夗"可視為"怨"古文隸定變異形成的異體字。又《四聲篇海·心部》："⿱⿱亼夗心，於願切，恨也，恚也。"《字彙補·心部》："⿱⿱亼夗心，《集韻》古怨字。"《重訂直音篇·心部》："怨，於願切，恨也。⿰忄㔾、⿱⿱亼夗心並同上。""⿱⿱亼夗心""⿱⿱亼夗心"筆畫微異，均从心从⿱亼夗，為"⿱亼夗"累增義符，亦即"怨"的異構字。

《四聲篇海·心部》："⿰忄㔾，古文怨字。"《字彙·心部》："⿰忄㔾，同怨。"《正字通·心部》："⿰忄㔾，同怨，俗省。""⿰忄㔾""⿰忄㔾"筆畫微異，屬同字異寫，所从"㔾"為"夗"省寫。"⿰忄㔾"从心夗省聲，即"怨"省寫訛變、積訛成俗的省體字。又"⿱亼⿰夕㔾"為"⿱亼卩"訛字，甯忌浮所校可

从。該組重文辨析圖示如下：

[116] 鞙：鞙 鞻 鞻 韇 鞻 韠

《五音集韻·願韻》："鞙、鞙，攻皮治鼓工也。亦作鞙。又音運。鞻、鞻、韇、韠並上同；鞻俗。"（P164 上）

按：《說文·革部》："鞙，攻皮治鼓工也。从革軍聲。讀若運。鞙，鞙或从韋。""鞙"从革軍聲，本義指制鼓的工匠。"鞙"即"鞙"或體鞙的隸定字。《廣韻·問韻》："鞙，理鼓工。《考工記》云：'鞙人為皋陶。'皋陶，鼓木也。鞙上同。"《龍龕手鏡·韋部》："鞙，音運，理鼓工也。同鞙。"《集韻·文韻》："鞙、鞙，鼓工。或从韋。""韋""革"二旁義近古通。"鞙"从韋軍聲，即"鞙"換義符的異構字。後世多通行"鞙"，"鞙"淪為異體。今簡化字作"𩊫"。

《集韻·願韻》："鞙、鞻、鞻、韇、鞻、韠，治鼓工也。或作鞻、韇、鞻、鞻、韠。"《類篇·韋部》："鞻、韇，乎願切，治鼓工也。鞙或作鞻、韇。"《四聲篇海·韋部》："鞻，虛願切，攻皮治鼓工也。"《字彙·韋部》："鞻，虛願切，音楦，攻皮治鼓工也。韇同上。""鞻"之"爰"與"鞙"同屬匣紐，元文旁轉，古音相近。"鞻"从韋爰聲，即"鞙"換聲符的異構字。又《玉篇·韋部》："韇，虛願切，作鼓工。亦鞙。"《龍龕手鏡·韋部》："韇，許願反，作鼓工也。"《正字通·韋部》："韇，俗鞙字。""韇"之"宣"與"鞙"元文旁轉，古音相近。"韇"从韋宣聲，亦即"鞙"的換聲符字。

《四聲篇海·革部》："韇，虛願切，攻皮治鼓工也。"《字彙·革部》："韇，虛願切，音楦，攻皮治鼓工。"《正字通·革部》："韇，俗鞙字。《集韻》鞙亦作韇。舊注虛願切，音楦，攻皮治鼓工。誤分為二。"其說甚是。"韇"之"憲"與"鞙"元文旁轉，古音相近。"韇"从革憲聲，為"鞙"變換聲符，亦即"鞙"換聲義符的異構字。又《廣韻·願韻》："鞾，攻皮治鼓工也，亦作鞈，又音運。鞈俗。"《類篇·革部》："鞈，呼願切，治鼓工也。鞾或作鞈。""鞈"從革宣聲，為"鞾"變換聲符，亦即"鞾"的異構字。

《說文·火部》："煇，光也。從火軍聲。""煇"從火軍聲，表火光義，今簡化字作"輝"，與"鞾"屬不同的字。"鞾""煇"同屬曉紐，文微對轉，古音相近，二字音近通假。《禮記·祭統》："夫祭有畀、煇、胞、翟、閽者，惠下之道也。"鄭玄注："煇，《周禮》作鞾，謂鞾磔皮革之官也。"《集韻·燉韻》："鞾、鞈，通作煇。"皆其例。該組重文辨析圖示如下：

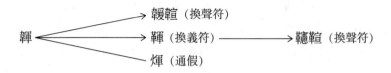

[117] 斷：劏 剬 䚔 䚷 斳 㫁 㫁 断

《五音集韻·換韻》："斷，決斷。俗作㫁、断。䚔、劏、斳、剬並古文。"又"㫁、䚔、劏，《說文》：'截也。'古作䚔，或作劏"。（P165 下）

《五音集韻·緩韻》："斷，斷絕。俗作断。徒管切。断俗用字。《玉篇·斤部》見有，今當增入。劏、䚷、㫁並同上古文。"又"斷，徒管切，絕也。又都管切。劏、䚷、㫁並古文；断俗用字"。（P113 上）

按：《說文·斤部》："斷，截也。從斤從𢇍，𢇍古文絕。𣂤，古文斷從𠃔，𠃔古文叀字。"《周書》曰："'䚔䚔猗無他技。'𣂤，亦古文。""斷"從斤從𢇍，表截開、斷絕等義。"劏"即"斷"古文𣂤的隸定字，來源於"斷"戰國文字作𢽦、𢽺、𢾰等形[1]演變。《集韻·換韻》："斷、䚔、劏、斳、剬，決也。古作䚔、劏、斳、剬。"《緩韻》："斷、劏、䚷、斳，截也。古作劏、䚷、斳；俗作断。"《類篇·刀部》："劏，睹緩

---

① 湯餘惠：《戰國文字編》，福建人民出版社 2001 年版，第 927 頁。

切，截也。”《字彙·刀部》：“㓠，古斷字。”《正字通·刀部》：“㓠，古文斷，與《口部》𢇛同。”“㓠”之“㠪”為“叀”異體。《隸辨》卷六：“叀，古文叀作㠪字。”《字彙補·卜部》：“㠪，古文叀字。”皆其證。“叀”像紡磚形，本義指紡磚，就是古代收絲用的一種器具，所表詞義中包含絲的義素。“㓠”从刀从叀，會刀斷絲意，即“斷”換義符的異構字。

《四聲篇海·刀部》：“𠛾，丁貫切，決斷也。”《字彙補·刀部》：“𠛾，《集韻》古文斷字。與㓠同。”“𠛾”為“㓠”俗寫變異，从刀从卣（叀），亦即“斷”的異構字。又“𢇛”即“斷”古文𢇛的隸定字，來源於“斷”金文作𢇛形①演變。金文𢇛的右下“口”屬飾筆，無實義，應是受到左下橢圓部件的類化而贅飾。“𢇛”从㠪（叀）从召（刀），為“斷”古文異寫形成的異體字。又“𠡷”“𠡷”形體微異，均為“斷”古文𢇛的隸定變體，將左下“ㄑ”隸定作“刀”，再訛成“力”。“𠡷”从㔾（叀）从召（刀），為“𢇛”部件異寫，亦即“斷”的古文異體字。

《玉篇·斤部》：“斷，丁管、徒管二切，截也。㫁古文；断俗用。”《龍龕手鏡·刀部》：“𣂺（‘㫁’訛字），古文，都貫反。”《類篇·刀部》：“斷、𢇛、㫁，覩緩切，截也。古作𢇛、㫁。”“㫁”从斤从叀會意，為“㓠”變換義符，亦即“斷”換義符的異構字。又“𣂺”“𣃔”筆畫微異，所从“㔾”“卣”均為“㠪（叀）”俗寫變異。“𣂺”从㔾（叀）从斤，為“㫁”部件異寫，亦即“斷”的異構字。

《字彙·斤部》：“斷，同斷。”《正字通·斤部》：“斷，斷字之偽。舊注同斷誤。”《篇海類編·斤部》：“斷，俗作斷。”“斷”非偽字，乃“斷”之俗體，常見魏六朝碑刻文字。如東魏《元延明妃馮氏墓誌》“斷”作斷②。明方孝孺《君學下》“好仁則姑息而無斷，任察則苛細而少恩”的“斷”作“斷”，皆是。“斷”从𢇍（㡭）从斤，即“斷”俗寫變異形成的異體字。又《廣韻·緩韻》：“斷，斷絕，俗作断。”《換韻》：“斷，決斷，俗作断。”《五經文字·斤部》：“斷，作断，非。”“断”非偽字，乃“斷”之俗體，亦見漢魏六朝碑刻俗字。如北魏《寇治

① 容庚：《金文編》，中華書局1985年版，第926頁。

② 毛遠明：《漢魏六朝碑刻異體字典》，中華書局2014年版，第184頁。

墓誌》《韓賄妻高氏墓誌》"斷"作"断"①，皆是。今以"断"為正字，"斷"淪為異體。該組重文辨析圖示如下：

[118] 亂：乱 亂 爍 觯 變

《五音集韻·換韻》："亂、亂，郎段切，理也，又兵寇也，不理也。俗作乱。乱俗；爍、觯、變並古文。"（P166 上）

按：《說文·乙部》："亂，治也。从乙；乙，治之也。从𤔔。""亂"金文作𤔔、𤔔、𤔔②，像上下兩隻手持工具理順亂絲形，或在左右兩側添加裝飾性符號"口"，秦文字作𤔔、𤔔③，已在右側添加"乙"部。"亂"本義表理絲和絲亂；也引申為治理、動蕩、戰爭、雜亂等義。《干祿字書·乙部》："乱、亂，上俗下正。"《廣韻·換韻》："亂，理也，又兵寇也，不理也。俗作乱。"《字彙·乙部》："乱，俗亂字。""乱"即"亂"俗寫變異形成的異體字。今簡化字作"乱"。

《集韻·換韻》："亂、亂、爍、觯、變（'變'訛字），盧玩切，《說文》：'治也。'一曰紊也。李斯从寸；古作爍、觯、變；俗作乱，非是。"《類篇·乙部》："亂、亂（'亂'異寫）、爍（'爍'異寫）、變，郎段切，治也。一曰紊也。李斯从寸；古作爍、變。"《隸辨》卷四《韓勅碑》："秦項作亂"，《老子銘》："禮為亂首"，"亂"均作"亂"。"又""寸"二旁義近古通。"亂"之"𤔔"為"𤔔"換義符異構。"亂"从𤔔（𤔔）从乙，即"亂"的部件異寫字。

①　毛遠明：《漢魏六朝碑刻異體字典》，中華書局 2014 年版，第 185 頁。

②　容庚：《金文編》，中華書局 1985 年版，第 273 頁。

③　《漢語大字典》字形組：《秦漢魏晉篆隸字形表》，四川辭書出版社 1986 年版，第 1049 頁。

《四聲篇海·十部》：“𤳊、𤳊，二音乱，古文。”《字彙補·十部》：“𤳊，古亂字，見《字義總略》。或作𤳊。”《重訂直音篇·爪部》：“𤳊、𤳊、𤳊（‘變’異寫），並古文亂字。”“𤳊”“𤳊”“𤳊”“變”形體微異，屬同字異寫。《古文四聲韻》卷四引《古尚書》“亂”古文作𤳊，《道德經》作𤳊，與以上諸形相近，蓋其隸定所本，溯其字源，當源於“亂”戰國文字作𤳊、𤳊、𤳊等形①演變。“𤳊”“𤳊”“變”均為“亂”的古文異體字。該組重文辨析圖示如下：

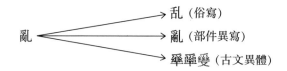

[119] 腕：𢬸 捥 𢭆 𦟺 𢬸

《五音集韻·換韻》：“腕、𢬸、捥、𢭆、𦟺，手腕。𢬸同上。”（P166 上）

按：《說文·手部》：“𢬸，手𢬸也。揚雄曰：‘𢬸，握也。’從手𡨄聲。”段玉裁注：“𢬸者，手上臂下也。”邵瑛群經正字：“今經典或作捥。或為腕。”《玉篇·肉部》：“腕，烏段切，手腕。亦作捥。”《手部》：“𢬸，於換切，掌後節中也。捥同上；𢭆同上。”“𢬸”從手𡨄聲，本義指手掌與手臂交接處，即手腕。手腕是肌體的一部分，故“𢬸”可從“肉”，且“𢬸”“宛”同屬影紐元部。“腕”從肉宛聲，即“𢬸”換聲義符的異構字。“𢬸”為“𢬸”異寫，亦與“腕”屬異構關係。後世多通行“腕”，“𢬸”“𢬸”漸淪為異體。今簡化字作“腕”。

《廣韻·換韻》：“腕，手腕。捥亦同。”《龍龕手鏡·手部》：“捥，俗，烏半反，手腕也。正作腕。”《左傳·定公八年》：“將歃，涉佗捘衛侯之手，及捥。”《史記·刺客列傳》：“樊於期偏袒搤捥而進曰：‘此臣之日夜切齒腐心也。’”“捥”即“腕”。“捥”“捥”“捥”筆畫微異，屬同字異寫，從手宛聲，即“腕”換義符的異構字。另《集韻·桓韻》：“捥，

---

① 滕壬生：《楚系簡帛文字編》（增訂本），湖北教育出版社 2008 年版，第 1210 頁。

捩也。"《緩韻》:"捥，取也。""捥"除了表手腕之外，也表扭轉、取等義，而"腕"沒有此義項。"捥"為"腕"的寬式異體字。

《集韻·換韻》:"𢬴（'掔'異寫）、腕（'腕'異寫）、捥（'捥'異寫）、𢯍、𦛗，《說文》:'手掔也。揚雄曰:'掔，握也。'或作腕、捥、𢯍、𦛗。"《四聲篇海·手部》:"𢯍，音掔，義同。""𢯍""𢯍"筆畫微異，所从"夗"與"宛"同屬影紐元部。"𢯍"从手夗聲，即"腕"換聲義符的異構字。又《類篇·肉部》:"腕、𦛗，烏貫切，手𢬴也。𢬴或作腕、𦛗。"《字彙·肉部》:"𦛗，同腕。"《重訂直音篇·肉部》:"腕，烏貫切，手腕。𦛗同上。""𦛗""𦛗"筆畫微異，均从肉夗聲，即"腕"換聲符的異構字。

《龍龕手鏡·手部》:"𢬴，古；腕，今，烏貫反，寸口前掌後曰腕。"《四聲篇海·手部》:"掔，於換切，手後掌也。"《字彙·手部》:"掔，同腕。"《漢書·游俠傳》:"搤掔而游談者，以四豪為稱首。"顏師古注:"掔，古手腕字也。""掔""𢬴"為"掔"俗寫訛變，左上"目"部變作"月"，可能受"腕"从月（肉）的類化。"掔"从手𦥑（臤）聲，為"掔"部件異寫，亦即"腕"的異構字。該組辨析重文圖示如下:

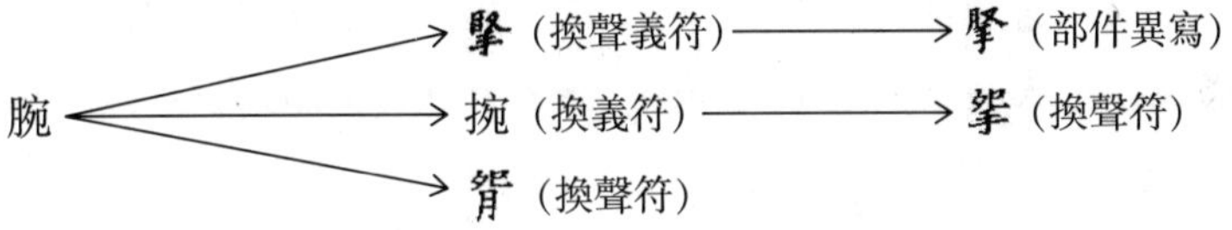

［120］暴:𣋲 曝 𪊑 𪊑 虣

《五音集韻·號韻》:"暴，薄報切，侵暴，猝也，急也。虣同上，《周禮》曰:'以刑教中，則民不虣。'曝，曝乾，俗；𪊑（甯忌浮較作'𪊑'）、𣋲並古文。"（P172下）

《五音集韻·屋韻》:"暴，蒲木切，日乾也。曝俗；𣋲、𪊑並上同。"（P189下）

按:《說文·日部》:"㬥（暴），晞也。从日从出从収从米。𪊑，古文暴，从日麃聲。"段玉裁注:"日出而竦手舉米曬之，合四字會意。經典皆作暴。""暴"音步卜切，表曬、曬干義；又音蒲報切，表暴露、暴虐、侵暴等義。"暴"即"暴"篆文𣊓的隸定字，隸變作"暴"，來源於"暴"繹山碑作𣊓，睡虎地秦簡作𣊓等形①演變。《玉篇·日部》："暴，步卜切，曬也、晞也。又蒲報切。暴同上；麃古文；曝俗。"《類篇·日部》："暴、暴、麃，蒲報切，《說文》：'晞也。'或作暴；古作麃。""暴"即"暴"的隸定異寫字。

《廣韻·屋韻》："暴，日乾也，蒲木切，曝俗。"《集韻·屋韻》："暴、暴、麃、曝，薄報切，或作暴、麃、曝。"《號韻》："暴，俗作曝，非是。"《龍龕手鏡·日部》："曝，俗；暴，正，蒲木、蒲報二反，日乾也。""曝"從日暴聲，為"暴"累增義符，與"暴"本一字異體，後逐漸分化為兩個不同的字。今現代漢語"曝""暴"已完全分化，分別記錄不同的詞。"曝"主要表曝曬的本義；"暴"一般不記錄本義，主要表暴露、暴虐、侵害等義。

"麃"即"暴"古文𣊓的隸定字。《集韻·號韻》："暴、暴、麃，薄報切，《說文》：'晞也。'或作暴；古作麃。"《字彙·日部》："麃，古文暴字。曬同上。"《正字通·日部》："麃，古文暴。"《重訂直音篇·日部》："暴，音僕，日乾。又蒲報切。暴、麃並同上。""麃""麃""曬"形體微異，屬異寫關係，所從"麃"與"暴"同屬唇音，宵藥對轉，聲韻相近。"麃"從日麃聲，即"暴"製字方法不同的異構字。又"麃"為"麃"訛字，甯忌浮所校可從。

《廣韻·號韻》："暴，侵暴，猝也，急也。又晞也。虣上同，《周禮》曰：'以刑教中，則民不虣。'"《說文新附·虎部》："虣，虐也，急也。從虎從武。見《周禮》。薄報切。"王玉樹拈字："虣通作暴，《周禮》多作虣，惟《秋官》'禁暴氏'尚作'暴'。""虣"甲骨文和《詛楚文》字形象持戈搏虎，本義表持戈搏虎，也引申出暴虐、侵暴等義。"暴"本義指曬，也假借為暴虐、侵暴等義。"暴""虣"同屬並紐藥部，二字同音通假。《易·繫辭下》："以待暴客。"陸德明釋文："暴，鄭作虣。"《書·仲虺之誥》："覆昏暴。"陸德明釋文："暴字或作虣。"皆其例。該組重文辨析圖示如下：

---

① 《漢語大字典》字形組：《秦漢魏晉篆隸字形表》，四川辭書出版社 1986 年版，第 448 頁。

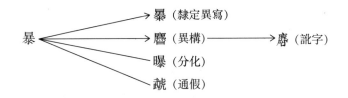

[121] 笮：**迮 苲 筰 筰 醋 醡 酳**

《五音集韻·禡韻》："**笮、醡、苲、醡、酳**，笮酒具也。"
（P175 上）

《五音集韻·鐸韻》："**笮、筰、筰**，竹索，西南夷尋之以渡
水。"（P217 上）

《五音集韻·陌韻》："**笮、筰、迮**，笮服，又屋上版，又迫也。
又姓，吳有笮融。亦作**筰**。"（P219 上）

按：《說文·竹部》："笮，迫也。在瓦之下，棼上。從竹乍聲。"
"笮"從竹乍聲，表屋頂上承瓦的竹板、竹編的箭袋、壓迫、壓酒器等
義。《玉篇·竹部》："笮，仄格切，狹也，壓也，矢箙也。亦作筰。又仄
乍切，笮酒也。"《廣韻·陌韻》："笮，笮服，又屋上版，又迫也。又姓，
吳有笮融。亦作筰。"《集韻·陌韻》："笮、筰、筰，《說文》：'迫也。'
一曰矢箙。亦姓。或作筰、筰。"《重訂直音篇·竹部》："笮，音窄，狹
也，矢箙也。又音詐。筰同上，屋上版。"《墨子·備城門》："城筰狹不
可壍者，勿壍。""筰"即"笮"。"筰"之"迮"與"笮"同屬莊紐鐸
部。"筰"從竹迮聲，即"笮"換聲符的異構字。

《龍龕手鏡·艸部》："苲，俗，音責，正作笮。"《集韻·禡韻》：
"醡、笮、苲、榨、醡、酳，酒盝也。或作笮、苲、榨、醡、酳。"《漢
武氏左右室畫像》："擒苲續之。"案苲即笮。東漢《西狹頌》："兩山壁
立，隆崇造雲，下有不測之溪，阨苲促迫。""苲"即"笮"。"竹""艸"
二旁形近混同。"苲"從艸（竹）乍聲，即"笮"部件訛混形成的異

寫字。①

　　《說文·竹部》：“筰，笑也。从竹作聲。”“筰”从竹作聲，表用竹皮編成的繩索義，與“筞”屬不同的字。“筞”“筰”同屬齒音鐸部，古音相近，二字音近通假。《東觀漢記·耿恭傳》：“匈奴來攻，絕其澗水，吏筰馬糞汁飲之。”《後漢書·耿恭傳》“筰”作“筞”，李賢注：“筞謂壓筞也。”《周禮·春官·典同》：“回聲衍，侈聲筰。”“筰”通作“筞”。皆其例。又《集韻·鐸韻》：“筰、筞、篽，《說文》：‘笑也。’一說西南夷尋以渡水。益州有筰橋。或作筞、篽”。《類篇·竹部》：“筰、篽，疾各切，《說文》：‘笑也。’或作篽。”《字彙·竹部》：“篽，同筰。”《正字通·竹部》：“篽，俗筰字。”“篽”之“昨”與“筰”同屬从紐鐸部。“篽”从竹昨聲，即“筰”換聲符的異構字。

　　《廣韻·禡韻》側駕切：“筞，筞酒器也。”明焦竑《俗書刊誤·俗用雜字》：“壓糟取酒曰筞。一作醡。”清錢大昕《恒言錄》卷二：“《說文》：‘筞，迫也。’吳人謂壓酒為筞牀，讀如詐偽之詐。案……《廣韻》：‘筞，筞酒器也，側駕切。’又別出醡字，訓壓酒具，《集韻》又作醶，或作榨，皆筞字之偽。”“筞”由壓迫義引申出壓酒器、壓出汁液義，後專為這兩個引申義另造了“醡”字記錄。“醡”从酉窄聲，即“筞”變換聲義符的分化字，音側駕切，主要表壓酒器、壓出汁液義，並衍生出“醶”“醰”異體。

　　《類篇·酉部》：“醶，側駕切，酒漉也。”《字彙·酉部》：“醶，與筞同。醶酒器。”《正字通·酉部》：“醶，同醡。加皿贅。”《重訂直音篇·酉部》：“醡，音詐，壓酒器。醶同上。”“醡”表榨酒器，故字可从“皿”。“醶”从酉从皿、窄聲，即“醡”增義符的異構字。又《集韻·卦韻》：“醰、醡，壓酒具。或作醡。”《字彙補·酉部》：“醰（‘醰’異寫），《六書統》與醡同。”“醰”之“責”與“醡”同屬莊紐，錫鐸旁轉，古音相近。“醰”从酉責聲，即“醡”換聲符的異構字。該組重文辨析圖示如下：

---

①　又《玉篇·艸部》：“苲，阻假且，草名。”此“苲”从艸乍聲，表草名義，與“筞”異體“苲”蓋屬同形字。

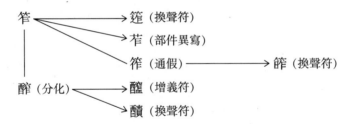

卷 十 二

[122] 餉：饟 粝 餉 餉 餝 餳 攘

《五音集韻·漾韻》："餉、餉、粝、攘、餳，式亮切，餉饋。"（P177 下）

《五音集韻·陽韻》："饟、餉、餳、餉，饋也。又式向切。"（P66 下）

《五音集韻·養韻》："饟、餉、餝，周人呼餉食。"（P126 上）

按：《說文·食部》："餉，饟也。从食向聲。"鈕樹玉校錄："《一切經音義》卷十三及《韻會》引作'饋也'。《玉篇》注亦同。"《玉篇·食部》："餉，式亮切，饋也。""餉"从食向聲，本義表進食於人，也引申為贈送、食物等義。今簡化字作"饷"。《說文·食部》："饟，周人謂餉曰饟。从食襄聲。"《爾雅·釋詁下》："饟，饋也。"郝懿行義疏："饟、餉，聲義同。"《五經文字·食部》："餉、饟，二同，並式向反。"《龍龕手鏡·食部》："餉，俗；饟，或作；餉，正，失向反，饋也。"《漢書·灌嬰傳》："受詔別擊楚軍後，絕其饟道。"顏師古注："饟，古餉字。""饟"之"襄"與"餉"同屬陽部，古音相近。"饟"从食襄聲，即"餉"換聲符的異構字。

《集韻·漾韻》："餉、餉、粝、饟、攘、餳，式亮切，《說文》：'饟也。'或作餉、粝、饟、攘、餳。"《字彙·米部》："粝，俗餉字。"《重訂直音篇·米部》："粝，與餉同。""食""米"二旁意近古通。"粝"从米向聲，即"餉"換義符的異構字。又《四聲篇海·食部》："餉，式讓切，飽饋也。"《字彙·食部》："餉，古餉字。"《正字通·食部》："餉，俗餉字。"《後漢書·章帝紀》："賜給公田，為雇耕傭，賃種餉。"李賢注："餉，古餉字。""餉"之"尚"與"餉"同屬舌音陽部，古音相近。"餉"從食尚聲，即"餉"換聲符的異構字。

《類篇·食部》："饟、餉、餳、餶，尸羊切，餡也。或作餉、餳、餶。"《字彙·食部》："餶，式羊切，音商，與饟同。"《正字通·食部》："餶，俗饟字。"《重訂直音篇·食部》："餶，音傷，饟同，饋也。""餶"之"商"與"餉"同屬書紐陽部。"餶"從食商聲，即"餉"換聲符的異構字。又《集韻·養韻》："饟、餉、餷，周人謂饋曰饟。或從向；從敞。"《字彙·食部》："餷，書養切，音賞，呼飽食也。"《正字通·食部》："餷，俗饟字。""餷"之"敞"與"餉"同屬舌音陽部。"餷"從食敞聲，亦即"餉"的換聲符字。

"餳"非"餉"或體，乃"餘"之異體。《說文·食部》："餘，晝食也。從食象聲。鎟，餘或從傷省。""餳"即"餘"或體鎟的隸定字。"餳"從食傷省聲，為"餘"換聲符異構，表午飯義。"餉""餳"同屬書紐陽部，且均含有飯食義，二字音義相近也。又《說文·手部》："攘，推也。從手襄聲。""攘"從手襄聲，表推讓、排除義，與"餉"分屬異字。"餉""攘"同屬舌音陽部，二字音近通假。《詩·小雅·甫田》："攘其左右，嘗其旨否。"鄭玄箋："攘，讀當為饟。"朱駿聲《說文通訓定聲·壯部》："攘，叚借為饟。"皆其例。該組重文辨析圖示如下：

[123] 愁：愗 傲 傦 霜

《五音集韻·侯韻》："愁、霜、傲、愗、傦，恂愁。"（P184上）

按："愁"不見《說文》。《玉篇·心部》："愁，莫候切，恂愁也。"《廣韻·侯韻》："愁，恂愁。""愁"從心孜聲，表恂愁義。《廣雅·釋詁》：“怐愁，愚也。”王念孫疏證：“怐愁者。《說文》：‘彀，彀瞀也。’又云：‘佝瞀也。’”《玉篇·心部》：“怐，怐愁，愚也。”《楚辭·九辯》：“然潢洋而不遇兮，直怐愁而自苦。”韓愈《南山詩》：“茫如試矯首，塀塞生怐愁。”“怐愁”為疊韻聯綿詞，表愚昧無知義，詞形多樣，又作“彀瞀”“佝瞀”“敿霿”“佝俹”等。《集韻·候韻》：“霿、愁、俹、愍、僇、敿霿，鄙吝也。或作愁、俹、愍、僇。”《類篇·心部》：“愁、愍，莫候切，敿霿，鄙吝也。”《四聲篇海·心部》：“愍，莫候切，怐愁也。”“愍”從心敄聲，即“愁”移位部件的異寫字。

《類篇·人部》：“俹、僇，莫候切，敿霿，鄙吝也。霿或作俹、僇。”《四聲篇海·人部》：“俹，莫候切，佝俹，鄙吝也。”《字彙·人部》：“俹，莫候切，音茂，佝俹，鄙吝也。”《正字通·人部》：“俹，莫後切，音茂，佝俹。”“佝俹”即“怐愁”。“俹”之“亻”蓋受聯綿詞“佝俹”之“佝”從人的類化而改作。“俹”從人（心）敄聲，可視為“愁（愍）”部件類化形成的異寫字。又《四聲篇海·人部》：“僇，莫候切，與俹同。”《字彙補·人部》：“僇，與俹同。見《篇海》。”“僇”之“務”為“務”異寫。“敄”“務”同屬明紐候部。“僇”從人務聲，為“俹”變換聲符，亦即“愁”的異體字。

《說文·雨部》：“霿，天氣下地不應曰霿。霿，晦也。從雨瞀聲。”“霿”本義指天色昏暗，與“愁”屬不同的字。“霿”也與“敿”組成聯綿詞“敿霿”，表鄙吝、愚昧義。《後漢書·五行志四》：“後安帝親讒，廢免鄧氏，令郡縣迫切，死者八九人，家至破壞，此為敿霿也。”“敿霿”即“怐愁”。“愁”“霿”莫候切，中古音同屬明紐候部去聲，讀音相同。“霿”“愁”在聯綿詞“怐愁”中通用，但在單用時未見通假字例，二字為同音字。該組重文辨析圖示如下：

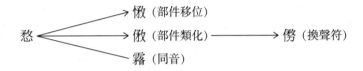

[124] 焰：爓 燄 炎 燅 燖

《五音集韻·豔韻》：“爓、焰、炎、燄、燅，光也。”

（P186 下）

按：《說文・火部》："爓，火門也。从火閻聲。"段玉裁注："各本作火門也，乃爓之壞字耳。"沈濤古本考："'火門'蓋'火爓'之壞字。"《玉篇・火部》："爓，與廉切，火焰也。""爓"从火閻聲，表火光義。《龍龕手鏡・火部》："燄，通；焰，今省；爓，正，羊瞻反，火光也，火氣也。"《廣韻・豔韻》："爓，光也。焰上同。"《字彙・火部》："爓，與焰同。""焰"之"臽"與"閻"同屬談部，古音相近。"焰"从火臽聲，即"爓"換聲符的異構字。今以"焰"為正字，"爓"淪為異體。

《說文・炎部》："燄，火行微燄燄也。从炎臽聲。"徐灝注箋："《一切經音義》七引《字詁》云：'焰，古文燄。'"《干錄字書・去聲》："爓、燄，並正。"《集韻・豔韻》："爓、焰、炎、燄、爁，火光。或作焰、炎、燄、爁。"《晉書・石季龍載記下》："光燄照天，金石皆盡，火月餘乃滅。""燄"即"焰"。《說文》"火行微燄燄"是描摹火苗閃動之情貌，亦即火光。"燄""焰"音義俱同，屬一字異構。"火""炎"二旁義近可通。"燄"从炎臽聲，即"焰"換義符的異構字。

《說文・炎部》："炎，火光上也。从重火。"《玉篇・炎部》："炎，于詹切，熱也，焚也，暑日也。《說文》：'火光上也。'""炎"从二火，本義指火苗升騰，也引申為熱、焚燒等義。"炎""焰"古音同屬談部，且均含有火光的構義。二字音近義通，蓋為同源字，古籍亦通用。《漢書・藝文志》引《春秋》："人之所忌，其氣炎以取之。"顏師古注："炎，讀與燄同。"按今本《左傳・莊公二十四年》"炎"作"燄"。《後漢書・任光傳》："（世祖）使騎各持炬火，彌滿澤中，光炎燭天地。""炎"通作"焰"。皆其例。

《玉篇・火部》："𤒺（'爁'異寫），力焰切，火也。"《集韻・驗韻》："爁，火也。"《類篇・火部》："爁，又力驗切，火也。"《四聲篇海・火部》引《搜真玉鏡》："𤒺，力焰切，火焰也。"《字彙・火部》："𤒺，力驗切，音殮，火也。""爁"从火斂聲，本義表火。"爁""𤒺"所从"歛"為"斂"俗寫變異。"爁""𤒺"从火歛（斂）聲，為"爁"的部件異寫字。"焰""爁"同屬舌音談部，古音相近，且均表火義。二字音近義同，蓋為同源通用。《文選・木華〈海賦〉》："朱爁綠煙，腰眇嬋娟。"李善注："爤，與燗同。"是其例。該組重文辨析圖示如下：

卷 十 三

[125] 粥: 𩟽 𩞬 𥸵 𩞋 鬻

《五音集韻·屋韻》:"粥,之六切,糜也。𩟽、𩞬並上同。"(P190下)又"𥸵,賣也,亦作粥,亦姓。𩞋、鬻、粥並上同。𥸵,《說文》:'𩟽也'"。(P191下)

按:《說文·鬲部》:"𩟽,鍵也。从鬲米聲。臣鉉等曰:'今俗粥作粥,音之六切。'"段玉裁注:"𩟽,會意。鉉本誤衍聲字。"《玉篇·鬲部》:"𩟽,羊六切,𩟽,賣也。""𥸵"為"𩟽"異寫,从鬲从米,音之六切,本義指糜、稀飯,也指糧食或其他東西煮成的半流質食物;又音余六切,假借為賣、姓等義。《爾雅·釋言》:"𩟽,糜也。"郝懿行義疏:"𩟽,經典省作粥,而訓糜。"《廣韻·屋韻》余六切:"𥸵,賣也,亦作粥,亦姓。粥上同;𩞋,《說文》:'𩟽也。'"《集韻·屋韻》之六切:"𩟽、粥、𩞬,糜也。或作粥、𩞬。"《禮記·曲禮下》:"君子雖貧,不粥祭器。"鄭玄注:"粥,賣也。""粥"之"弜"為"鬲"省寫。"粥"从米从弜(鬲省),即"𩟽"的省體字。今以"粥"為正字,"𩟽"淪為異體。另《集韻·屋韻》居六切:"𩟽,穉也。""𩟽"除了表糜、賣等義外,還表幼稚、幼小義,而"粥"沒有此義項。"𩟽"為"粥"的寬式異體字。

《集韻·屋韻》余六切:"𥸵、粥、𩞋、𩟽、鬻,《說文》:'𩟽也。'或作粥、𩞋、𩟽、鬻。"《類篇·鬲部》:"𩞋、𩟽、鬻,余六切,《說文》:'𩟽也。'""𥸵""𩞋""𩟽"筆畫微異,屬同字異寫。《說文·鬲部》："鬻，鬻也。从鬲毓聲。余六切。糜，或省，从米。"段玉裁注："按此切'余六'，鬻，切'之六'，本分別不同，後人以'鬻'之切為'鬻'之切，而混誤日甚。"其說可從。"鬻"从鬲毓聲，表糜粥義，與"鬻"音義相近，古籍亦可訓詁，當為同源字。又"鬻"即"鬻"或體糜的隸定字。《類篇·鬲部》："鬻，余六切，鬻也。"《龍龕手鏡·鬲部》："鬻，俗；鬻，今，余六反，糜也，又賣也。"《四聲篇海·鬲部》："鬻，之六切，糜也。又以六切，或作粥。鬻同上。""鬻""鬻"筆畫微異，均从鬲从米、毓省聲，即"鬻"的異構字。

　　《四聲篇海·弓部》："弼，音鬻，義同。"《字彙·弓部》："弼，與鬻同，按此字从彡（按象氣上升形）不从弓。"《正字通·弓部》："弼，鬻字之偽。""弼"非偽字，所从"弜"即"鬻"省形，"育"為聲符。段玉裁注"鬻"云："作弼者，《樂記》假鬻為育，而轉寫至偽也。""鬻""育"同屬喻紐覺部，可知"鬻"直接以通假字"育"作為聲符。"弼"从弜（鬻省）育聲，為"鬻"異構，亦即"粥"的異體字。該組重文辨析圖示如下：

　　[126] 岳：嶽 岊 峇 崅 岀

　　《五音集韻·覺韻》："嶽，五角切，五嶽也。岊、峇、岳並上同；崅、岀並古文。"（P194 下）

　　按：《說文·山部》："嶽，東岱、南霍、西華、北恒、中泰室，王者所以巡守所至。从山獄聲。屾，古文象高形。"段玉裁注："（嶽）今字作岳，古文之變。""嶽"从山獄聲，表五嶽。"岳"即"嶽"古文屾之隸變，隸定作"岊"。《廣韻·覺韻》："嶽，五嶽也，五角切。岳上同。"《干錄字書·入聲》："岳、嶽，並正。"《五經文字·山部》："岳、嶽，上象形，下形聲。""岳"从山、丘會意，為"嶽"製字方法不同的異構字。今以"岳"為正字，"嶽"淪為異體。

《玉篇·山部》："嶽，五角切，五嶽也，王者巡守所至山。岳同上；𡸣同上；𡵹古文，出《說文》。"《重訂直音篇·山部》："嶽，逆角切，五嶽。岳、𡵹、𡸣、出並同上。""𡵹"從山從𠂆（丘），即"岳"的隸定異寫字。又《集韻·覺韻》："嶽、岳、𡸣、出，逆角切，《說文》：'夷岱、南霍、西華、北恒、中泰室，王者之所以巡守所至。'古作岳、𡸣、出。或書作𡸣。"《類篇·山部》同。《四聲篇海·山部》："𡸣，音嶽，義同。"《字彙補·山部》："𡸣，《集韻》古嶽字。""𡸣"之"此"為"丘"篆文𠱾的隸定變體，當源於"丘"古文字𠀠、𠀁、𡉘諸形[1]演變。"𡸣"從山從此（丘），即"岳"的部件異寫字。

《四聲篇海·山部》："𡸣，五角切，五嶽也。"《字彙·山部》："𡸣，同岳。""𡸣"之"𠱾"亦為篆文𠱾的隸定變體。"𡸣"從山從𠱾（丘），為"岳"的部件異寫字。又《四聲篇海·山部》："出，五角切，山岳也。"《字彙補·山部》："出，古文岳字。"漢《魯峻碑》"岳"作𡵹，《耿勳碑》作𡸣形[2]，與"出"形近。"出"蓋由以上諸形俗寫變異，可視為"岳"俗寫訛變形成的異體字。該組重文關係圖示如下：

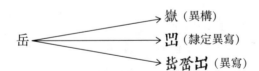

[127] 嶨：礐 确 䃽 埆 㙯

《五音集韻·覺韻》："嶨，《爾雅》云：'山多大石也。'礐、䃽、确、㙯並上同。"（P194下）又"嶨，山多大石，又音殷。亦作礐。埆、㙯並上同"。（P196上）

按：《說文·山部》："嶨，山多大石也。從山學省聲。胡角切。"《石部》："礐，石聲。從石學省聲。胡角切。"段玉裁注："此與《山

---

① 高明：《古文字類篇》，台灣大通書局 1986 年版，第 4 頁。
② 《漢語大字典》字形組：《秦漢魏晉篆隸字形表》，四川辭書出版社 1986 年版，第 650 頁。

部》‘嶨’義別，《爾雅》假‘礐’為‘嶨’耳。《江賦》：‘幽澗積岨，礐硞礐确。’注云：‘皆水激石險峻不平貌。’按當云：‘水激石聲也。’”“嶨”從山學省聲，表山多大石義。“礐”從石學省聲，本表水擊石之聲義，與“嶨”應不同字，段說可從。“嶨”“礐”從學得聲，古音相同，且意義均與石相關。二字音同義通，是一組同聲符的同源字。後世字書多將二字混同，如《玉篇·山部》：“嶨，苦卓切，山多大盤石也。亦作礐。”《石部》：“礐，口角切，石聲也；山多大石也。亦作嶨。”《廣韻·覺韻》：“嶨，《爾雅》云：‘山多大石嶨。’礐上同。”皆是。

　　《集韻·覺韻》：“礐、磬、确、埆、嶨、㙮，《爾雅》：‘山多大石也。’或作磬、确、埆、嶨、㙮。”“确”非“嶨”異體，字見《說文·石部》：“确，磬石也（段玉裁據《韻會》改作‘磬也’）。從石角聲。㓬，确或從㱿。胡角切。”“确”從石角聲，本義指土地多石而貧瘠，也引申為堅硬、不豐厚等義。“嶨”“确”音同胡角切，且均表多石義，二字音同義近，蓋為同源通用。《爾雅·釋山》：“多大石，礐。”陸德明釋文：“礐又作埆（‘确’異體）”。是其例。又“磬”即“确”或體㓬的隸定字。《玉篇·石部》：“确，胡角切，磽确。亦作埆；㱿同上。”《集韻·覺韻》：“确、㱿，《說文》：‘磬也。’或從㱿。”《類篇·石部》：“磬、确，克角切，山多大石也。或從角。”《四聲篇海·石部》：“㱿，音确，義同。”《字彙·石部》：“㱿，同确。”“磬”“㱿”“㱿”形體微異，均從石㱿聲，即“确”換聲符的異構字。

　　《玉篇·土部》：“埆，口角切，磽埆，不平也。”《墨子·親土》：“磽埆者，其地不育。”段玉裁注“确”云：“确即今之埆字，與《土部》之墧音義同。《丘中大麻》傳曰：‘丘中，磽埆之處也。磽埆，謂多石瘠薄。’”“石”“土”二旁義近古通。“埆”從土角聲，為“埆”異寫，亦即“确”換義符的異構字。又《類篇·土部》：“㙮，克角切，《爾雅》：‘山多大石也’”。《四聲篇海·土部》：“㙮，胡角、克角二切，山多大石兒。”《字彙補·土部》：“㙮，何角切，音學，山多大石貌。《集韻》與嶨同。”“山”“土”二旁義近可通。“㙮”從土學聲，即“嶨”的異構字。該組重文辨析圖示如下：

[128] 罩：篧 窧 篧 篧 籭 籱 籗 籗

《五音集韻·覺韻》："罩，捕魚器。篧、篧、篧並上同。"又
"籭，《說文》：'罩魚者。'籱、籗、篧、篧並上同"。(P195 上)
《五音集韻·効韻》："罩、篧，都教切，竹籠取魚具。"(P171
下)

按：《說文·网部》："罩，捕魚器也。从网卓聲。"《玉篇·网部》：
"罩，都教切，取魚器。""罩"从网卓聲，本義表捕魚用的竹籠，也引申
為罩形器物，如"燈罩"；亦作動詞，表用籠捕魚、覆蓋等義。《廣韻·
効韻》："罩，竹籠取魚器也，都教切。篧上同。"《集韻·効韻》："罩、
篧，陟教切，《說文》：'捕魚器。'或从竹。""罩"本指捕魚的竹籠義，
故字可从"竹"。"篧"从竹卓聲，即"罩"換義符的異構字。又"篧"
為"篧"訛字，當校。

《集韻·覺韻》："罩、篧、篧、篧，捕魚器。或作篧、篧、篧。"
《四聲篇海·竹部》："篧，敕角切，捕魚器。"《正字通·竹部》："篧，
俗篧字，《詩·小雅》作罩。""卓""綽"同屬舌音藥部，古音相近。
"篧"从竹綽聲，為"篧"變換聲符，亦即"罩"換聲義符的異構字。
又《玉篇·竹部》："篧，豬效切，捕具也。又作罩。"《四聲篇海·竹
部》："篧，豬效切，捕魚具也。又作罩。""卓""到"同屬端紐，
藥宵對轉，古音相近。"篧"从竹到聲，為"篧"變換聲符，亦即"罩"換
聲義符的異構字。①

《集韻·覺韻》："籱、籗、籗、罩、篧，《說文》：'罩魚者也。'或

---

① 又《爾雅·釋詁上》："篧，大也。"陸德明《經典釋文》引作"篧"，並云："篧，《說
文》云：草大也。"此"篧"音刀號切，表大義，為"蓢"異體，與"罩"異體"篧"當屬同
形字。

並省；亦作罩、罩。”《五音集韻》承錄之，但“籗”非“罩”異體。《說文·竹部》：“籗，罩魚者也。从竹靃聲。𥵲籗或省。”段玉裁注：“籗，《网部》曰：‘罩，捕魚器也。’”“籗”从竹靃聲，本義表捕魚的竹籠。“罩”“籗”同屬舌音藥部，均表捕魚竹器義。“罩”“籗”音近義同，古籍亦互訓，蓋為同源字。

　　“篧”即“籗”或體𥵲的隸定字。《集韻·鐸韻》：“籗、篧、篧，罩也。或省；亦作篧。”《字彙·竹部》：“籗，同篧。”“篧”之“霍”為“靃”省體。《玉篇·雔部》：“靃，亦作霍。”《經典文字辨證書·雔部》：“靃，正；霍，省。”皆其證。“篧”从竹霍（靃省）聲，即“籗”的省體字。又《龍龕手鏡·竹部》：“篧，俗；篧，正，苦郭反，捕魚器也。”《字彙·竹部》：“篧，俗篧字。《爾雅》：‘篧謂之罩。’”《正字通·竹部》：“篧，同篧字省。《說文》贅作籗。”“篧”“篧”之“崔（雀）”均為“霍”省形。“篧”从竹崔（霍省）聲，為“篧”省體，亦即“籗”的異體字。該組重文辨析圖示如下：

[129] 撲： 㩧 㩅 㩫 扑 扙 撲

　　《五音集韻·覺韻》：“撲，擊聲。又蒲角切。㩫、撲、扙、扑並上同。”又“㩅，擊也。撲、㩫並上同”。（P195 上）又“撲，擊聲。又匹角切。撲上同”。（P195 下）

　　按：“撲”不見《說文》。《玉篇·手部》：“撲，蒲角切，擊也。又匹角切。”《廣雅·釋詁三》：“撲，擊也。”王念孫疏證：“《爾雅》：‘暴虎，徒搏也。’暴與撲聲近義同。”《廣韻·覺韻》：“撲，擊聲。又蒲角切。”“撲”从手从暴、暴亦聲，表擊打、擊聲等義。《集韻·覺韻》：“撲、撲，《博雅》：‘擊也。’或作撲。”《類篇·手部》：“撲，弼角切，《博雅》：‘擊也。’”《正字通·手部》：“撲，撲本字。”“撲”之“暴”為“暴”隸定異寫（參“暴”字條）。“撲”从手从暴、暴亦聲，即

"㩧" 的部件異寫字。

《集韻·覺韻》："敤、㩧、㪍，擊也。或从手、从勺。"《四聲篇海·攴部》："敤，北角、浦各二切，擊也。"《字彙·攴部》："敤，伯各切，音搏，擊也。"《正字通·攴部》："敤，同㩧。《韻會》敤本作㩧。""手""攴"二旁意義相關古通。"敤"從攴從暴、暴亦聲，即"㩧"換義符的異構字。又《集韻·覺韻》："㩧、㪍、撲、扙、扑、攴，《博雅》：'擊也。'或作㪍、撲、扙、扑、攴。"《類篇·攴部》："敤、㪍，北角切，擊也。或从勺。"《玉篇·攴部》："㪍，四卓切，打也。"《四聲篇海·攴部》："㪍，匹卓切，擊聲。"《正字通·攴部》："㪍，舊注音樸。《篇海》音潑，並訓擊聲。一說敤俗作㪍。""暴""勺"同屬藥部，古音相近。"㪍"從攴勺聲，為"敤"變換聲符，亦即"㩧"換聲義符的異構字。

《玉篇·手部》："扑，普卜切，打也。"《集韻·屋韻》："攴，普木切，《說文》：'小擊也。'或作扑。"段玉裁注"攴"云："按此字從又卜聲。又者，手也。經典隸變作扑，凡《尚書》、三《禮》鞭扑字皆作扑。""扑""攴"本一字異體，後分化為二字。"㩧""扑"同屬脣音屋部，古音相近，且均表擊打義，二字為音義相近字。又《玉篇·手部》："扙，匹角切，打也。"《正字通·手部》："扙，俗攴字。""扙"從攴從手，為"攴"增義符異構，與"㩧"亦音義相近。

《說文·手部》："撲，挨也。從手菐聲。"王筠句讀："《字林》：'手相搏曰撲也。'撲打也。"《淮南子·說林》："蔭不祥之木，為雷電所撲。"高誘注："撲，擊也。""撲"從手菐聲，表擊打義，與"㩧"屬不同的字。"㩧""撲"同屬脣音屋部，且均表擊打義，二字為音義相近字。該組重文辨析圖示如下：

卷十四

［130］弼：弻 𢐗 㢸 𢏵 𢐀 𢏷 𢁲 拂

《五音集韻·質韻》："弼，房密切，輔也，備也，重也。本作弻，从弜、丙。弻、𢐗、拂、𢁲並同上；㢸、𢏷、𢏵、𢐀並古文字。"（P198上）

按：《說文·弜部》："□（弼），輔也，重也。从弜丙聲。□或如此；□、□並古文弼。""弻"即"弼"篆文□的隸定字，隸變作"弼"，來源於"弼"毛公鼎作□，番生簋作□等形①演變。金文□之"□"為"簟"初文，隸定作"丙"，表竹席義。"弼"从丙（簟）弜聲，本義指古代遮蔽車箱的竹席，也引申為輔佐、輔正等義。《五經文字·弓部》："弻（'弻'異寫）、弼，上《說文》，下經典相承隸省。"《桂陽太守周憬功勳銘》："弻水之邪性，順導其經脈。""弻"即"弼"。"弻"从丙弜聲，即"弼"的隸定異寫字。

"𢐗"即"弼"或體□的隸定字，亦當由古文字□、□諸形變異。《玉篇·弜部》："弻，皮密切，輔弼也，正也，助也。𢐗同上；㢸古文；弼今文。"《廣韻·質韻》："弼，輔也，備也。房密切。弻上同《說文》作此；㢸、𢏷並古文。"《四聲篇海·弓部》："弻，皮密切，左輔右弻也。𢐗、弼二同上義；㢸古文。""𢐗"从弓从二丙，與"弻"屬異寫關係，亦即"弼"古文變異形成的異體字。又"㢸"即"弼"古文□的隸

① 容庚：《金文編》，中華書局1985年版，第851頁。

定字。《集韻·質韻》："弼、彊、弜、㣇、彂、弻、拂、毗、勞（'勞'
異寫），薄宓切，《說文》：'輔也，重也。'或從二丙；古作弜、㣇、彂；
隸作弻；或作拂、毗、勞。"《字彙·弓部》："弜，同弼。"《正字通·弓
部》："弜，古文弼，舊書本《攴部》。""弜"從攴弱聲，即"弼"的古
文異構字。又"㣇"即"弼"古文㣇的隸定變體，從攴弱聲，與"弜"
屬異寫關係，亦即"弼"的古文異體字。

《玉篇·力部》"勞，皮筆切，古弼字。"《字彙·弓部》："彂，古文
弼字。""彂"即"弼"古文彂的隸定字。"弼"包山楚簡作勞①，從力
從弗，古文彂蓋據此形訛變。"勞"從力從弗，與古文字勞同構。《說
文·弓部》："弗，撟也（段玉裁改作'矯也'）。""弗"甲骨文像矯箭
使直之形，本義指矯正。"勞"從力從弗，蓋取用力矯正輔助的構義，為
"弼"製字方法不同的異構字。又"彂"從弓從弗，與"勞"屬異寫關
係，亦即"弼"古文變異形成的異體字。又《說文·卪部》："毗，輔信
也。從卪比聲。《虞書》曰：'毗成五服'。段玉裁注："（毗成五服）《皋
陶謨》文，今《尚書》作弼。"《玉篇·卪部》："毗，皮筆切，輔信也。
今作弼。"《字彙·卪部》："毗，即弼字。《虞書》：'弼成五服。'《說文》
引作毗。""弼""毗"音義俱同，屬一字異體。"毗"從卪從比、比亦
聲，即"弼"換聲義符的異構字。

《說文·手部》："拂，過擊也。從手弗聲。"《廣韻·物韻》："拂，
去也，拭也，除也，擊也。敷勿切。""拂"從手弗聲，表過擊、拭去等
義，與"弼"屬不同的字。"弼""拂"同屬唇音物部，古音相近，二字
音近通假。《廣雅·釋詁四》："拂，輔也。"王念孫疏證："拂讀為弼。"
《史記·管蔡世家》："十人為輔拂。"張守節《史記正義》："拂本作弼。"
皆其例。該組重文辨析圖示如下：

[131] 韤: 韤 襪 韈 袜 絉 䘛 䩙 帓

《五音集韻·月韻》:"韤,望發切,足衣也。《漢［書］·張釋之傳》:'與王生結韤。'《釋名》:'韤,末也,在腳末。'韤、襪、韈、䩙、絉、䘛、袜、帓並同上。"(P204 下)

按:《說文·韋部》:"韤,足衣也。从韋蔑聲。臣鉉等曰:'今俗作韈,非是。'""韤"从韋蔑聲,本義表穿在腳上用來保護或保暖的衣物,今稱襪子。《廣韻·月韻》:"韤,足衣。《漢［書］·張釋之傳》:'與王生結韤。'望發切。韤、襪並上同。"《玉篇·革部》:"韈,亡伐切,屬韤也。"《龍龕手鏡·韋部》:"韤,無發反,足衣也。與韈同。"慧琳《一切經音義》卷十五:"韤,或从革作韈。""韋""革"二旁義近古通。"韈"从革蔑聲,即"韤"換義符的異構字。

《干祿字書·入聲》:"襪、韤,上通下正。"《龍龕手鏡·衣部》:"襪,亡發反,足衣也。"《集韻·月韻》:"韤、韈、襪、䩙、絉、袜、絉、䘛、帓,勿發切,《說文》:'足衣也。'或从革、从衣、从皮;亦作絉、袜、絉、䘛、帓。"《字彙·衣部》:"襪,同韤。""韤"表足衣義,故字可取"衣"作為義符。"襪"从衣蔑聲,即"韤"換義符的異構字。又《四聲篇海·皮部》:"䩙,望發切,足衣也。"《字彙·皮部》:"䩙,望發切,音韤,足衣也。"《正字通·皮部》:"䩙,俗韤字。"顧炎武《日知錄》:"古人之襪,大抵以皮為之。"古人的襪子常以皮革為材質,故"韤"又可取"韋"("韋"表皮革義)、"革""皮"作為義符。"䩙"从皮蔑聲,即"韤"的換義符字。

《玉篇·衣部》:"袜,亡月切,腳衣。"慧琳《一切經音義》卷五十九:"袜,或作襪。"《釋名·釋衣服》"韤,末也,在腳末也。""袜""袜"筆畫微異,屬同字異寫。"袜"从衣从末,會腳末之衣襪意,末亦表聲,為"襪"變換聲符,亦即"韤"換聲義符的異構字。[①] 又《字彙·衣部》:"袜,望發切,音襪,腳衣也。亦作絉。"《續漢書·輿服志下》:"五郊,衣幘絝絉各如其色。""絉"即"襪"。"衣""糸"二旁意

---

① 又《廣韻·末韻》莫撥切:"帓,帓肚。"《龍龕手鏡·衣部》:"帓,音末,帓肚也。"此"帓"从衣末聲,表肚兜、抹胸義,今作"抹",與"韤"異體"袜"蓋屬同形字。

義相關古通。"絉""絉"筆畫微異，均从糸从末、末亦聲，為"韈"變換義符，亦即"韈"的異構字。[1] 又《龍龕手鏡·皮部》："皾，俗，亡發反，正作韈、韈、襪三字。"《類篇·皮部》："皾、皾，勿發切，足衣也，或作皾。"《四聲篇海·皮部》："皾，望發切，足衣也。"《重訂直音篇·皮部》："皾、皾，並與襪同。""皾""皾"筆畫微異，均从皮从末、末亦聲，為"皾"變換聲符，亦即"韈"的異構字。

《類篇·韋部》："韈、韎，望發切，《說文》：'足衣也。'或作韎。"《宋書·沈慶之傳》："上開門召慶之，慶之戎服履韎縛袴入。"《南齊書·徐孝嗣傳》："孝嗣登殿不著韎，為治書禦史蔡准所奏，罰金二兩。""韎"即"韈"。"韎""韎"筆畫微異，均从韋从末、末亦聲，為"韈"換聲符的異構字。[2] 又《類篇·巾部》："帓，足衣也。"《西遊記》第一回："扯葛藤，編草帓。""帓"即"韈"。"衣""巾"二旁義近古通。"帓"从巾从末、末亦聲，為"襪"變換義符，亦即"韈"的異構字。[3] 該組重文辨析圖示如下：

[132] 嘈：嘈 囋 哜 啐 唪 嘈

《五音集韻·曷韻》："嘈，嘈嘈，皷聲，或作嘈。囋、哜、唪、啐並同上。"（P205 下）又《末韻》："嘈，聲多也"。（P207 上）

---

① 又《集韻·末韻》："絉、絉，所以束衣也。或从糸。"此"絉"為"袜胸"之"袜"異體，與"韈"異體"絉"亦屬同形字。

② 又《說文·韋部》："韎，茅蒐染韋也，一入曰韎。从韋末聲。莫佩切。"《集韻·怪韻》："韎，赤韋也。"此"韎"从韋末聲，表用茜草染皮革、茜草等義，與"韈"異體"韎"蓋屬同形字。

③ 又《玉篇·巾部》："帓，帓巾也。"《正字通·巾部》："帓，幞頭也。""帓"从巾末聲，表頭巾義，與"韈"異體"帓"蓋屬同形字。

按：“囋”不見《説文》。《廣韻·翰韻》：“⿰口賛（‘囋’異寫），譏囋，嘲也。”《類篇·口部》：“囋，在坦切，嘲也；又才贊切，譏也；又才達切，《博雅》：‘嘈囋，聲也。’”章炳麟《新方言·釋言》：“今蘄州謂不問而告為囋，杭州亦謂多言無節為囋，通語謂多聲為嘈囋。”“囋”从口贊聲，本義指多言、聲音繁雜貌；也引申為譏諷、嘲笑義。今簡化字作“㜺”。“囋”與“嘈”連語，構成雙聲聯綿詞“嘈囋”，表聲音繁雜、喧鬧、鼓聲喧響貌等義，詞形多樣，也作“嘈囐”“嘈⿰口卉”“嘈啐”“嘈啈”等。《玉篇·口部》：“⿰口賛，才割切，嘈⿰口賛也。”《字彙·口部》：“⿰口賛，俗囋字。”“⿰口賛”之“賛”為“贊”篆文贊的隸定字。“⿰口賛”从口賛（贊）聲，即“囋”的部件異寫字。

《廣韻·曷韻》：“⿰口賛，嘈⿰口賛，鼓聲。或作啐；囐上同。”《集韻·曷韻》：“囋、囐、⿰口卉、⿰口⿱大干、啐，《博雅》：‘嘈囋，聲也。’或作囐、⿰口卉、⿰口⿱大干、啐。”“囐”音才割切，表嘈囋聲，與“嘈”組成聯綿詞“嘈囐”。《文選·張衡〈東京賦〉》：“總輕武於後陳，奏嚴鼓之嘈囐。”薛綜注：“嘈囐，鼓聲。”韓愈《奉和杜相公太清宮紀事》：“噌吰宮夜辟，嘈囐鼓晨撾。”“嘈囐”即“嘈囋”。“囐”“囋”在構成“嘈囋”一詞中通用，但單用時未見通假字例。二字為音近字。又《玉篇·口部》：“⿰口卉，五曷、才曷二切，嘈⿰口卉。囐同上。”《集韻·曷韻》：“⿰口卉、囐、啈，嘈嘈⿰口卉⿰口卉，聲也。或从獻；或从幸。”“⿰口卉”音才曷切，表嘈囋聲，也與“嘈”組成聯綿詞“嘈⿰口卉”。《廣雅·釋詁》：“嘈⿰口卉，聲也。”王念孫疏證：“⿰口卉者，嘈之轉也。《荀子·勸學篇》云：‘問一而告二謂之囋。’囋與⿰口卉同。合言之則曰嘈⿰口卉。”“囋”“⿰口卉”亦屬音近字也。

《説文·口部》：“啐，驚也。从口卒聲。”《廣雅·釋詁三》：“啐，嘗也。”《集韻·隊韻》：“啐，少飲酒也。”“啐”从口卒聲，表驚、嘗、小飲等義；也與“嘈”連語，構成聯綿詞“嘈啐”。《集韻·術韻》昨律切：“啐，嘈啐，眾聲。”“嘈啐”即“嘈囋”。《文選·馬融〈長笛賦〉》：“啾咋嘈啐，似華羽兮。”李善注：“《碑倉》曰：‘嘈啐，聲貌。’”“囋”“啐”在聯綿詞“嘈囋”中通用，但單用時並未見通假字例。二字為音近字。

“⿰口⿱大干”“⿰口⿱土羊”非“囋”異體，乃“啈”部件異寫字，其中的“⿱大干”“⿱土羊”由“幸”部俗寫變異。這類寫法常見于漢魏碑刻俗字，如《曹全碑》"不幸早逝"的"幸"作𡴛，與"𡴛"形同。《吳仲山碑》"元少不幸"的"幸"作𡴛，與"𡴕"形近，皆是。《玉篇·口部》："嗥，許更切，利害聲。""嗥"從口幸聲，表示厲害、發狠的聲音，亦與"嘈"組成"嘈嗥"，表聲音雜亂貌。《文選·陸機〈文賦〉》："或奔放以諧合，務嘈嘈而妖冶。"李善注："《埤蒼》曰：'嘈嗥，聲兒。'嗥與嘖，即嘯同。才曷切。""嗥""嘖"在聯綿詞"嘈嘖"中通用，單用時亦未見二字通假字例，是為音近字。該組重文辨析圖示如下：

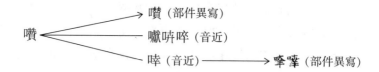

[133] 殺：𥏫 𣪠 𣀦 𣀗 𣁴 𣏻 布

《五音集韻·鎋韻》："殺，所鎋切，殺命也。《說文》：'戮也。' 𣀗、𣏻、𣀦、布、𥏫、𣁴、𣪠並古文。"（P208 下）

按：《說文·殺部》："殺，戮也。从殳杀聲。𣏫，古文殺；𣏺，古文殺；布古文殺。"小徐本："𥏫，籀文殺。""殺"甲骨文从戈，像截斷人的散髮以示殺戮，西周金文在散髮下加人，表殺戮之義更明顯，後變"戈"作"攴""殳"，並逐漸訛變成古文𣏺、𥏫二形。"殺"從殳杀聲，本義表殺戮。今簡化字作"杀"。"殺"即小徐本"殺"籀文𥏫的隸定字，蓋源於"殺"秦漢文字作𣏻、𣀗、𣀦等形①變異。《玉篇·殺部》："殺，所礼切，斷命也。又所界切，疾也。布、𣀗、𣁴並古文；𥏫籀文。"《重訂直音篇·杀部》："殺，山戞切，戮也。𥏫同上。""𥏫"之"𡨄"為"殳"異寫。"𥏫"從𡨄（殳）杀聲，即"殺"的古文異寫字。

"𣪠"即"殺"古文𣏺的隸定字，來源於"殺"楚簡文字作𣀦、𣀗、𣁴等形②變異。《集韻·黠韻》："殺、𣀦、𣏻、布、𣁴、𣪠，山戞切，

---

① 《漢語大字典》字形組：《秦漢魏晉篆隸字形表》，四川辭書出版社 1986 年版，第206 頁。

② 滕壬生：《楚系簡帛文字編》（增訂本），湖北教育出版社 2008 年版，第299—300 頁。

《說文》：'戮也。'古作𢼪、𣀙、𢁕、𣀩、𣀠。""攴""殳"二旁義近古通。"𣀙""𣀠""𣀩"筆畫微異，屬異寫關係，從攴𢆉（杀）聲，即"殺"的古文異構字。又《四聲篇海·攴部》："𣀙，古文殺字。元在《殺部》，今改于此"。《字彙·攴部》："𣀙，古文殺字。""𣀙"為"𣀙"異寫，從攴𢆉（杀）聲，亦即"殺"的古文異體字。又"𢼪""𢁕"均為"殺"古文𢼪之隸定，且形體微異，但與"𣀙"差別較大，應是隸定取法不同造成的差異，亦為"殺"的古文異體字。

　　"𣀩"即"殺"古文𣀩的隸定字。《玉篇·殺部》"殺"古文作"𣀩"，《集韻·黠韻》古文作"𣀩"，與之形近，屬一字之變。古文𣀩所從"𤰔"來源"殺"楚簡文字𢼪、𣀙、𣀠諸形[1]變異，"𤰔"為"介"古體，是後來加注的聲符。"𣀩"從殺介聲，即"殺"增聲符的古文異體字。又"𢼪""𣀙"筆畫微異，亦為"殺"古文𢼪的隸定變體，與楚簡文字𢼪、𣀙基本相合，蓋據其變異而來。"𢼪"亦為"殺"的古文異體字。又《四聲篇海·巾部》："𢁕，音殺。"《字彙補·巾部》："𢁕，《玉篇》籀文殺字。""𢁕""𢁕"形體微異，即"殺"古文𢁕之隸定，當源於"殺"蔡大師鼎作𣀠[2]，郭店楚簡作𣀠，𣀠等形[3]演變。"𢁕"亦即"殺"的古文異體字。該組重文辨析圖示如下：

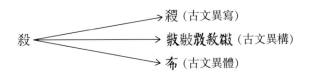

　　　　　　　　　　　　→ 𣀙（古文異寫）
　　殺　　　　　　　　　→ 𣀙𣀙𢼪𢼪𣀩（古文異構）
　　　　　　　　　　　　→ 𢁕（古文異體）

[134] 陧：𡾟 𤟎 𨻵 槷 倪 𤯅 摰

　　《五音集韻·薛韻》："陧，阢陧不安。摰、𤯅、𤟎並同上。"又"𡾟，𡾟𡰥不安。陧、𤟎、𨻵、摰、槷、倪並同上"。（P210上）

　　按：《說文·𠭥部》："𨻵（陧），危也。從𠭥從毀省。徐巡以為：

----

①　滕壬生：《楚系簡帛文字編》（增訂本），湖北教育出版社2008年版，第300頁。
②　容庚：《金文編》，中華書局1985年版，第207頁。
③　滕壬生：《楚系簡帛文字編》（增訂本），湖北教育出版社2008年版，第300頁。

'陧，凶也。'賈侍中說：'陧，法度也。'班固說：'不安也。'《周書》曰：'邦之阢陧'讀若虹蜺之蜺。"＂隉＂即＂陧＂篆文𡧱的隸定字，隸變作＂隉＂，从𠂤从毀省，表危險、兇險、法度等義。今簡化字作＂陧＂。＂陧＂與＂阢＂連語，組成聯綿詞＂阢陧＂，表傾危不安義，詞形多樣，也作＂杌陧＂＂隉隉＂＂䪼隉＂＂倪仉＂＂杌捨＂＂杌槷＂等。《廣韻·屑韻》："隉，隉隉，不安。書作杌陧。"《玉篇·𠂤部》："陧，午結切，危也，不安也。或作隉。"《危部》："隉，午結切，隉隉不安。"《原本玉篇·危部》："隉，牛結反。字書亦陧字，兀不安也，在《𠂤部》。"《經典文字辯證書》卷五："陧，正；隉，俗。"＂隉＂＂陧＂音義俱同，屬同字異構。＂陧＂表危險義，故字可从＂危＂，且＂臬＂與＂陧＂同屬疑紐月部。＂隉＂从危臬聲，即＂陧＂製字方法不同的異構字。又＂隉＂从危臬聲，為＂隉＂部件移位，亦即＂陧＂的異構字。

《集韻·屑韻》："陧、隍、隉、摯、杌、倪，《說文》：'危也。'或作隍、隉、摯、杌、倪。"《薛韻》："隉，杌陧，不安。或作摯、槷、隉。"《類篇·𠂤部》："陧、隍，倪結切，《說文》：'危也。'陧或作隍。"《四聲篇海·𠂤部》："隍，五結切，隉隉不安。"《字彙·𠂤部》："隍，與隉同。隍隉不安。"《正字通·𠂤部》："隍，俗陧字。舊注同隉。"《重訂直音篇·𠂤部》："陧，音齧，危也，不安也。隍、陧並同上。"＂隍＂从𠂤臬聲，為＂隉＂變換義符，亦即＂陧＂的異構字。

《說文·車部》："輗，大車轅端持衡者。从車兒聲。槷，輗又从木。"《廣韻·齊韻》："輗，車轅端持衡木。槷上同。"＂槷＂即＂輗＂或體槷之隸定，為＂輗＂換義符的異構字，本義表車轅端持衡木，與＂陧＂屬不同的字。聯綿詞＂阢陧＂又作＂杌槷＂。《太玄·闕》："初一，圜方杌槷，其內窺揆。"範望注："動如圓鑿方枘，杌槷不安。"＂陧＂＂槷＂同屬疑紐，古音相近，在構成＂阢陧＂中通用，但單用時未見二字通假字例。＂陧＂＂槷＂為音近字也。又《說文·人部》："倪，俾也。从人兒聲。"＂倪＂表弱小、孩童等義，也與＂仉＂組成聯綿詞＂倪仉＂。《易·困卦》："九五，劓刖，困於赤紱。"陸德明釋文："荀、王肅本作隉隉，云不安貌。陸同。鄭云：'劓刖當為倪仉。'"高亨注："劓刖乃借為隉隉耳。"＂倪仉＂即＂隉隉＂＂阢陧＂。＂倪＂＂陧＂古音同屬疑紐，二字亦為音近字。

　　《正字通·木部》："槷，魚列切，音孽，植木於地也。""槷"從木埶聲，表古代觀測日影以辨方位的標竿義，也與"机"連語，構成聯綿詞"机槷"，即"阢陧"。《廣韻·屑韻》："槷，危槷。"《四聲篇海·木部》引《餘文》："槷，机槷不安。""陧""槷"同屬疑紐月部，在構成"阢陧"中通用，但單用時未見二字通假字例，是為同音字。又《字彙·手部》："摯，尺制切，癡去聲。曳挽也。又魚列切，音孽，危槷也。"《正字通·手部》："摯，魚列切，音孽，危槷也。"《周禮·考工記·輪人》："轂小而長則柞，大而短則摯。"鄭玄注："鄭司農云：'摯讀為槷，謂輻危槷也。'玄謂大而短則轂末不堅，小而長則菑中弱。"戴震《考工記圖·補注》："摯者，車行危陧不安。""摯"從手埶聲，表拽、拉義，也表危槷不安義。"危摯"之"摯"與"陧"同屬疑紐月部，亦為同音字矣。該組重文辨析圖示如下：

卷 十 五

[135] 篗: 籰 籰 篗 觛 觛

《五音集韻‧藥韻》："籰、籰、觛、篗、觛、籰，王縛切，《說
文》：'收絲者也。'亦作籰。"（P215 上）

按：《說文‧竹部》："籰，收絲者也。从竹蒦聲。觛，籰或从角从
閒。"段玉裁注："《方言》曰：'籰，㮍也。兗豫河濟之間謂之㮍。'郭
云：'所以絡絲也。音爰。'按今俗謂之籰，於縛切。字亦作籰。"《玉
篇‧竹部》："籰，于縛切，㮍也，所以所以絡絲也。""籰"从竹蒦聲，
本義表絡絲的工具。《集韻‧藥韻》："籰、籰、籰、觛、篗，王縛切，
《說文》：'收絲者也。'或作籰、籰、觛、篗。"《廣韻‧藥韻》："籰，
《說文》曰：'收絲者也。'亦作籰。"《四聲篇海‧竹部》："籰，王縛切，
絡絲具。"《重訂直音篇‧竹部》："籰，越縛切，絡絲具。籰、籰並同
上。"《天工開物‧乃服‧調絲》："懸搭絲於鉤內，手中執籰旋纏，以俟
牽經織緯之用。""籰"即"籰"。"籰"之"矍"與"蒦"同屬鐸部，
古音相近。"籰"从竹矍（矍）聲，為"籰"部件異寫，亦即"籰"換
聲符的異構字。

《類篇‧竹部》："籰、籰、籰、篗，王縛切，《說文》：'收絲者也。'
或作籰、籰、篗。"《四聲篇海‧竹部》："籰，王縛切，所以收絲也。"
《字彙‧竹部》："籰，同籰。"《正字通‧竹部》："籰，籰本字。《說文》
作籰。"陸遊《村舍雜書》："累累繭滿簇，繹繹絲上籰。""籰"即
"籰"。"籰"之"隻"與"蒦"同屬鐸部，古音相近。"籰"从竹隻聲，
即"籰"換聲符的異構字。又《字彙‧竹部》："篗，與籰同"。《正字

通・竹部》："⿱竹或，俗籰字。""⿱竹或"之"或"與"蒦"同屬喉音，職鐸旁轉，古音相近。"⿱竹或"从竹或聲，亦即"篗"的換聲符字。

《廣韻・藥韻》："籰，《說文》曰：'收絲者也。'⿰角閒上同。""⿰角閒"即"篗"或體⿰角閒(篆)的隸定字。"⿰角間"从角从間（閒），為"⿰角閒"部件異寫，亦即"篗"的異構字。另《集韻・裥韻》："⿰角閒，角雙者為⿰角閒，一曰篗也"。"⿰角閒"除了表絡絲的工具義之外，還表雙角義，而"篗"沒有此義項。"⿰角間（⿰角閒）"為"篗"的寬式異體字。又《類篇・角部》："⿰角國，王縛切，收絲者也。"《字彙・角部》："⿰角國，與篗同。"方成桂《集韻考正》："案《說文》：'篗或从角从閒。'作⿰角閒。今引《說文》而不收⿰角閒字，疑⿰角國系傳寫之偽。"其說甚是。"⿰角國"之"國"為"閒"俗寫訛變。"⿰角國"从角从國（閒），即"⿰角閒"俗寫訛變、積訛成俗的異寫字，亦即"篗"的異體字。該組重文辨析圖示如下：

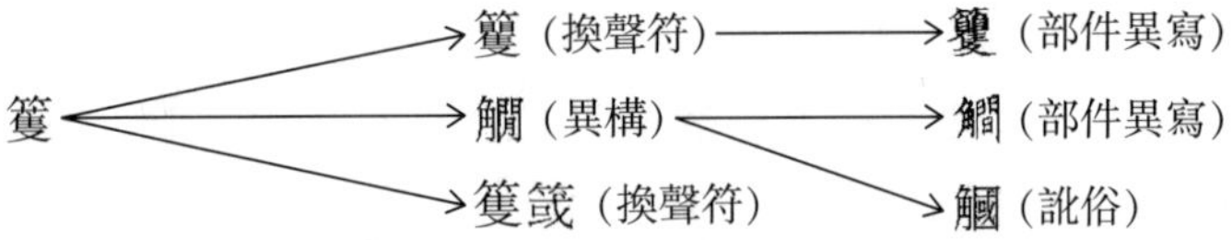

［136］郭：𩫏　𩫏阝　墎　隫

《五音集韻・鐸韻》："郭，古博切，城郭也。《釋名》曰：'郭，廓也，廓落在城外也。'𩫏、𩫏阝、墎、隫並同上注。"（P215 下）

按："郭"為"郭"異寫。《說文・邑部》："𩫏阝(篆)（郭），齊之郭氏虛。从邑𩫏聲。"段玉裁注："郭，本國名。郭國既亡，謂之郭氏虛。郭氏虛在齊境內。"《釋名・釋宮室》："郭，廓也，廓落在城外也。""郭"从邑𩫏聲，本義指外城，即古代在城的週邊加築的一道城牆；也表國名、姓等義。《說文・𩫏部》："𩫏，度也。民所度居也。从回，象城𩫏之重，兩亭相對也。"段玉裁注："按城𩫖字今作郭，郭行而𩫖廢矣。""𩫏"本為象形字，商代文字像城郭四面有亭之形，後簡化為城郭兩面有亭，本義表外城，為"郭"初文。《玉篇・𩫏部》："𩫏，古獲切，今作郭。大也，度也。"《正字通・高部》："𩫖（'𩫏'異寫），古文郭。"《字彙補・高部》："𩫏，郭本字。""郭"从邑𩫏聲，即"𩫏"加注義符的後起異構字形。今以"郭"為正字,"𩫖"為"郭"的古文異體字。

"鄩"即"郭"篆文𩫏的隸定字,隸變作"郭"。《玉篇·邑部》:
"鄩,古獲切,大也,城郭。音郭。郭同上。"《五經文字·邑部》:"鄩、
郭,上《說文》,下石經。"《廣韻·鐸韻》:"郭,城郭也。案《說文》
作𩫖,為居𩫖作鄩。鄩氏也。𩫖、鄩並見上注。"《四聲篇海·邑部》:
"鄩,古霍切,古文郭字。"《字彙·邑部》:"鄩,郭本字。""鄩"從邑
𩫖聲,為"郭"的隸定異寫字。又《集韻·鐸韻》:"𩫖、墎、隫,《說
文》:'度也,民所度居也。'或作墎、隫"。《類篇·土部》:"墎,光鑊
切,度也,民所度居也。"《四聲篇海·土部》:"墎,古博切,城郭也。
與郭同。"《正字通·土部》:"墎,俗郭字。""郭"指外城,與土相關,
故字可從"土"。"墎""墎"筆畫微異,均從土郭聲,即"郭"增義符
的異構字。

《類篇·阜部》:"隫,光鑊切,度也,民所度居也。"《四聲篇海·
阜部》:"隫,古博切,城郭也。《釋名》曰:'郭,廓也。'又郭同。"
《字彙·阜部》:"隫,古博切,音郭,與郭同。"《正字通·阜部》:"隫,
俗郭字。""隫""隫"筆畫微異,所從"廣"與"郭"同屬見紐,陽鐸
對轉,古音相近,且"阜""邑"二旁意義相近。"隫"從阜廣聲,即
"郭"換聲義符的異構字。該組重文辨析圖示如下:

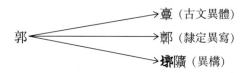

[137] 貐: 貐 狢 狢 䝔 貗

《五音集韻·鐸韻》:"貐、貐、狢、狢、䝔、貗,《說文》曰:
'似狐,善睡獸也。'"(P217 上)

按:"貐"為"貐"異寫。《說文·豸部》:"貐,似狐,善睡獸也。
從豸舟聲。《論語》曰:'狐貐之厚以居。'下各切。""貐"從豸舟聲,
本義指一種似狐的動物。《玉篇·豸部》:"貐,何各切,似狐。貐同上;
貗同上。"《四聲篇海·豸部》:"貐、貗,二音貐,義同。"《字彙補·豸

部》："貙，與貊同。""貙"从豸从二舟得聲，為"貙"部件異寫，亦即"貊"累增聲符的異構字。

　　《說文·豸部》："貉，北方豸穜（段玉裁改作'北方貉，豸穜也'）。孔子曰：'貉之為言惡也。'莫白切。""貉"从豸各聲，本義指獸名，外形似狐，毛棕灰色，是一種重要的毛皮獸，現北方通稱貉子；也假借為對北方部族的蔑稱，讀音莫白切，字亦作"貊"。"貊""貉"應是為兩個不同的詞而制造的異字，後世因其義近而通用，讀音也變得相同，屬於同義換讀。段玉裁注"貊"曰："凡狐貉連文者，皆當作此貊字，今字乃皆假借貉為貊。"孟蓬生亦云："（貊）這個字與讀'下各切'的'貉'字讀音本不相干，但由於在一些典籍中，這兩個字互為異文（同義換讀），後人便把'貉'字的讀音強加在'貊'字上，于是造成了該字聲符與讀音不相一致的情況。古音舟聲、召聲相近，從'貊'字的聲符看，其本義應為'貂'。九年衛鼎有'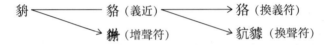裘'一語，學者多以為即後代的'貂裘'。"[1] 其說可從。

　　《干祿字書·入聲》："貉、貊，上通下正。"《字彙·犬部》："狢，同貉。"《重訂直音篇·犬部》："狢，與貊同。""貉"戰國文字作𧳦形[2]，與"狢"形同，正其演變之源。"豸""犬"二旁義近古通。"狢"从犬各聲，即"貉"換義符的異構字。又《集韻·鐸韻》："貊、犿、狢、貉、貜，《說文》：'似狐，善睡獸。'引《論語》'狐貊之厚'。一曰《說文》从舟誤，當从亢聲。或作狢、貉、貜。"《類篇·豸部》："貊、犿、貜，曷各切，《說文》：'似狐，善睡。'""犿"之"亢"與"各"同屬牙音，陽鐸對轉，聲韻相近。"犿"从豸亢聲，即"貊"換聲符的異構字。又《字彙·豸部》："貜，同貉。"《重訂直音篇·豸部》："貉，音鶴，似狐，善睡。貜、犿並同上。""貜"之"虡"與"各"同屬見紐，魚鐸對轉，古音相近。"貜"从豸虡聲，亦即"貉"的換聲符字。該組重文辨析圖示如下：

```
貊 ─────── 貉（義近）─────── 狢（換義符）
     ↘ 貙（增聲符）      ↘ 犿貜（換聲符）
```

　　① 李學勤主編：《字源》，天津古籍出版社、遼寧人民出版社 2012 年版，第 850 頁。
　　② 羅福頤：《古璽文編》，文物出版社 1981 年版，第 243 頁。

[138] 坼：㙁 拆 𢮦 厈 宅

《五音集韻·陌韻》："㙁、𢮦、厈、坼、拆、宅，裂也。亦作坼。"（P218下）

按：《説文·土部》："㙁（坼），裂也。《詩》曰：'不㙁不疈。'从土㡿聲。"《廣雅·釋詁三》："坼，開也。"《玉篇·土部》："坼，恥格切，裂也。""㙁"即"坼"篆文㙁的隸定字，隸變作"坼"，本義表裂開，也引申為分開、綻開、毀壞等義。《集韻·陌韻》："㙁、𢮦、斥、坼、拆、宅，恥格切，《説文》：'裂也。'引《詩》'不㙁不疈。'或从手；亦作斥、坼、拆、宅。"《類篇·土部》："㙁、坼，恥格切，《説文》：'裂也。'"《四聲篇海·土部》："㙁，《説文》坼同。"《字彙·土部》："㙁，恥格切，音策，裂也。《六書正譌》别作拆，非。"《正字通·土部》："㙁，坼本字。""㙁""㙁""㙁"筆畫微異，屬異寫關係，从土㡿（斥）聲，即"坼"的隸定異寫字。

《玉篇·手部》："拆，齒隻切，擊也。"《集韻·昔韻》："拆，擊也。"《正字通·手部》："拆，初格切，音冊，開也。通作㙁、坼。""拆"从手斥聲，表擊，打開等義，與"坼"當屬不同的字。"坼""拆"同屬透紐鐸部，且均可表開裂義。二字音同義通，是一組同聲符的同源字，古籍亦通用。《詩·大雅·生民》："不拆不副，無菑無害。"阮元校勘記："唐石經、相臺本'拆'作'坼'"。是其例。又"𢮦"之"㡿"為"斥"篆文㡿的隸定字。"𢮦"从手㡿（斥）聲，即"拆"的部件異寫字。

《説文·广部》："㡿（斥），郤屋也。从广屰聲。"《小爾雅·廣詁》："斥，開也。""坼""斥"同屬舌音鐸部，且均表散開義。二字音義相近，是為同源通用。《晏子春秋·内篇·雜上一》："管籥其家者納之公，財在外者斥之市。"《後漢書·梁冀傳》："收冀財貨，縣官斥賣，合三十餘萬萬。""斥"通作"坼"。是其例。又《説文·宀部》："宅，所託也。从宀乇聲。"《玉篇·宀部》："宅，除格切，人之居舍曰宅。""宅"表住所、住處等義，與"坼"分屬異字。"坼""宅"同屬舌音鐸部，二字音近通假。《易·解·彖傳》："雷雨作而百果草木皆甲坼。"陸德明釋文：

"圻，《說文》云：'裂也。'《廣雅》云：'分也。'馬、陸本作宅。"朱駿聲《說文通訓定聲·豫部》："宅，叚借為圻。"皆其例。該組重文辨析圖示如下：

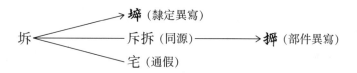

[139] 冊：冊　册　筴　簎　囲

《五音集韻·陌韻》："冊，簡冊，《說文》：'符命也。諸侯進受于王也。象其札一長一短，中有二編之形。'當作冊，今文皆作册，古作筴。冊、簎並同上；囲亦上同，見毛晃冊字注；册上同，見《韻會》《說文》。"（P219 下）

按：《說文·冊部》："冊（冊），符命也。諸侯進受于王也。象其札一長一短，中有二編之形。冊，古文冊从竹。""冊"甲骨文作屮、山①，金文作屮、屮形②，像竹簡編连冊形，本義表古代編綴竹簡成書為冊；也泛指書籍、簿本等義。"冊"即"冊"篆文冊的隸變字。《隸辨》卷五引《州輔碑》"乃定冊帷幕"之"冊"作冊，《袁良碑》"寔从其冊"作冊，《議郎元賓碑》"冊列帝庭"作冊，均與之相近，正其變異之源。隸變路徑大致是：冊→冊→冊→冊→冊。又"冊"亦為篆文冊的隸變字，與"冊"屬異寫關係。《隸辨》卷五引《三公山碑》"施之口冊"之"冊"作冊，是其例。古籍多通行"冊"，"冊"淪為異體。今簡化字作"册"。

《集韻·麥韻》："冊、冊、筴，《說文》：'符命也。'或作册；古作筴。"《類篇·冊部》："冊，符命也。或作册。""册"為"冊"衍橫筆的異寫字，常見於漢魏六朝碑刻文字，北魏《元新成妃李氏墓誌》、東魏《崔鸕墓誌》"冊"均作册③，是其例。又《玉篇·冊部》："冊，楚責切，

---

① 中國社會科學院考古研究所編輯：《甲骨文編》，中華書局 1965 年版，第 87 頁。

② 容庚：《金文編》，中華書局 1985 年版，第 126 頁。

③ 毛遠明：《漢魏六朝碑刻異體字字典》，中華書局 2014 年版，第 69 頁。

立也，簡也，《說文》：‘符命也。諸侯進受于王也。’籣古文。”《廣韻·麥韻》：“冊，簡冊。《說文》曰：‘符命也。’籣古文。”《字彙·竹部》：“箫，古冊字。”“籣，古文冊字。”“箫”“籣”“箫”筆畫微異，均為“冊”古文籣的隸定變體，當源於“冊”金文作𠕁、𠕋等形①變異，其中𠕋上端的二圓點變異成“𠂇𠂇（竹）”部，產生了從竹的構意。“箫”“籣”從竹從冊、冊亦聲，即“冊”增義符的異構字。

《字彙補·冂部》：“囲，《五音集韻》與冊同。”另《龍龕手鏡·雜部》：“𠕋，俗；冊，正，楚革反，古文簡冊也。”《干祿字書·入聲》：“冊、𠕋，上通下正。”“囲”蓋由“𠕋”“𠕋”諸形俗寫訛變，將中間的橫、豎及四點訛並成“出”，就變作“囲”。“囲”可視為“冊”俗寫訛變、積訛成俗的異體字。該組重文辨析圖示如下：

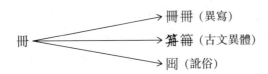

[140] 辟：侳 傻 辝 辟 僻 薜

《五音集韻·昔韻》：“辟，必益切，亦除也。辝、侳並古文。”又“僻，芳辟切，誤也，邪僻也。辟上同，見《詩》；薜亦同；傻古文。”（P220 下）“辟，便辟，又法也。五刑有大辟。從卩從辛，所以制節其罪也，從口，用法也。辝、侳並古文。”（P221 上）

《五音集韻·錫韻》：“辟、僻，《爾雅》：‘邪辟也。’侳、傻並上同古文。”（P223 上）

按：《說文·辟部》：“辟，法也。從卩從辛，節制其辠也；從口，用法者也。”“辟”從卩從辛從口，本義表法；也假借為除去、邪惡等義。《玉篇·人部》：“侳，符歷切，古文辟字。傻同上。”《集韻·昔韻》：“辟、辝、侳，必益切，君也。一曰除也，亦姓。或作辝；古作侳。”《四聲篇海·人部》：“侳，扶歷切，古文辟。”“傻，符歷切，古文辟

---

① 容庚：《金文編》，中華書局 1985 年版，第 127 頁。

字。"𠊪""𠊪""𠊪""𠊪""𠊪"筆畫微異，屬同字異寫。《古文四聲韻》卷五昔韻引《義雲章》"辟"古文作𠊪、《古尚書》作𠊪，與"𠊪""𠊪"形近，或其隸定所本，溯其形源，蓋源於"辟"金文作𠊪、𠊪、𠊪等形①變異。"𠊪""𠊪"即"辟"古文書寫變異形成的異體字。

《類篇·辟部》："辟，必益切，君也。辟或作辟。"《四聲篇海·辟部》："辟、辟，二婢亦切，法也。"《字彙補·辟部》："辟，《集韻》古辟字，與𠊪同。""辟"為"辟"俗寫訛變，將左半部件"𠂤"訛作"官"，可視為"辟"俗寫訛變、積訛成俗的異體字。又《集韻·昔韻》："辟、𡘙、𠊪，《說文》：'法也。从卩从辛。'古作𡘙、𠊪。"《正字通·辛部》："𡘙，同辟。""𡘙"从辟从井，為"𡘙"部件移位，字見《說文·辟部》："𡘙，治也。从辟从井。《周書》曰：'我之不𡘙。'"段玉裁改作"法也"，並注："各本作'治也。'今依《尚書》《釋文》正。"其說可從。《爾雅·釋詁一》："井，法也。""井"表法度義，與"辟"義同。"𡘙"與"辟"音義俱同，乃一字異體。"𡘙"从辟从井，為"辟"增義符的異構字。《集韻·昔韻》："𡘙、𡙀，《說文》：'治也。'或从廾。""𡙀""𡘙"形體微異，均从辟从井省，為"𡘙"省體，亦即"辟"的異構字。

《廣韻·昔韻》："僻，誤也，邪僻也。芳辟切。辟上同，見《詩》。"《集韻·麥韻》："僻、辟，匹辟切，邪也。或省。亦作薛。"《錫部》："辟、僻，糾擿、邪僻也。或从人。""僻"非"辟"異體，字見《說文·人部》："僻，避也。从人辟聲。《詩》曰：'宛如左僻。'一曰从旁牽也。""僻"从人辟聲，表偏邪、偏遠等義，是專為記錄"辟"偏邪的假借義而另造的分化字。"辟""僻"在歷史上很長時間使用的界限不清，常見通用。《書·洪範》："人用側頗僻。"《漢石經》引"僻"作"辟"。《詩·大雅·板》："民之多辟。"陸德明釋文："辟作僻。"《集韻·麥韻》："僻，通作辟。"皆其例。

《說文·艸部》："薛，牡𧲿也。从艸辟聲。""薛"从艸辟聲，表牡𧲿義，與"辟"屬不同的字。"薛"與"辟"的分化字"僻"同屬唇音錫部，古音相近，二字音近通假。《漢書·揚雄傳上》："陋三王之阨薛，

---

①　容庚：《金文編》，中華書局 1985 年版，第 648—649 頁。

嶠高舉而大興。"《文選》引揚雄《羽獵賦》作"陀僻",顏師古注：
"薜,亦僻字也。"朱駿聲《說文通訓定聲・解部》："薜,叚借為僻。"
皆其例。該組重文辨析圖示如下：

[141] 迹: 跡 速 踈 遺 蹟

《五音集韻・昔韻》："迹、跡、遺、踈,足跡。速(甯忌浮校
作'速')籀文。"又"蹟,《詩》傳曰：'不蹟,不循道也'"。
(P221 上)

按：《說文・辵部》："𨟻(迹),步處也。从辵亦聲。蹟,或从足、
責；𨒇,籀文迹,从束。""迹"金文作𨗉、𨗽、𨗸①,籀文作𨗸,均从
辵束聲,篆文變作𨟻,"束"部已譌作"亦"。漢代以後基本承襲了這種
譌變,以"亦"為聲符。"迹"从辵亦聲,本義表腳印,也引申為行蹤、
事跡、痕跡等義。《干祿字書・入聲》："跡、迹,並正。"《五經文字・辵
部》："迹,經典或作跡。"《廣韻・昔韻》："迹,足跡。跡上同；速籀
文。"《左傳・昭公十二年》："穆王欲肆其心,周行天下,將皆必有車轍
馬跡焉。""跡"即"迹"。"辵""足"二旁義近古通。"跡"从足亦聲,
為"迹"換義符的異構字。

"速"為"速"形譌,甯忌浮所校可從。"速"即"迹"籀文𨗸的
隸定字,源於"迹"金文𨗉、𨗽諸形演變。《玉篇・辵部》："迹,子亦
切,跡也,理也。速籀文。"《字彙・辵部》："速,與迹同。"《隸釋・繁
陽令楊君碑》："州郡嘉異,並上絕速。""速"即"迹"。"速"之"束"
與"迹"同屬齒音錫部,古音相近。"速"从辵束聲,即"迹"聲符不
同的異構字。又"踈"為"踈"譌誤,當校。《集韻・昔韻》："迹、遺、

---

① 容庚：《金文編》,中華書局 1985 年版,第 91 頁。

跡、速、蹟、跡，《說文》：'步處也。'或作遺、跡、速、蹟、跡。"《重訂直音篇·足部》："跡，音積，足跡，蹤跡。蹟、跡同上。""跡"從足束聲，為"速"變換義符，亦即"迹"換聲義符的異構字。

"蹟"即"迹"或體𧺡的隸定字。《類篇·足部》："跡、蹟、跡，資昔切，步處也。或作蹟、跡。"《字彙·足部》："蹟，與迹同。"《正字通·足部》："蹟，迹、跡同。"《詩·小雅·沔水》："念彼不蹟，載起載行。"《毛傳》："不蹟，不循道也。"陳奐傳疏："《說文》蹟，迹之或字。迹，道也。"《史記·三代世表》："后稷母為姜嫄，出見大人蹟而履踐之。""蹟"即"迹"。"蹟"之"責"與"迹"同屬齒音錫部，古音相近。"蹟"從足責聲，即"迹"換聲義符的異構字。又《類篇·辵部》："迹、遺、速，資昔切，《說文》：'步處也。'或作遺、速。"《重訂直音篇·辵部》："迹，跡同，又理也。遺、速同上。""遺""遺"筆畫微異，均從辵責聲，即"迹"換聲符的異構字。該組重文辨析圖示如下：

[142] 寂：宋 諔 散 㝑 淑

《五音集韻·錫韻》："寂、㝑、諔、散、淑、宋，前歷切，靜也，安也。《說文》云：'無人聲也。'寂寞。"（P223 下）

按：《說文·宀部》："宋，無人聲。從宀未聲。諔，宋或從言。"段玉裁注："宋，今字作寂。《方言》作㝑，云'靜也。江湘九嶷之郊謂之㝑。'""寂"從宀叔聲，表安靜無聲，冷清等義。《玉篇·宀部》："宋，前的切，無聲也。又作諔。寂同上；㝑同上。"《龍龕手鏡·宀部》："寂、宋、㝑三正；𡩋今，亦通，情曆反，安也，靜也。"《穴部》："窮、窔俗，音𡩋。正從宀作。"《廣韻·錫韻》："寂，靜也，安也。前歷切。㝑上同；宋亦同。""叔""未"同屬書紐覺部。"寂"從宀未聲，即"宋"換聲符的異構字。後世多通行"寂"，"宋"淪為異體。

"詠"即"寂"或體的隸定字。《集韻·錫韻》："宋、寂、詠、諔、宩、淑，前歷切，《說文》：'無人聲。'或作寂、諔、宩、淑。"《四聲篇海·言部》："詠，疾歷切，靜也。"《字彙·言部》："詠，同寂。"《正字通·言部》："詠，俗寂字。""詠"從"言"構意不明，蓋受《說文》"無人聲"的影響。"詠"從言未聲，為"宋"變換義符，亦即"寂"的異構字。又《類篇·言部》："諔，又前歷切，無人聲也。"《四聲篇海·言部》："諔，又前歷切，靜也，安也。""諔"從言叔聲，為"詠"變換聲符，亦即"寂"換義符的異構字。[1]

《類篇·宀部》："宋、寂、宩，前歷切，《說文》：'無人聲。'宋或作寂、宩。"《四聲篇海·宀部》："宩，音寂。"《字彙·宀部》："宩，與寂同。《楚辭》：'野宩漠其無人。'""宩"常見漢魏碑刻俗字，如東漢《孔彪碑》《張納碑》，北魏《暉福寺碑》《元朗墓誌》均錄"寂"作"宩"[2]。竊疑"宩"之"歹"蓋由"宩（寂）"的"朼（叔）"部俗寫變異，變異路徑大致是：叔→朼→勿（"窈"所從）→歹。"宩"從宀歹（叔）聲，即"寂"的部件異寫字。

《類篇·水部》："淑，前歷切，無人聲。"《重訂直音篇·水部》："淑，與寂同。""淑"之"氵"無實義，應是受聯綿詞"寂漻"之"漻"從水的類化而累增。"寂漻"為聯綿詞，亦作"寂寥""淑漻"等形，表空虛無形、寂靜無聲義。如《古文苑·枚乘〈忘憂館柳賦〉》："鏘鍠啾唧，蕭條寂寥。"章樵注："鏘鍠，大聲；啾唧，小音。並寂然無聲。"《漢書·司馬相如傳上》載《上林賦》："悠遠長懷，寂漻無聲。"顏師古注："言長流安靜。"《文選·枚乘〈七發〉》："淑漻菁蓼，蔓草芳苓。"李善注："《上林賦》曰：'寂漻無聲。'淑與寂，音義同也。"皆其例。"淑"即"寂"累增部件的異體字。該組重文辨析圖示如下：

---

① 又《集韻·屋韻》昌六切："諔，詭也。"《類篇·言部》："諔，之六切，詭也。"此"諔"音昌六切，表諔詭、奇異義，與"寂"異體"諔"蓋屬同形字。

② 秦公、劉大新：《廣碑別字》，國際文化出版公司 1995 年版，第 242 頁。

［143］鬲：鬲 甂 䰛 鎘 䰜 鑗 鬳 𩱶 䰝 䲙 䥶

　　《五音集韻·錫韻》："鬲，《說文》：'鼎屬。'《爾雅》曰：'鼎款足者謂之鬲。'《說文》本作鬲。今作鬲，又作䲙。鬲見《說文》；䲙亦同上；䰛，瓦器，《說文》同上，又作甂。"又"鎘、鑗、甂、鬳、䰝、䥶、䰜，鎘鎗。𩱶古文。"（P224 上）

　　按："鬲"為"鬲"異寫。《說文·鬲部》："鬲（鬲），鼎屬。實五觳，斗二升曰觳。象腹交文，三足。䰛，鬲或从瓦；䰜，《漢令》：'鬲，从瓦厤聲。'""鬲"即"鬲"篆文鬲的隸定字，隸變作"鬲"，本義表鼎類炊器。《玉篇·鬲部》："鬲，郎的切，鼎足曲，《說文》作鬲，云'鼎屬'。亦作鬲。"《五經文字·鬲部》："鬲，音歷，鼎屬。《說文》作鬲，經典相承隸省作鬲。"《字彙·首卷》："鬲，俗作鬲。""鬲""鬲""鬲"筆畫微異，與"鬲"屬異寫關係。今以"鬲"為正字，"鬲""鬲""鬲"淪為異體字。

　　"甂"即"鬲"或體䰛的隸定字。《集韻·錫韻》："鬲、甂、䰛、鎘、䰝、鬳、鑗、䥶、䰜、𩱶，《說文》：'鼎屬也。'或作甂、䰛、鎘、䰝、鬳、鑗、䥶、䰜；古作𩱶，象孰飪五味气上出。"《類篇·瓦部》："甂、鬳，狼狄切，鼎屬，實五觳，斗二升曰觳。象腹交文，三足。或作鬳。"《四聲篇海·鬲部》："鬲，郎的切，鼎足曲也，《說文》作鬲，云'鼎屬'。鬲同上；甂同上。"《字彙·鬲部》："甂，與鬲同。郎狄切。""甂""甂""甂"筆畫微異，所從"瓦"表瓦器、器皿義，與"鬲"義近。"甂"從瓦從鬲、鬲亦聲，即"鬲"增義符的異構字。

　　"䰛"即"鬲"或體䰜的隸定字。《玉篇·瓦部》："䰛，力的切，瓦器。今作鬲。"《廣韻·錫韻》："鬲，《爾雅》曰：'鼎款足者謂之鬲。'今亦作鬲。䰛，瓦器，《說文》同上，又作甂。"《正字通·瓦部》："䰛，同甂。《通雅》曰：'《漢令》作䰜。'或作甂；與鬲、𩱶同。""䰛""䰜"筆畫微異，所從"厤"與"鬲"同屬來紐錫部。"䰜"從瓦厤聲，為"甂"變換聲符，亦即"鬲"製字方法不同的異構字。

　　《玉篇·金部》："鎘，廬的切，釜也。"《廣韻·錫韻》："鎘，鎘鎗（'鎗'表鼎屬）。鑗同上。"《類篇·金部》："鎘、鑗、䰜，狼狄切，鼎屬，或作鑮、鬲。"唐王維《胡居士臥病遺米因贈》："牀上無氈臥，鎘中有粥否。"趙殿成箋注："《爾雅》：'鼎款足謂之鬲'或作瓹，又作鎘。""鎘""鎘"筆畫微異，與"鎘"屬異寫關係，從金從鬲、鬲亦聲，即"鬲"增義符的異構字。① 又《玉篇·金部》："鬵，力狄切，或作鬲。"《字彙·金部》："鬵，力狄切，音歷，與鬲同。"《正字通·金部》："鬵，鬲、鬵、瓹同，俗作鬵。""鬵"從金麻聲，為"鎘"變換聲符（或為"鬵"變換義符），亦即"鬲"的異構字。

《字彙·金部》："鑮，良吉切，音歷，鑮鎗。"《正字通·金部》："鑮，同鬵，本作鬲。或作瓹、鬵、鬳、鎘，並義同。"《吳越春秋·夫差內傳》："見兩鑮蒸而不炊。"清顧炎武《旅中》："寒依車下草，饑糝鑮中羹。""鑮"即"鬲"。"鑮"從金歷聲，為"鎘"變換聲符，亦即"鬲"的異構字。又《四聲篇海·鬲部》："鬳，郎擊切，鎘鎗也。"《字彙·鬲部》："鬳，郎擊切，音歷，鎘鎗也。"《正字通·鬲部》："鬳，鬲、鬵、瓹並同。""鬳""鬳"筆畫微異，均從鬲麻聲，即"鬲"增聲符的異構字。

《玉篇·弜部》："鬻，郎的切，鬵也。亦作鬲。"《字彙·鬲部》："鬻，郎狄切，音力，瓦器。亦作鬲。"《正字通·鬲部》："鬻，同鬲。《六書故》曰：'孫氏鬻、鬲同音。鬲、鬻一字。'""鬻"即"鬲"古文異體，字見《說文·鬲部》："鬻（鬻），鬵也。古文亦鬲字。象孰飪五味氣上出也。""鬻"即篆文鬻的隸定字，蓋源於"鬲"金文作鬲形②變異，其中"弜"為形符 {} 的隸定變體，屬飾符，無實義。"鬻""鬻""鬻"筆畫微異，為"鬻"部件移位，亦即"鬲"的古文異寫字。

"鬴"非"鬲"或體，乃"鬴"之異體。《說文·鬲部》："鬴，鍑屬也。從鬲甫聲。釜，鬴或從金父聲。"《玉篇·金部》："釜，扶甫切，鍑屬。亦作鬴。""鬴"從鬲甫聲，本義表炊鍋，今正字作"釜"，與"鬲"屬不同的字。"鬲""鬴（釜）"均表炊器類，意義相近，是為近義字。二字為同義換讀。又《說文·金部》："鑠，銷金也。從金樂聲。"《玉篇·金部》："鑠，式灼切，銷鑠也。""鑠"從金樂聲，表銷熔、熔化義，

---

① 此"鎘"與現代漢語中的 48 號化學元素"鎘"（音革）屬於同形字。

② 容庚：《金文編》，中華書局 1985 年版，第 172 頁。

今簡化字作"铄"，與"鬲"分屬異字。"鬲""鑠"同屬舌音，錫藥旁轉，古音相近，但未見文獻通假字例。二字是為音近字。該組重文辨析圖示如下：

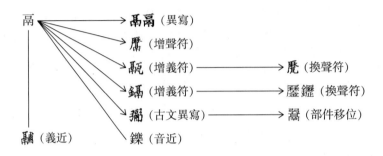

[144] 陟：儥 偗 徥 值 隲

《五音集韻·職韻》："陟、儥（甯忌浮校作'儥'）、偗、隲、徥、值，竹力切，升也，進也。"（P224 下）

按："陟"為"陟"異寫。《說文·𨸏部》："陟，登也。从𨸏从步。儥，古文陟。"《玉篇·𨸏部》："陟，知直切，登也，高也，升也。""陟"从𨸏从步，表高，升等義。《玉篇·人部》："儥，知力切，古文陟。""儥"即"陟"古文儥的隸定字。"陟"金文作𦥑、𨛜、𦣻等形①，均从"𨸏"不从"人"。古文儥蓋為訛誤字形。"儥"為"儥"訛寫，甯忌浮所校可參，但後世字書多承其訛誤。如《四聲篇海·人部》："儥，知力切，古文陟。"《字學三正·古文異體》《中華字海·亻部》均錄"陟"古文作"儥"，皆是。"儥"可視為"陟"古文書寫訛變、積訛成俗的異體字。

《集韻·職韻》："陟、儥、偗、隲、徥、值，竹力切，《說文》：'登也。'或作儥、偗、隲、徥、值。"《類篇·人部》："儥、偗，竹力切，登也。或作偗。"《四聲篇海·人部》："偗，竹力切，升進也"。《字彙補·人部》："偗（'偗'異寫），《集韻》與陟同。""偗"之"亻"來源不明，可能受到古文"儥"从人的類化而改作。"偗"从人从步，即

---

① 容庚：《金文編》，中華書局 1985 年版，第 940 頁。

“陟”換部件的異體字。又《四聲篇海・彳部》：“徏，竹力切，升也，進也。”《字彙・彳部》：“徏，竹力切，音陟，升也，進也。”“徏”“徏”筆畫微異，均从彳从步。“彳”“亻”二旁形近混同。“徏”从彳从步，為“𠈇”部件異寫，亦即“陟”的異體字。另“徏”也可視為理據重構，“彳”為義符，取小步、行走構義，从彳从步會意，亦即“陟”的異構字。

《類篇・彳部》：“徏，竹力切，登也。或作徝。”《字彙・彳部》：“徝，升也，進也。”“徝”之“直”與“陟”同屬舌音職部，古音相近。“徝”从彳直聲，即“陟”換聲義符的異構字。[①] 又“隲”非“陟”異體，字見《說文・馬部》：“隲（騭），牡馬也。从馬陟聲。”“隲”即“騭”篆文隲的隸定字，隶变作“騭”，本義指牡馬，也假借安定、升等義。“陟”“騭”同屬舌音端紐，二字音近通假。《大戴禮記・夏小正》：“（四月）執陟攻駒。”王筠正義：“執陟云者，陟即騭也。《說文》：‘騭，牡馬也。’”朱駿聲《說文通訓定聲・謙部》：“陟，叚皆為騭。”皆其例。該組重文辨析圖示如下：

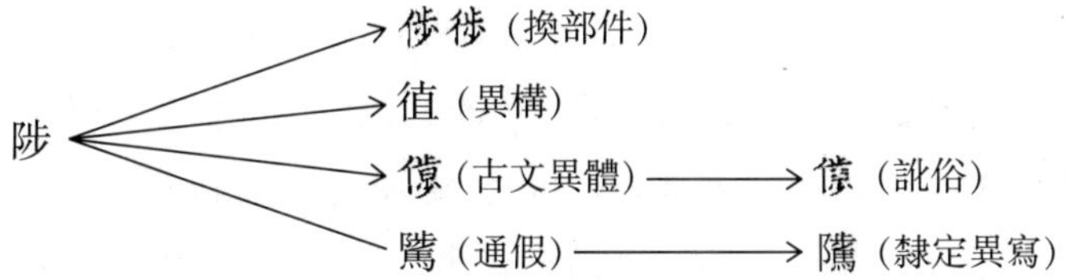

[145] 嗇：嗇 嗇 畣 嗇 [illegible]

《五音集韻・職韻》：“嗇、[illegible]，愛惜也，又貪也，慳也，又積也。《說文》作嗇，愛濇也。嗇、嗇、畣、嗇並古文。”（P225 下）

按：《說文・嗇部》：“嗇（嗇），愛濇也。从來从㐭。來者㐭而藏之。故田夫謂之嗇夫。嗇（小徐本作‘嗇’），古文嗇从田。”朱駿聲通訓定聲：“此字本訓當為收穀，即穡之古文也。”商承祚《殷虛文字類

---

① 又《玉篇・彳部》：“徝，竹志反，施也。”《正字通・彳部》：“徝，值字之偽。”此“徝”為“值”異體，與“陟”異構“徝”蓋屬同形字。

編》：“卜辭从田，與許書嗇之古文合。稽字《禮記》皆作嗇，此稽、嗇
一字之明證矣。”“嗇”从來从㐭，本義指收穫穀物，也引申為愛惜、吝
嗇等義。今簡化字作“啬”。“㘩”即“嗇”篆文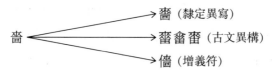之隸定，來源於
“嗇”金文作、等形①演變。《廣韻·職韻》：“嗇，愛惜也，又貪也。
《說文》作㘩。”《正字通·口部》：“㘩，嗇本字。”“㘩”从來从㐭，即
“嗇”的隸定異寫字。

　　“薔”即“嗇”古文的隸定字，當源於“嗇”秦文字作形②演
變。《四聲篇海·嗇部》：“嗇，所力切，愛也，慳也，貪也。薔古文。”
《字彙·田部》：“薔，古文稽字。”《正字通·田部》：“薔，舊注古文稽
字。按《說文》‘㘩，愛濇也。’稽穀可收，稽無古文。《集韻》‘㘩，古
作薔、薔。’通作稽。今誤以薔為古稽字，非。”“嗇”本義表收穫穀物，
與田地相關，故字可取“田”作為義符。“薔”从來从田，即“嗇”的
古文異構字。“稽”為“嗇”的後起分化字，專用來記錄“嗇”收穫穀
物的本義。《字彙》以“薔”為“稽”古文，《正字通》云“嗇”通作
“稽”，都有其道理。

　　“畬”即“嗇”小徐本古文的隸定字，亦源於秦文字演變。《集
韻·職韻》：“㘩、嗇、薔、畬、儒，《說文》：‘愛濇也。’古作薔、畬；
隸省；亦作儒。”《類篇·嗇部》：“㘩，愛濇也。古作薔、畬；隸作嗇；
亦作儒。”《四聲篇海·田部》：“畬，音嗇，義同。”“畬”从來从田，為
“薔”異寫，亦即“嗇”的古文異構字。又《四聲篇海·田部》：“薔，
所力切，愛惜也，又貪也。”“薔”从來从田，與“薔”屬異寫關係，亦
即“嗇”的古文異構字。又《四聲篇海·人部》：“儒，所力切，《說
文》：‘愛也。’”《字彙·人部》：“儒，所力切，音色。愛也，惜也，貪
也，慳也，又積也，又姓。”“儒”从人从嗇，即“嗇”增義符的異構
字。該組重辨析文圖示如下：

嗇　　　　　　→ 㘩（隸定異寫）
　　　　　　　→ 薔畬薔（古文異構）
　　　　　　　→ 儒（增義符）

---

① 容庚：《金文編》，中華書局1985年版，第383頁。
② 湯餘惠：《戰國文字編》，福建人民出版社2001年版，第344頁。

［146］克：𠫔 𠧪 㪜 𡱀 𡱀 𡱀 𡱀

《五音集韻·德韻》："克，能也，勝也。本作𠧪，今从隸。𠧪、㪜、𡱀、𡱀、𡱀、𠫔、𡱀並古文。"（P226 下）

按：《說文·克部》："𠧪（克），肩也。象屋下刻木之形。𠧪，古文克；𡱀，亦古文克。"徐鍇繫傳："肩者，任也。能勝任此物謂之克。""克"甲骨文作𠧪、𠧪①，金文作𠧪、𠧪、𠧪②，像甲胄形，本義表戰勝，也引申為勝任、制伏等義。"𠫔"即"克"篆文𠧪的隸定字，隸變作"克"，蓋源於"克"金文𠧪、𠧪諸形變異。《廣韻·德韻》："克，能也，勝也，《說文》作𠫔，肩也。"《玉篇·克部》："克，口勒切，能也，獲也，勝也。𡱀、𠫔、𡱀並古文。"《正字通·尸部》："𠫔，古文克。"《隸辨》卷五德韻引《繁陽令楊君碑》"克壓帝心"之"克"作𠫔，並云："《隸釋》云：'𠫔即克字。'按古文克作𠫔，碑則變丷為十。""𠫔""𠫔"筆畫微異，與"𠫔"屬異寫關係，亦即"克"的隸定異寫字。

"㪜"即"克"古文𠧪的隸定變體，蓋源於"克"金文作𠧪③，戰國文字作𠧪④等形變異。《集韻·德韻》："克、𠫔、㪜、𡱀、𡱀，乞得切，《說文》：'肩也。象屋下刻木之形。'古作𠫔、㪜、𡱀、𡱀。"《類篇·克部》"克，肩也。古文作𠫔、㪜、𡱀、𡱀。"《字彙補·尸部》："㪜，古文克字，見《集韻》。""㪜""㪜"筆畫微異，屬異寫關係，均為"克"古文異寫形成的異體字。又《字彙·卜部》："𡱀，古克字"。《正字通·卜部》："𡱀，古文克。""𡱀""𡱀"筆畫微異，為"克"古文𡱀的隸定變體，即"克"的古文異體字。又《重訂直音篇·萄部》："𡱀、𡱀，古文克字。能也，勝也"。《三體石經·君奭》"克"古文作𡱀，"口"部中間衍一點筆，與"𡱀"形近，蓋其隸定所本。"𡱀"與"𡱀"一筆之變，屬異寫關係，亦即"克"的古文異體字。

---

① 中國社會科學院考古研究所編輯：《甲骨文編》，中華書局 1965 年版，第 306 頁。

② 容庚：《金文編》，中華書局 1985 年版，第 498 頁。

③ 同上。

④ 湯餘惠：《戰國文字編》，福建人民出版社 2001 年版，第 478 頁。

　　《龍龕手鏡·古部》："東，古文，音克，勝也，能也。"《四聲篇海·古部》："東、亯，二音克，古文，勝也，能也。"《字彙補·水部》："東，古克字，見《五音集韻》。""東"為"東"俗寫變異，將"占"部訛作"古"，"氺"變作"水"。"東"即"克"古文異寫形成的異體字。又《字彙補·宀部》："宣，《集韻》古克字。""宣"也應由"亯"俗寫訛變所致，亦可視為"克"古文俗寫訛變、積訛成俗的異體字。該組重文辨析圖示如下：

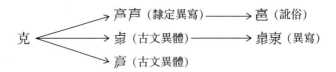

　　[147]　得：**得　徑　尋　尋　肒　罕**

　　《五音集韻·德韻》："得，《說文》：'得，取也。'本作**得**，今文書作得。又獲也，凡求而獲皆曰得。**徑**、**尋**、**得**、**罕**、**尋**、**肒**並古文上同。"（P226 下）

　　按：《說文·彳部》："**徑**（得），行有所得也。从彳尋聲。**尋**，古文省彳。"羅振玉《增定殷虛書契考釋》："（甲骨文）从又持貝，得之意也。或增彳。許書古文从見，殆从貝之偽。"其說甚是。"得"甲骨文作**？**、**？**[1]，从貝从又，或又从彳，戰國印文作**得**、**得**，秦陶文作**得**等形[2]，均从貝从又从彳，篆文作**得**，其"貝"部已訛作"見"。"得"即篆文**得**的隸定字，隸變作"得"，从彳从寸从貝，表獲得、滿足等義。《五經文字·彳部》："得、得，上《說文》，下石經。"《龍龕手鏡·彳部》："得，音得，得失也，獲也，有所得。"《集韻·德韻》："得、尋、罕、得，《說文》：'行有所得也。'古省；或作罕、得。"《類篇·彳部》："得、得，的則切，《說文》：'行有所得也。'或作得。"《字彙補·彳部》："得，得本字。""得"从彳从寸从貝，即"得"的隸定異寫字。

①　中國社會科學院考古研究所編輯：《甲骨文編》，中華書局 1965 年版，第 75 頁。

②　湯餘惠：《戰國文字編》，福建人民出版社 2001 年版，第 116 頁。

《四聲篇海·彳部》："得、徔，二多則切，得失也。"《重訂直音篇·彳部》："得，音德，要也，求也，合也。徔、得同上。""徔""得"筆畫微異，與"得"屬異寫關係，亦即"得"的隸定異寫字。又"尋"即"得"古文形的隸定字，隸變作"尋"，來源於"得"甲骨文作、战国文字作形①變異。《廣韻·德韻》："尋，《說文》：'取也。'今作尋同。"《玉篇·見部》："尋，丁勒切，今作尋，亦作尉。"《龍龕手鏡·見部》："尉、尋，音得，取也。與尋同。"《四聲篇海·見部》："尋、尉，二丁勒切，取也。今作得；亦作尋。""尋""尋"屬異寫關係，均從寸從貝，即"得"的古文異構字。

《玉篇·貝部》："尉，都勒切，今作得。"《字彙·見部》："尋，古文得字。尉同上。"《正字通·貝部》："尉，俗得字，亦作尋。""尉""尉"筆畫微異，均從寸從貝，為"尋"部件移位，亦即"得"的古文異體字。又《類篇·見部》："尋、罙，的則切，行有所得也。古省；或作罙"。《四聲篇海·寸部》："罙，多則切，得失也。"《字彙·寸部》："罙，古得字。""罙""罙"筆畫微異，為"尋（尋）"部件異寫，亦即"得"的古文異體字。該組重文辨析圖示如下：

[148] 籋：笢 鑷 鎳 鈰 鈒

《五音集韻·葉韻》："籋、笢、鑷、鈰、鎳、鈒，小箱（宿忌浮改作'小箝'）。又作鑷。"（P231 上）

按：《說文·竹部》："籋，箝也。从竹爾聲。"段玉裁注："夾取之器曰籋，今人以銅鐵作之，謂之鑷子。""籋"从竹爾聲，本義表鉗子，就是用于夾取或拔除事物的器具。《集韻·帖韻》："籋、笢，鉗也。或作笢。"《類篇·竹部》："笢，諾叶切，鉗也。籋或作笢。""笢"之"尒"

① 　湯餘惠：《戰國文字編》，福建人民出版社 2001 年版，第 116 頁。

見於《玉篇·八部》："尒，亦作爾。"《廣韻·紙韻》："尒，義與爾同。《說文》曰：'詞之必然也。'"《隸辨》卷三《校官碑》："卑尒熾昌。"按云："《說文》：'尒，詞之必然也。'《廣韻》云：'尒與爾同。'""爾"甲骨文作 𠇶、𠇵，金文作 𤔔、𤔕、𣄰 等形[1]。"尒"應是截取"𤔔"的上部 𠂇 形演變而來，為"爾"古文省體字。"笯"從竹尒（爾）聲，即"籋"的部件異寫字。[2]

《廣韻·帖韻》："籋，小箝。亦作鉪。鑷上同。"《集韻·葉韻》："籋、鑷、鉪，《說文》：'箝也。'亦作鑷、鉪。"朱駿聲《說文通訓定聲·履部》："籋，字亦作鑷。按凡脅持物以竹曰籋、曰箝；以鐵曰鑷、曰鉗、曰鑽、曰鉪。蘇俗謂鑷子。""籋""鑷"製字取材不同，構形上表現為變換義符。另《方言》卷十二："鑷，正也。"郭璞注："謂堅正也。"周祖謨校箋引洪頤煊《讀書叢錄》卷九云："正當作止。""鑷"除表鉗子義外，還指堅正（或止）義，而"籋"沒有此義項。"鑷"為"籋"的寬式異體字。[3]

《玉篇·金部》："鑷，奴協切，堅正也。鈝同上。"《龍龕手鏡·金部》："鈝，俗；鑷，正，奴叶反，小箝也。"《集韻·帖韻》："鏑、鈝、鑷、鉪，《博雅》：'正也。'或省，隸作鑷；亦作鉪。""鏑"之"𦈢"與"爾"筆畫微異，屬同字異寫。"鏑"從金𦈢聲，為"鑷"部件異寫，亦即"籋"的異構字。又"鈝"從金尒聲，為"鑷"省體，亦即"籋"的異構字。[4]又《說文·金部》："鉪，鑽也。從金耴聲。"段玉裁注："鉪，此與《竹部》籋義同音近。""鉪"從金耴聲，本義指鑽，即鐵鉗、火夾之類，与"籋"屬不同的字。"籋""鉪"同屬舌音葉部，古音相近，且均表夾物器具義。二字音近義同，可能是因方言差異形成的同源字。該組重文辨析圖示如下：

---

[1]　高明：《古文字類篇》，台灣大通書局 1986 年版，第 6 頁。

[2]　又《字彙·竹部》："笯，笯篁，竹名，皮白如霜，大者宜為篙。"揚雄《蜀都賦》："其竹則鍾龍笯篁。"此"笯"表笯篁義，一種白皮竹，與"籋"異體"笯"蓋屬同形字。

[3]　又《廣韻·薺韻》："㰚，絡絲栒也。鑷上同。"此"鑷"為"㰚"異體，音奴禮切，表絡絲工具義，與"籋"異體"鑷"蓋屬同形字。

[4]　又"璽"之"璽"異體也作"鈝"。如王國維《釋由下》："上虞羅氏所藏漢鈝印。"此"鈝"表璽印義，與表鉗義的"鑷"異體"鈝"蓋屬同形字。

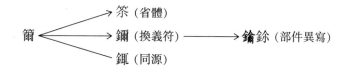

[149] 睫：睞 瞜 睩 毿 毯 氍

《五音集韻·葉韻》：“睫、睞、瞜、毿、毯、睩、氍，目睫。
《釋名》曰：‘睫，插也，插於眶也。’《說文》曰作睞，目旁毛也。”
（P231 下）

按：《說文·目部》：“睞，目旁毛也。从目夾聲。”“睞”从目夾聲，
本義指眼瞼上下邊所生的細毛，也引申為眨眼義。《玉篇·目部》：“睞，
子葉切，目旁毛。睫同上。”《廣韻·葉韻》：“睫，目睫。《釋名》曰：
‘睫，插也，插於眶也。’《說文》作睞，目旁毛也。睞上同。”《史記·
扁鵲倉公列傳》：“流涕長潸，忽忽承睞。”司馬貞索隱：“睞，音接。睞
即睫也。”《列子·仲尼》：“矢來注眸子而眶不睫，矢隧地而塵不揚。”張
湛注：“睫，本作睞，目瞬也。”“睫”之“疌”與“睞”同屬齒音葉部，
古音相近。“睫”从目疌聲，即“睞”換聲符的異構字。今以“睫”為
正字，“睞”淪為異體。

《集韻·葉韻》：“睞、睫、瞜、毿、毯、睩、氍，《說文》：‘目旁毛
也。’或作睫、瞜、毿、毯、睩、氍。”《類篇·目部》：“瞜、睩，即涉
切，《說文》：‘目旁毛也。’”《字彙補·目部》：“瞜，與睫同。見《集
韻》。”“瞜”之“庚”从疌得聲，與“疌”同屬从紐葉部。“瞜”从目
庚聲，即“睫”換聲符的異構字。又《玉篇·目部》：“睩，災葉切，目
睫。”《字彙·目部》：“睩，同睫。”《正字通·目部》：“睩，同睫。本作
睞。”《重訂直音篇·目部》：“睫，音接，目旁毛。睞、睩同上。”“疌”
“妾”同屬齒音葉部，古音相近。“睩”从目妾聲，亦即“睫”的換聲
符字。

《類篇·毛部》：“毿、毯、氍，即涉切，《說文》：‘目旁［毛］
也。’或作毯、氍。”《四聲篇海·毛部》：“毿，即葉切，目睫也。”《字
彙·毛部》：“毿、毯，並同睫。”《正字通·毛部》：“毿，即涉切，音

接，目睫毛也。”“睫”本義指眼睫毛，故字可取“毛”作為義符。“毶”從毛疌聲，即“睫”換義符的異構字。又《四聲篇海·毛部》：“毿，即葉切，目睫也”。“毿”從毛妾聲，為“毶”變換聲符（或為“睞”變換義符），即“睫”換聲義符的異構字。又《四聲篇海·毛部》：“氍，即葉切，目旁毛也”。《字彙補·毛部》：“氍，《集韻》與睫同。”“氍”之“瞿”與“睫”魚葉通轉，古音相近。“氍”從毛瞿聲，為“毶”變換聲符，亦即“睫”的異構字。該組重文辨析圖示如下：

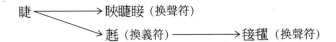

[150] 帢：㝓 䶞 㡊 袷 峽 㡇

《五音集韻·洽韻》：“帢，士服，狀如弁，缺四角，魏武帝制。㝓（甯忌浮校作‘㔼’）、峽、䶞、㡇、袷、㡊亦同上，《埤蒼》云：‘帽也。’”（P233 上）

按：“帢”不見《說文》。《廣韻·洽韻》：“帢，士服，狀如弁，缺四角，魏武帝制。《魏志》注云：‘太祖以天下凶荒，資財乏匱，擬古皮弁，裁縑帛以為帢，合乎簡易隨時之義，以色別其貴賤，本施軍飾，非為國容。’㔼、峽並上同。㡊亦上同，《埤蒼》云：‘帽也。’”《太平御覽》卷六百八十八引服虔《通俗文》：“帛幘曰帢。”“帢”從巾合聲，本義指帛制的便帽。“㝓”為“㔼”訛誤，甯忌浮所校可從。《字彙·冂部》：“㔼，同帢。”《正字通·冂部》：“㔼，帢、袷並同。”“㔼”之“冃”表便帽義，與“帢”義同，故字可取“冃”作為義符，且“合”“臽”同屬匣紐，緝談旁對轉，古音相近。“㔼”從冃臽聲，即“帢”換聲義符的異構字。

“䶞”為“䶞”訛誤，當校。《玉篇·冃部》：“䶞，口洽切，帽也。亦作帢。”《集韻·洽韻》：“帢、䶞、峽、㔼、㡇、袷、㡊，弁缺四隅謂之帢。或作䶞、峽、㔼、㡇、袷、㡊。”“帢”指便帽，裝飾於人的面部之上，故字可取“面”作為義符。“䶞”從冃從面、臽聲，為“㔼”累增義符，亦即“帢”的異構字。又“㡊”為“㡊”訛誤，當校。《玉篇·巾部》：“帢，口洽切，帽也，緝幀也。或作匌。帗、帢二同上。”
《類篇·巾部》：“帢、帗、幒、帢，乞洽切，弁缺四隅謂之帢。或作帗、
幒、帢。”“帢”從巾臽聲，即“帢”換聲符的異構字。又“袷”為
“袷”訛誤，當校。《字彙·衣部》：“袷，同帢。”《正字通·衣部》：
“袷，帢、匌並同。”“衣”“巾”二旁義近古通。“袷”從衣臽聲，為
“帢”變換義符，亦即“帢”換聲義符的異構字。

　　《四聲篇海·巾部》：“帗，苦洽切，士服狀如弁缺四角，魏武帝制
也。”《正字通·巾部》：“帗，同帢。見《六書故》。”《古今注·輿服第
一》：“帗，魏武帝所制，初以章身服之輕便，又作五色幒，以表方面
也。”《宋書·禮志五》：“其素服，白帗單衣。”“帗”“幒”即“帢”。
“帗”之“夾”與“合”葉緝旁轉，古音相近。“帗”從巾夾聲，即
“帢”換聲符的異構字。又《字彙·巾部》：“幒，同帢。”《正字通·巾
部》：“幒，帢、帗、帢同，俗作。”《字彙補·巾部》：“帗，與幒同。”
《重訂直音篇·巾部》：“帢，音恰，帽也。帢、帗、幒並同上。”“幒”
從巾匧聲，亦即“帢”的換聲符字。該組重文辨析圖示如下：

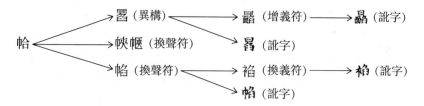

　　[151] 翣: **萐 翜 接 攝**

　　《五音集韻·緝韻》：“**翣、萐、接、翜、攝**，所甲切，翣形如
扇，以木為匡。《禮》：‘天子八，諸侯六，大夫四，士二。’《世本》
曰：‘武王作翣。’”（P233 下）

　　按：《說文·羽部》：“翣，棺羽飾也。天子八，諸侯六，大夫四，士
二。下垂。從羽妾聲。”段玉裁注：“‘羽’衍文。”承培元引經證例：
“下垂，從羽，謂棺飾下垂，如羽形，非真羽也。”“翣”從羽妾聲，本義
表古代棺木兩旁形狀像扇子的飾物，也引申為扇子、飾物等義。《集韻·
狎韻》：“翣、萐、接、翜、攝，色甲切，《說文》：‘棺羽飾也。天子八，

諸侯六，大夫四，士二。下垂。'或作莪、接、歮、攝。"莪"非"翣"異體，字見《說文·艸部》："莪，蒘餘也。从艸妾聲。""莪"从艸妾聲，本義表荇菜。"翣""莪"同屬齒音葉部，二字音近通假。《隸釋·山陽太守祝睦碑》："遺令素櫬，莪莪以席。"洪适注："莪，與翣同。"《禮記·明堂位》："周之璧翣。"陸德明《經典釋文》引"翣"作"莪"。皆其例。

《說文·止部》："歮，不滑也。从四止。""歮"表不滑潤、艱澀義，與"翣"屬不同的字。"翣""歮"同屬生紐，葉緝旁轉，古音相近，古籍亦通假。《周禮·春官·喪祝》："及壙，說載除飾。"漢鄭司農注："周人之葬牆置歮。"陸德明釋文："歮，本亦作翣。"《左傳·襄公二十五年》："四翣不踔。"《周禮·天官·縫人》鄭玄注引"翣"作"歮"。皆其例。又《說文·手部》："接，交也。从手妾聲。""接"从手妾聲，表交接、會合義，與"翣"分屬異字。"翣""接"同屬齒音葉部，二字音近通假。如《周禮·天官·縫人》："衣翣柳之材。"鄭玄注："故書翣柳作接欏。""接"通作"翣"。是其例。

《說文·手部》："攝，引持也。从手聶聲。""攝"从手聶聲，表引持、牽曳義，與"翣"分屬異字。"攝"除表引持義外，也指古代形狀像腰扇的祭祀位。《左傳·昭公十八年》："使子寬、子上巡羣屏攝，至於大宮。"杜預注："攝，祭祀之位。"《國語·楚語下》："屏攝之位，壇場之所。"韋昭注："屏，屏風也。攝，形如今要扇。皆所以明尊卑，為祭祀之位。"皆其例。"翣""攝"古音同屬葉部，且均含有扇的構義。二字音近義通，是一組音義相近字。該組重文辨析圖示如下：

翣　　　　　　　　　　莪接歮（通假）
　　　　　　　　　　　攝（音義相近）

[152] 舀：晡畬峇鍤睫睫

《五音集韻·洽韻》："畬、晡、畬、峇，舂去皮也。或作睫，俗作峇。睫、鍤亦同上，《爾雅》：'䊫謂之睫。'郭璞云：'皆古鍫鍤字。'睫古文舀字。"（P233 下）

按："畬"為"舀"異寫。《說文·臼部》："舀，舂去麥皮也。从

臼、干，所以舂也。"段玉裁注："引申為凡刺入之偁，如農器刺地者曰
鏊畬。干，猶杵也。"《廣雅·釋詁四》："畬，舂也。""畬"從臼從干，
本義為舂去麥皮，也引申為掘土用的鐵鍬義。《玉篇·臼部》："畬，楚洽
切，舂麥也。晦同上。"《集韻·洽韻》："畬、晦、䑀、䜌，測洽切，
《說文》：'舂去麥皮也。'或從臼；從舂；亦作䜌。"《類篇·臼部》同。
《四聲篇海·臼部》："畬，楚洽切，舂麥也。晦同上義。""晦"從臼從
畬，為"晦"異寫，亦即"畬"增義符的異構字。

　　《玉篇·臼部》："䶆，初夾切，米去皮也。俗作畬。"《四聲篇海·
臼部》："䶆，初夾切，米去皮。俗畬字。"《字彙補·臼部》："䶆，與畬
同。""畬"表舂搗義，故字可取"舂"作為義符。"䶆""䶆"筆畫微
異，均從舂從畬，即"畬"增義符的異構字。又《廣韻·洽韻》："畬，
舂去皮也，或作䜌；俗作䑀。䜌上同，《爾雅》曰：'斛謂之䜌。'郭璞
云：'皆古鍬鏵字。'鏵上同。"《集韻·洽韻》："畬、鏵、䑀，磣歃切，
舂穀去皮也。或從金；亦作䑀。"《字彙·凵部》："䑀，測洽切，音畬。
與畬同，舂去穀皮也。""䑀"為"畬"俗寫訛變，將"臼"訛作"凶"，
即"畬"俗寫訛變、積訛成俗的異體字。

　　"鏵"為"鏵"異寫。《說文·金部》："鏵，郭衣鍼也。從金畬聲。"
《釋名·釋用器》："鏵，插也。插地起土也。"《集韻·洽韻》："鏵，一
曰鏊也。""鏵"從金從畬、畬亦聲，表縫衣長針義，也引申為掘土用的
鐵鍬義。"畬""鏵"同屬初紐葉部，且均表鐵鍬義，二字音同義近，是
一組同聲符的同源字。又"䜌"為"䜌"部件異寫。《說文·甶部》：
"䶆（䜌），斛也，古田器也。從甶耒聲。""䜌"從甶耒聲，表古田器，
亦即鐵鍬一類的農具，與"畬"義近。"䜌""畬"同屬齒音葉部，古音
相近，且均可指鐵鍬。二字音近義同，蓋為同源字，古籍亦通用。王筠句
讀"䜌"云："《［爾雅］釋器》'斛謂之䜌。'郭注：'皆古鍬插
字。'……《方言》借畬為之，《釋名》《世說》借鏵為之。"是其例。又
《玉篇·甶部》："䶆，楚洽、千廉切，古文畬。䜌同上。"《正字通·田
部》："䜌，䶆字之偽。《爾雅》：'斛謂之䶆。'《說文》'田器。'本作
䶆；篆作䶆。""䶆"即"䜌"篆文䶆之隸定，從甶（甶）耒聲，為
"䜌"的隸定異寫字。該組重文辨析圖示如下：

主要參考文獻

古籍類

（漢）班固：《漢書》，中華書局 1997 年版。

（漢）許慎：《說文解字》（大徐本），中華書局 1963 年版。

（南朝梁）顧野王：《原本玉篇殘卷》，中華書局 1985 年版。

（南朝梁）顧野王：《宋本玉篇》，《四部叢刊》第 16 冊影印元刻本。

（南朝梁）顧野王：《宋本玉篇》（影印清張氏澤存堂本），中華書局 1987 年版。

（唐）釋玄應：《一切經音義》（高麗大藏經本第 32 冊），新文豐出版股份有限公司 1994—1996 年版。

（唐）釋慧琳：《一切經音義》（高麗大藏經本），大通書局 1985 年版。

（唐）釋可洪：《新集藏經音義隨函錄》（高麗大藏經本第 59、60 冊），中華書局 1984—1997 年版。

（唐）顏元孫：《干祿字書》（影印明拓本），紫禁城出版社 1990 年版。

（唐）張參：《五經文字》（集成初編本），中華書局 1985 年版。

（唐）唐玄度：《新加九經字樣》（集成初編本），中華書局 1985 年版。

（唐）陸德明：《經典釋文》，中華書局 1983 年版。

（南唐）徐鍇：《說文解字繫傳》，中華書局 1987 年版。

（宋）陳彭年等：《宋本廣韻》，中國書店 1982 年版。

（宋）丁度等：《宋刻集韻》，中華書局 1989 年版。

（宋）丁度等撰，趙振鐸校：《集韻校本》，上海辭書出版社 2012年版。

（宋）司馬光等：《類篇》，中華書局 1984 年版。

（宋）郭忠恕：《汗簡》，中華書局 1983 年版。

（宋）夏竦：《古文四聲韻》，中華書局 1983 年版。

（遼）釋行均：《龍龕手鏡》（高麗本），中華書局 1985 年版。

（金）韓道昭：《改併五音集韻》，金崇慶新雕本。

（金）韓道昭：《改併五音集韻》，明成化庚寅重刊本。

（金）韓道昭：《改併五音集韻》，明正德乙亥重刊本。

（金）韓道昭：《改併五音類聚四聲篇海》，明成化丁亥重刊本。

（金）韓道昭：《改併五音類聚四聲篇海》，明正德乙亥重刊本。

（金）韓道昭著，甯忌浮校訂：《校訂五音集韻》，中華書局 1992年版。

（明）梅膺祚：《字彙》（續修四庫全書本），上海古籍出版社 2002年版。

（明）張自烈：《正字通》，中國工人出版社 1996 年版。

（明）章黼著，吳道長重訂：《重訂直音篇》（續修四庫全書本），上海古籍出版社 2002 年版。

（明）郭一經：《字學三正》（四庫未收書輯刊叢書），北京出版社 2000 年版。

（明）閔齊伋：《訂正六書通》，上海書店出版社 1981 年版。

（清）段玉裁：《說文解字注》，中華書局 1988 年版。

（清）王筠：《說文釋例》，中華書局 1987 年版。

（清）朱駿聲：《說文通訓定聲》，中華書局 1984 年版。

（清）桂馥：《說文解字義證》，齊魯書社 1987 年版。

（清）畢沅：《經典文字辨證書》（續修四庫全書本），上海古籍出版社 2002 年版。

（清）吳任臣：《字彙補》（續修四庫全書本），上海古籍出版社 2002年版。

（清）邢澍：《金石文字辨異》（續修四庫全書本），上海古籍出版社 2002 年版。

（清）郝懿行：《爾雅義疏》，中國書店 1982 年版。

（清）張玉書等：《康熙字典》，中華書局 1958 年版。

（清）顧藹吉：《隸辨》，中華書局 1986 年版。

（清）王念孫：《廣雅疏證》，江蘇古籍出版社 2000 年版。

（清）方成珪：《集韻考正》（續修四庫全書本），上海古籍出版社 2002 年版。

（清）永瑢等：《四庫全書總目》，中華書局 2003 年版。

著作類

高明：《古文字類編》，台灣大通書局 1986 年版。

高明、葛會英：《古陶文字征》，中華書局 1991 年版。

高明：《中國古文字學通論》，北京大學出版社 1996 年版。

高亨著，董治安整理：《古字通假會典》，齊魯書社 1989 年版。

郭錫良：《漢字古音手冊》（增訂本），商務印書館 2010 年版。

何琳儀：《戰國古文字典》，中華書局 1998 年版。

何琳儀：《戰國文字通論》（補訂），江蘇教育出版社 2003 年版。

黃錫全：《汗簡注釋》，武漢大學出版社 1990 年版。

黃徵：《敦煌俗字典》，上海教育出版社 2005 年版。

韓小荊：《〈可洪音義〉研究》，巴蜀書社 2009 年版。

《漢語大字典》字形組：《秦漢魏晉篆隸字形表》，四川辭書出版社 1986 年版。

漢語大字典編輯委員會：《漢語大字典》（第二版），崇文書局、四川辭書出版社 2010 年版。

蔣善國：《說文解字講稿》，語文出版社 1988 年版。

蔣紹愚：《古漢語詞彙綱要》，商務印書館 2005 年版。

李榮：《文字問題》，商務印書館 1987 年版。

冷玉龍等：《中華字海》，中國友誼出版社 1994 年版。

李國英：《小篆形聲字研究》，北京師範大學出版社 1996 年版。

李學勤主編：《字源》，天津古籍出版社、遼寧人民出版社 2012 年版。

李運富：《漢字學新論》，北京師範大學出版社 2012 年版。

羅福頤：《漢印文字徵》，文物出版社 1978 年版。

羅福頤：《古璽文編》，文物出版社 1981 年版。

劉複、李家瑞：《宋元以來俗字譜》，台北商務印書館 1992 年版。

林志強：《古本〈尚書〉文字研究》，中山大學出版社 2009 年版。

劉釗：《古文字構形學》（修訂本），福建人民出版社 2011 年版。

柳建鈺：《〈類篇〉新收字考辨與研究》，遼寧大學出版社 2011 年版。

馬敘倫：《說文解字研究法》，上海商務印書館 1933 年版。

毛遠明：《漢魏六朝碑刻異體字研究》，商務印書館 2012 年版。

毛遠明：《漢魏六朝碑刻異體字典》，中華書局 2014 年版。

潘重規：《敦煌俗字譜》，石門圖書公司 1978 年版。

裘錫圭：《文字學概要》（修訂本），商務印書館 2013 年版。

秦公：《碑別字新編》，文物出版社 1985 年版。

秦公、劉大新：《廣碑別字》，國際文化出版公司 1995 年版。

容庚：《金文編》，中華書局 1985 年版。

商承祚：《說文中之古文考》，上海古籍出版社 1983 年版。

沈兼士：《沈兼士學術論文集》，中華書局 1986 年版。

沈懷興：《聯綿字理論問題研究》，商務印書館 2013 年版。

湯餘惠：《戰國文字編》，福建人民出版社 2001 年版。

滕壬生：《楚系簡帛文字編》（增訂本），湖北教育出版社 2008 年版。

唐作藩：《上古音手冊》（增訂本），中華書局 2013 年版。

王力：《同源字典》，中華書局 2014 年版。

王寧：《漢字構形學導論》，商務印書館 2015 年版。

王平：《〈說文〉重文研究》，華東師範大學出版社 2008 年版。

徐在國：《隸定古文疏證》，安徽大學出版社 2002 年版。

徐中舒：《甲骨文字典》，四川辭書出版社 2006 年版。

徐振邦：《聯綿詞大詞典》，商務印書館 2013 年版。

楊樹達：《積微居金文說》（增訂本），中華書局 1997 年版。

楊寶忠：《疑難字考釋與研究》，中華書局 2005 年版。

殷寄明：《漢語同源字詞叢考》，東方出版中心 2007 年版。

余迺永：《新校互注宋本廣韻》（定稿本），上海人民出版社 2008 年版。

曾憲通、林志強：《漢字源流》，中山大學出版社 2011 年版。

中國社會科學院考古研究所編輯：《甲骨文編》，中華書局 1965 年版。

張守中：《睡虎地秦簡文字編》，文物出版社 1994 年版。

張守中：《包山楚簡文字編》，文物出版社 1996 年版。

張守中、張小滄、郝建文：《郭店楚簡文字編》，文物出版社 2000 年版。

張富海：《漢人所謂古文之研究》，線裝書局 2007 年版。

鄭賢章：《〈新集藏經音義隨函錄〉研究》，湖南師範大學出版社 2007 年版。

張書岩：《異體字研究》，商務印書館 2007 年版。

趙平安：《隸變研究》，河北大學出版社 2009 年版。

張涌泉：《漢語俗字叢考》，中華書局 2000 年版。

張涌泉：《漢語俗字研究》（增訂本），商務印書館 2010 年版。

周祖謨：《廣韻校本》，中華書局 2011 年版。

論文類

丁桂香：《〈五音集韻〉探源》，《河南教育學院學報》（哲學社會科學版）2009 年第 5 期。

範進軍：《大徐本重文初探》，《湘潭師範學院學報》1991 年第 2 期。

郝茂：《〈說文〉正篆——重文中的秦漢分化字》，《勵耘語言學刊》2015 年第 1 期。

李道明：《異體字論》，《〈漢語大字典〉論文集》，湖北辭書出版社、四川辭書出版社 1990 年版。

李家浩：《包山二六六號簡所記木器研究》，《國學研究》第二卷，北京大學出版社 1994 年版。

李國英：《異體字的定義與類型》，《異體字研究》，商務印書館 2004 年版。

李榮：《語音演變規律的例外》，《中國語文》1962 年第 2 期。

李榮：《漢字演變的幾個趨勢》，《中國語文》1980 年第 1 期。

李運富：《關於"異體字"的幾個問題》，《語言文字應用》2006 年第 1 期。

李昌禹：《〈五音集韻〉異讀字研究》，北京大學，碩士學位論文，2013 年。

劉延玲：《試論異體字的鑒別標準與整理方法》，《異體字研究》，商務印書館 2004 年版。

　　甯忌浮：《金代漢語言學述評》，《社會科學戰線》1987 年第 1 期。

　　邱龍昇：《〈五音集韻〉古文的誤植字》，《中國文字研究》（二十四輯），上海書店出版社 2016 年版。

　　邵世強：《談大型辭書對異體字的處理》，《詞典研究叢刊》，四川辭書出版社 1986 年版。

　　唐作藩：《〈校訂五音集韻〉序》，《古漢語研究》1992 年第 1 期。

　　王文耀：《古漢字重文繁衍規律初探——整理〈說文〉〈玉篇〉重文的點滴體會》，《中國文字研究》（二輯），廣西教育出版社 2001 年版。

　　徐大英：《談談〈改並五音類聚四聲篇〉》，《辭書研究》1986 年第 3 期。

　　張曉明、李微：《从〈說文〉重文看漢字字際關係的研究》，《山東理工大學學報》（社會科學版）2004 年第 4 期。

　　張社列、孫青：《荊璞小考》，《保定學院學報》2013 年第 3 期。

　　張社列、班穎：《韓道昭與〈五音集韻〉》，《河北大學學報》（哲學社會科學版）2013 年第 6 期。

　　周豔紅、馬乾：《異體字的音、義關係與判定標準》，《國學學刊》2015 年第 3 期。

後　記

　　本書是在博士論文《〈五音集韻〉文字整理與研究》第二章和第六章的基礎上，又經過將近兩年的增刪修訂而成，也是海南省哲學社會科學2016年規劃課題的結項成果。

　　2013年，我進入北京師範大學文學院攻讀博士學位，師從李國英先生，開始研究中古漢字。博士論文集中探討了《五音集韻》中的異體字和重文，異體字偏重理論，重文側重考據，兩者內容上有交叉，但又各自相對獨立。論文答辯後，我和李老師談及自己想進一步完善論文的想法。李老師告訴我，若是要出版專著還需細細打磨，不斷深化，并建議我將異體字和重文分開，分別研究。老師的建議和我的想法不謀而合，這也給了我繼續研究的信心和勇氣。修訂期間，我也經常向李老師求教，和老師在電話中談論各種文字問題，以及書稿的進展，遇到的困難。李老師總是不厭其煩地給我解答和啟發。這本小書從選題、寫作、修訂直至出版，都凝聚了李老師的心血，這些都是我要感恩於心并銘記終生的。

　　我也要感謝碩士導師陸錫興先生。陸老師是我的學術啟蒙老師，十幾年來，一直關注我的學術成長，并不斷給我鞭策和鼓勵，經常告誡我做學問要思想獨立，要抓緊時間。這些點滴教誨潛移默化地影響著我，漸漸變成我的一種學術習慣。

　　博士論文在開題、預答辯、答辯中得到了北京師範大學的王寧先生、李運富先生、王立軍先生、周曉文先生、齊元濤先生、卜師霞先生，以及首都師範大學的黃天樹先生，清華大學的李守奎先生諸位前輩的指教，他們提出的中肯而深刻的指導意見讓我少走了彎路，受益匪淺。謹此表達我最誠摯的感謝和敬意。

　　書中古文字形和生僻字形繁多。中國社會科學出版社的編審任明先生為本書的出版做了許多細緻繁瑣的工作，在此一併謝忱。對於書中的謬誤和疏漏之處，也敬請各位專家和讀者批評指正。

邱龍昇

2019 年 3 月於海口吉寶佳園寓所